Erbenhaftung und Nachlaßkonkurs im neuen Reichsrecht.

Dargestellt

von

Dr. Ernst Jaeger
Kgl. Amtsrichter.

Berlin 1898
J. J. Heines Verlag.

Dem Kgl. Landgerichtsrat im Staatsministerium der Justiz

Herrn Gottfried Schmitt

in dankbarer Verehrung zugeeignet.

Vorwort.

Die Abhandlung will die Lehre vom Nachlaßkonkurse, die mit der Neugestaltung des Erbrechts an wissenschaftlicher und praktischer Bedeutung ganz erheblich gewonnen hat, systematisch entwickeln. Die allgemeinen Grundsätze der Erbenhaftung sind nur in großen Zügen gezeichnet und nur insoweit, als dies zum Verständnisse der Lehre vom Nachlaßkonkurs erforderlich erschien. Um lästige Wiederholungen zu vermeiden, wurde die Erörterung einer ganzen Reihe von wichtigen Fragen dem zweiten — den Schwerpunkt der Darstellung bildenden — Abschnitte vorbehalten und dementsprechend z. B. der Begriff der Nachlaßverbindlichkeiten erst im § 12 auseinandergesetzt, eine Erläuterung des § 1989 BGB. erst in den §§ 15 und 16 der Abhandlung versucht. Durch Verweise und durch zwei ausführliche Register wird das Auffinden der im Hauptabschnitte behandelten Fragen erleichtert. Im Schlußparagraphen ist die Anwendung der Regeln des Nachlaßkonkurses auf den Konkurs über das Gesamtgut der fortgesetzten Gütergemeinschaft anhangsweise dargestellt.

Die allgemeinen Grundsätze des Bürgerlichen Gesetzbuchs über die Haftung des Erben für die Nachlaßverbindlichkeiten haben in der Litteratur bereits mehrere, durch Selbständigkeit und wissenschaftlichen Ernst ausgezeichnete Bearbeitungen gefunden. So in einer Abhandlung von Wendt im Archiv für die civilistische Praxis Bd. 86 (1896) S. 353 ff., in den Vorträgen von Hachenburg über das Bürgerliche Gesetzbuch S. 367 ff., in der anerkannt vorzüglichen Darstellung des Erbrechts von Strohal und in der streng sachlichen, geistvollen Besprechung dieses Werkes durch Küntzel in den Beiträgen zur Erläuterung des deutschen Rechts Bd. 41 S. 583 ff., 808 ff., 912 a ff. Die in Anlage II der Denkschrift zum EBGB. vorgesehene Neuregelung des Nachlaßkonkurses wurde von Lothar Seuffert im Band 22 S. 497 ff. der Zeitschrift für deutschen Civilprozeß einer ebenso gründlichen als scharfsinnigen Kritik unterstellt, deren Einfluß auf die spätere Fassung und Begründung der Novelle deutlich erkennbar ist. Gerade diese Schriftsteller haben mir die Lösung meiner Aufgabe beträchtlich erleichtert, und dankbar habe ich die Ergebnisse ihrer Forschungen zu verwerten gesucht.

Hinsichtlich der Abkürzungen sei schließlich noch Folgendes bemerkt: M bedeutet die Motive zum Entwurf eines BGB. erster Lesung, P die Protokolle der Kommission für die zweite Lesung des Entwurfs des BGB. Diese Protokolle mußten für das ganze Gebiet des Erbrechts noch nach den Seitenzahlen der metallographierten Ausgabe, die mir bei meiner Verwendung als Hilfsarbeiter im K. B. Staatsministerium der Justiz zur Verfügung stand, citiert werden. Doch ist mindestens einmal in jedem Paragraphen und stets bei der Zusammenstellung der Gesetzgebungs-Materialien zu den einzelnen Vorschriften der Konkursordnung auch die Nummer der Sitzung mit Unterabteilungen angeführt, wodurch das Auffinden in der — noch im Erscheinen begriffenen — Guttentag'schen Ausgabe der Protokolle wesentlich vereinfacht wird. Die „Begründung“ zu den Novellen der CPO. und KO. ist nach der Guttentag'schen Ausgabe citiert; unter „Begründung“ ohne näheren Zusatz wird diejenige der Konkursnovelle verstanden. RV. bedeutet Reichstagsvorlage, FGG. das Gesetz über die Angelegenheiten der freiwilligen Gerichtsbarkeit, GBO. die Grundbuchordnung. Sonst sind die allgemein üblichen Abkürzungen gebraucht. Auf die Abhandlung selbst ist in eckigen Klammern verwiesen.

München, den 14. August 1898.

Dr. Ernst Jaeger.

Inhalt.

Erster Abschnitt.

Die Erbenhaftung im Allgemeinen.

Zweiter Abschnitt.

Der Nachlaßkonkurs insbesondere.

Die Materialien

zu den einzelnen den Nachlaßkonkurs regelnden Paragraphen der Konkursordnung sind zusammengestellt

für	§ 214	auf	Seite	47	in	Note	53
„	§ 215	„	„	36	„	„	1
„	§ 216	„	„	32	„	„	1
„	§ 217	„	„	38	„	„	1
„	§ 218	„	„	38	„	„	5
„	§ 219	„	„	41	„	„	19
„	§ 220	„	„	44	„	„	32
„	§ 221	„	„	58	„	„	44
„	§ 222	„	„	57	„	„	39
„	§ 223	„	„	84	„	„	11
„	§ 224	„	„	76	„	„	1
„	§ 225	„	„	81	„	„	1
„	§ 226	„	„	68	„	„	29
„	§ 227	„	„	72	„	„	41
„	§ 228	„	„	72	„	„	43
„	§ 229	„	„	74	„	„	51
„	§ 230	„	„	87	„	„	1
„	§ 231	„	„	104	„	„	1
„	§ 232	„	„	107	„	„	1
„	§ 233	„	„	107	„	„	1
„	§ 234	„	„	100	„	„	3
„	§ 235	„	„	35	„	„	17
„	§ 236	„	„	112	„	„	1

Die Materialien zu § 9 KO. finden sich auf Seite 93 in Note 1,
„ „ „ § 128 KO. „ „ „ „ 105 „ „ 8.

Erster Abschnitt.

Die Erbenhaftung im Allgemeinen.

§ 1.

Grundsätze der Haftung.

I. Die Rechtsordnung muß Sorge dafür tragen, daß der Tod des Schuldners weder dessen Gläubigern auf Kosten des Erben noch dem Erben auf Kosten der Gläubiger unbillige Vorteile bringt. Diese Aufgabe läßt sich in zwiefacher Weise lösen: einmal so, daß die in der Hand des Erben vereinigten Vermögensmassen nach wie vor selbständig nebeneinander forthaften; zum andern so, daß sie infolge des Erbfalls zu einem einzigen Haftungsfonds verschmelzen, den Beteiligten aber die Möglichkeit einer Gütersonderung eröffnet wird. Das römische Recht hat den letzteren Weg eingeschlagen. Als Mittel zur Herbeiführung getrennter Haftung des Nachlasses hat es zwei nach Voraussetzung und Wirkung [1]) verschiedene Rechtswohlthaten ausgebildet: zum Schutze der Nachlaßgläubiger das beneficium separationis, zum Schutze des Erben das beneficium inventarii. Von den neueren Gesetzgebungen steht namentlich die französische auf dem Standpunkte des römischen Rechts, während die preußische — deutschrechtlichem Prinzipe folgend — den Erben von vornherein nur einer beschränkten Haftung unterwirft.

II. Im Grundsatze hat sich dem römischen Recht auch das Bürgerliche Gesetzbuch angeschlossen. [2]) Der Erbe haftet für Erfüllung der Nachlaßverbindlichkeiten [3]) persönlich d. h. auch mit seinem eigenen Vermögen, nicht bloß mit den Nachlaßgegenständen (cum viribus) und unbeschränkt [4]) d. h. bis zum vollen Schuldbetrag, nicht bloß bis zum Werte des Nachlasses (pro viribus). Erst unter gewissen Voraussetzungen beschränkt sich die Erbenhaftung auf den Nachlaß. [5]) Sonach bilden Nachlaß §§ 1967, 1975 BGB.

---

[1]) Vgl. Koeppen Lehrbuch des heutigen römischen Erbrechts § 34 S. 213 Note 3.

[2]) Ueber den Standpunkt des Entwurfes erster Lesung s. v. Jacubezky Bemerkungen zu diesem Entwurfe S. 331 ff. Daselbst ein Ueberblick über das geltende Recht.

[3]) Begriff der Nachlaßverbindlichkeit s. unten [beim § 12]. Manche Verbindlichkeiten sind derart an die Person des Schuldners geknüpft, daß sie bei dessen Tod erlöschen, siehe z. B. BGB. §§ 520, 613 (Planck BGB. § 620 Bem. 3b).

[4]) Die „unbeschränkte" Haftung schließt nach dem Sprachgebrauche des Bürgerlichen Gesetzbuchs die persönliche Haftung ein. Vgl. z. B. auch HGB. § 27 II, umgekehrt z. B. HGB. §§ 128, 161 I, 320 I.

[5]) Anders die Denkschrift zum EBGB. S. 263, die Begründung der Civilprozeßnovelle S. 120 (beide nach der Guttentag'schen Ausgabe angeführt), sowie zahlreiche Schriftsteller z. B. Claußen Haftung des Erben für die Nachlaßverbindlichkeiten (Altona 1896) S. 11, Hachenburg Vorträge über das BGB. (Mannheim 1898) S. 369 f., letzterer unter Berufung auf den freilich

und Erbenvermögen eine einzige Haftungsmasse, aber Nachlaßgläubiger und Erbe können die Gütertrennung herbeiführen. Die normalen Mittel der Haftungssonderung sind für Gläubiger und Erben ganz die gleichen: bei Nachlaßüberschuldung der Nachlaßkonkurs, sonst die Nachlaßverwaltung. In jeder einzelnen dieser Haftungsbeschränkungsarten sind die beneficia separationis und inventarii verschmolzen.[6])

Der Inventarerrichtung kommt fortan die Bedeutung eines selbständigen Haftungsbeschränkungsmittels nicht mehr zu.[7]) Es ist vielmehr wohl denkbar, daß künftig auch ein Erbe, der den Nachlaßbestand nicht aufgezeichnet hat, seine Haftung auf den Nachlaß beschränkt. Damit ist keineswegs gesagt, daß alle Inventarpflicht in Fortfall kam. Nur die gesetzliche ist beseitigt. Jeder Nachlaßgläubiger aber kann dem Erben eine Frist zur Aufzeichnung des Nachlaßbestandes gerichtlich anberaumen lassen und so die Inventarpflicht begründen. Dann haben Inventarverstöße zur Folge, daß die Mittel der Haftungsbeschränkung dem Erben ihren Dienst versagen. §§ 1994 I, 2005 I, 2006 III, 2013.

§ 1958 BGB. III. Die Erbschaft geht auf den berufenen Erben mit dem Tode des Erblassers von Rechtswegen über. Einer Antretung bedarf es nicht. Allein der Berufene kann die Erbschaft ausschlagen, und solange er das kann, ist sein Erwerb nur unvollkommen. §§ 857, 1922, 1942—1944, 1953. Erst der endgiltige Erwerb, „die Annahme" der Erbschaft (§ 1943), macht den Berufenen auch sachlich zum Erben, und gibt ihn den Angriffen der Nachlaßgläubiger preis.

Vor Annahme der Erbschaft können Nachlaßverbindlichkeiten nicht gegen den Erben gerichtlich geltend gemacht (§ 1958), sondern lediglich in den Nachlaß vollstreckt werden (CPO. § 778 I, ZVG. § 17, vgl. CPO. §§ 239 V, 747—749, 779). In=

---

nicht einwandfreien Wortlaut der §§ 1994 I S. 2, 2000 S. 3. Vgl. dagegen namentlich Bingner im Sächsischen Archiv V S. 598, Wendt im Archiv für civil. Praxis Bd. 86 S. 353 ff., Strohal das deutsche Erbrecht (Berlin 1896) § 34, Förtsch Code civil und BGB. (Berlin 1897) S. 111 f. Böhm Haftung für Nachlaßverbindlichkeiten nach BGB. i. d. Beitr. z. Erläuterung des deutschen Rechts Bd. 42 S. 460 f. Ausschlaggebend ist:

a. vor allem die Fassung der als sedes materiae zu betrachtenden §§ 1967 I und 1975: „Der Erbe haftet für die Nachlaßverbindlichkeiten" — „die Haftung des Erben für die Nachlaßverbindlichkeiten beschränkt sich auf den Nachlaß, **wenn** eine Nachlaßpflegschaft zum Zwecke der Befriedigung der Nachlaßgläubiger (Nachlaßverwaltung) angeordnet oder der Nachlaßkonkurs eröffnet ist";

b. ferner die grundsätzliche Anerkennung einer von Rechtswegen mit dem Erbfall eintretenden confusio und consolidatio zwischen Nachlaß und Erbenvermögen (§§ 1976 f., 1991 II, 2143, 2175, 2377);

c. endlich die Notwendigkeit ausdrücklicher Geltendmachung der erwirkten Haftungssonderung — im Rechtsstreite durch Einrede, in der Vollstreckungsinstanz durch Erhebung von Einwendungen CPO. §§ 780, 781, 785.

Warum gerade die Begründung zu CPO. § 780 sagt: „jeder Erbe haftet an sich nur mit dem Nachlaß", ist schwer verständlich. Man sollte meinen, daß aus diesem Satze das gerade Gegenteil von dem folgte, was in § 780 ausgesprochen ist, nämlich die Entbehrlichkeit des Vorbehaltes beschränkter Haftung bei Verurteilung eines „jeden" Erben.

[6]) Damit ist ein geschichtlich zu erklärender, aber der Sache nach ungerechtfertigter Zwiespalt beseitigt. Das beneficium separationis verdankt dem klassischen, das beneficium inventarii dem Justinianischen Recht seine Entstehung; beide aber verfolgen, wenn auch in entgegengesetzten Interessen, den nämlichen Zweck der Haftungssonderung. S. Baron das Erbrecht im EBGB., Archiv für civ. Praxis Bd. 75 S. 279.

[7]) Darum ist es irrig und irreführend, neben Nachlaßkonkurs und Nachlaßverwaltung die Inventarerrichtung als weiteres Haftungsbeschränkungsmittel aufzuführen. So u. a. Böhm Haftung für Nachlaßverbindlichkeiten nach BGB. in den Beiträgen zur Erläuterung des deutschen Rechts Bd. 42 S. 461.

solange sind demnach Klage[8]) und Vollstreckung gegen den Berufenen versagt. Er kann unbehelligt überlegen, ob er die Erbschaft annehmen oder ausschlagen soll.

Auch nach der Annahme bedarf der Erbe zum Zweck ungestörter Ermittelung und Aufzeichnung des Nachlaßbestandes einer Sicherstellung gegenüber dem Andringen der Nachlaßgläubiger. Darum verleiht ihm das Gesetz in den „aufschiebenden Einreden“ der §§ 2014 ff. das Recht, bis zum Verlaufe bestimmter Fristen die Erfüllung der Nachlaßschulden zu verweigern. Einen weitergehenden Schutz gewähren diese Einreden nicht. Sie schließen weder eine unter dem Vorbehalte beschränkter Haftung ergehende Verurteilung des Erben (CPO. § 305 I) noch eine auf Arrestmaßregeln begrenzte Vollstreckung in sein eigenes Vermögen aus (CPO. § 782). Nur die Beitreibung der Nachlaßverbindlichkeit, die Zwangsbefriedigung, wird dem Gläubiger verwehrt.

IV. Eine Besonderheit gilt für den wichtigen Fall, daß zum Nachlaß ein Handelsgeschäft gehört (HGB. § 27). Solchenfalls wird der Erbe für alle im früheren Betriebe begründeten Verbindlichkeiten haftbar, wenn er das Handelsgeschäft unter der bisherigen Firma mit oder ohne Nachfolger-Zusatz fortführt. Die alten Geschäftsschulden können aber gegen den Erben nicht sofort, sondern erst dann gerichtlich geltend gemacht werden, wenn drei Monate seit Kenntnisnahme vom Anfalle[9]) der Erbschaft verstrichen sind.[10]) Einstweilen kann also der Erbe ohne Gefahr für sein eigenes Vermögen den seitherigen Geschäftsbetrieb fortsetzen und ist nicht genötigt, — vielleicht zum Schaden des Geschäfts — eine neue Firma anzunehmen. Gibt er vor Ablauf der Dreimonatsfrist den Geschäftsbetrieb wieder auf, so tritt die lediglich aus der Thatsache der Firmenfortführung entspringende persönliche Haftung für die alten Geschäftsschulden gar nicht ein.[11]) Dann haftet vielmehr der Erbe für die Handelsschulden des Erblassers ganz wie für dessen sonstige Verbindlichkeiten. Beschränkt sich also die Erbenhaftung im allgemeinen auf den Nachlaß — weil z. B. eine Nachlaßverwaltung angeordnet worden ist —, so sind auch die Geschäftsgläubiger auf den Nachlaß angewiesen. Bleibt es dagegen im allgemeinen bei der unbeschränkten Haftung — weil z. B. der Erbe eine ihm gesetzte Inventarfrist versäumt hat —, so steht auch den Geschäftsgläubigern der Zugriff auf das eigene Vermögen des Erben frei. Dieser Haftung wird er durch rechtzeitige Einstellung des ererbten Geschäftsbetriebes nicht ledig. Darum sagt das Gesetz (§ 27 II Satz 1), die unbeschränkte Haftung „nach § 25 Absatz 1“ trete nicht ein. Sonach ist damit, daß der Erbe den Geschäftsbetrieb des Erblassers gar nicht aufnimmt oder § 27 HGB.

---

[8]) Die Einrede der Ueberlegungsfrist ist eine Einrede der mangelnden Passivlegitimation, nicht prozeßhindernde Einrede im Sinne des § 274 CPO. Siehe P. u. 384 VI S. 7739—7745.

[9]) Nicht: seit Kenntnis vom Anfall und Grund der Berufung (so § 1944 II Satz 1 BGB.). Die Sechswochenfrist des § 1944 I beginnt also möglicherweise später als die Dreimonatsfrist des § 27 II HGB. und läuft darum — von § 1944 III ganz abgesehen — möglicherweise auch später ab. Vgl. M. V. S. 498 f.

[10]) Vorher ist arg. § 1958 BGB. auch die Klage eines Geschäftsgläubigers gegen den Erben angebrachtermaßen abzuweisen, wenn letzterer den Mangel seiner Passivlegitimation geltend macht [Note 8].

[11]) Anders Makower (HGB. § 27 III b., 12. Aufl. S. 63), der die unbeschränkte Haftung aus § 27 sofort, aber unter der auflösenden Bedingung rechtzeitiger Geschäftsaufgabe eintreten lassen will. Auch Cosack (Lehrbuch des Handelsrechts 4. Aufl. S. 73 V 2) sagt, durch thatsächliche Betriebseinstellung werde die unbeschränkte Haftung wieder abgestreift. Allein im Gesetz heißt es: „die unbeschränkte Haftung nach § 25 Absatz 1 tritt nicht ein.“ Mit der Entscheidung der Frage nach dem Grundsatze der Erbenhaftung [Note 5] wird die Frage des Haftungseintrittes nach § 27 nicht erledigt; siehe auch den Text im Folgenden.

unter neuer Firma fortführt oder rechtzeitig wieder einstellt, die Frage der Haftung für die Geschäftsschulden noch keineswegs entschieden.

Als Erbe haftet auch nach § 27 HGB. nur, wer endgiltig Erbe geworden ist. Wenn daher beim Ablaufe des hier gesetzten spatium deliberandi die Ausschlagungsfrist des § 1944 BGB. — z. B. wegen Aufenthaltes des Erben im Auslande — noch läuft, endigt auch der in § 27 II HGB. bestimmte Zeitraum erst mit der Ausschlagungsfrist (ibid. Satz 3). Läuft umgekehrt die letztere zuerst ab, so können nun auch die Geschäftsgläubiger des Erblassers das eigene Vermögen des Erben mit Arrest belegen [s. unter III], selbst wenn diesem die Möglichkeit einer Haftungsbeschränkung noch offen steht. Während nun aber diese Möglichkeit an sich zeitlich unbegrenzt ist, erlischt sie in Ansehung der Geschäftsverbindlichkeiten mit unbenutztem Ablaufe der Dreimonatsfrist. Später hilft es also dem Erben, der die alte Firma länger als drei Monate fortgeführt hat, nichts mehr, wenn sich seine sonstige Schuldenhaftung auf den Nachlaß beschränkt: den Geschäftsgläubigern ist er persönlich auf den vollen Schuldbetrag verpflichtet.

Tritt die unbeschränkte Haftung nach §§ 27 II mit 25 I nicht ein, so hat der Erbe auch nicht ohne weiteres für die von ihm selbst nach dem Erbfall eingegangenen Geschäftsverbindlichkeiten persönlich aufzukommen.[12]) Vielmehr ist er für die Fortführung des Geschäfts ganz wie für seine sonstige Verwaltung des Nachlasses den Gläubigern lediglich unter dem Gesichtspunkte des Auftrags oder der Geschäftsführung ohne Auftrag verantwortlich, sofern sich seine Schuldenhaftung im Allgemeinen auf den Nachlaß beschränkt (§§ 1978 I, 1991 I, 2013 BGB.). Lag die Eingehung der neuen Verbindlichkeiten im Interesse des fortbetriebenen Geschäfts, so hat für sie der beschränkt haftende Erbe überhaupt nicht einzustehen.

§ 139 HGB. Ganz entsprechend gestaltet sich die Rechtslage nach § 139 HGB. Ist im Gesellschaftsvertrag einer offenen Handelsgesellschaft die Vererblichkeit der Mitgliedschaft ausgesprochen, so kann der Erbe des verstorbenen Gesellschafters seine Beteiligung am Geschäft davon abhängig machen, daß ihm die Stellung eines Kommanditisten eingeräumt wird.[13]) Gehen die übrigen Teilhaber auf diese Umwandlung des Unternehmens in eine Kommandit-Gesellschaft nicht ein, so kann der Erbe ohne Einhaltung einer Kündigungsfrist sein Ausscheiden erklären. Doch darf er die Einräumung der Stellung eines Kommanditisten nur binnen drei Monaten seit Kenntnisnahme vom Erbschaftsanfalle beantragen und nur binnen eben dieses Zeitraumes bei Ablehnung des Antrags sein Ausscheiden aus der Gesellschaft erklären. Auch diese Frist endet nicht vor der Ausschlagungsfrist und schiebt die Möglichkeit einer Inanspruchnahme des Erben aus Gesellschaftsschulden hinaus. Ob und inwieweit der Erbe für letztere persönlich aufkommen muß, wenn er rechtzeitig ausscheidet oder Kommanditist wird, das hängt ganz von seiner sonstigen Haftung für die Nachlaßverbindlichkeiten ab. Verwirkt er also das Recht der Haftungsbeschränkung im Allgemeinen, so hat er ungeachtet seines Ausscheidens oder seiner Kommanditisten-Eigenschaft für die zu den Nachlaßverbindlichkeiten gehörigen Gesellschaftsschulden persönlich und unbeschränkt einzustehen.

a. 24 EG. z. BGB. V. Im internationalen Privatrecht bestimmt sich die Erbenhaftung nach dem für die Beerbung maßgebenden Recht. Ihm unterwirft sich der Erbe mit An-

---

[12]) Dies behauptet Litthauer HGB. § 27 Bem. c.

[13]) Der Erbe ist also nicht mehr, wie im bisherigen Rechte, vor die Alternative gestellt, entweder die Erbschaft überhaupt auszuschlagen oder persönlich haftender Gesellschafter zu werden. Siehe Staub HGB. 5. Aufl. a. 123 § 5c, Supplement S. 68, 3; Cosack S. 571, 2.

nahme der Erbschaft.[14]) Für die Beerbung maßgebend ist das letzte Personalstatut des Erblassers, nach deutschem Reichsrecht das Gesetz der letzten Staatsangehörigkeit. EG. z. BGB. a. 24, 25, 28. Dementsprechend wird ein Deutscher, auch wenn er seinen Wohnsitz im Auslande hatte, nach den deutschen Gesetzen beerbt (a. 24 I). Die deutschen Gesetze sind also in diesem Fall auch für die Frage der Erbenhaftung entscheidend. Aus Rücksichten der Billigkeit gestattet aber a. 24 II dem Erben eines im Auslande verstorbenen Deutschen, die Haftungsbeschränkung auch durch Beobachtung derjenigen Gesetze herbeizuführen, die am letzten Wohnsitz des Erblassers gelten.[15])

§ 2.

Beschränkte Haftung.

Nach Annahme der Erbschaft haftet der Erbe unbeschränkt für die Nachlaßverbindlichkeiten. Erst unter bestimmten Voraussetzungen beschränkt sich seine Haftung auf den Nachlaß. Bald wirkt diese Beschränkung allen, bald nur einzelnen Nachlaßgläubigern gegenüber.

I. Allen Nachlaßgläubigern gegenüber tritt beschränkte Haftung ein § 1975 BGB.

1. mit Anordnung einer **Nachlaßverwaltung** oder Eröffnung des **Nachlaßkonkurses** (§ 1975). Verwaltung und Konkurs können durch Erbenantrag oder durch Gläubigerantrag[1]) veranlaßt werden. Auch ohne Zuthun des Erben kann es sonach zur Abschwächung seiner Haftung kommen. Bei Ueberschuldung des Nachlasses ist der Nachlaßkonkurs (KO. § 215), sonst — also namentlich auch bei zweifelhaftem[2]) Stande der Erbschaft — die Nachlaßverwaltung das geeignete Mittel der Haftungsbeschränkung. Der Nachlaßkonkurs regelt sich nach §§ 214—235 KO., die Nachlaßverwaltung nach §§ 1975—1988 BGB. Letztere, ein besonderer Fall der Nachlaßpflegschaft (§§ 1960, 1975, 1981 III, vgl. FGG. § 75), obliegt einem einzigen Organe, dem Nachlaßverwalter, als gesetzlichem Vertreter des Erben[3]). Eine Mitwirkung der Nachlaßgläubiger ist vom Gesetze nicht vorgesehen.

In ihren Wirkungen entsprechen sich Nachlaßverwaltung und Nachlaßkonkurs insofern, als in beiden Fällen

---

[14]) Vgl. v. Bar Lehrbuch des internationalen Privat- und Strafrechts § 44, Gierke Deutsches Privatrecht I § 26 V.

[15]) Fischer-Henle BGB. EG. a. 24 Note 1.

[1]) Durch Antrag des Erben, wenn dieser den Nachlaßkräften, durch Antrag von Nachlaßgläubigern, wenn sie der Person oder der Vermögenslage des Erben mißtrauen. BGB. § 1981, KO. §§ 217—220. Antragsbefugnis ausgeschlossener und anderer minderberechtigter Gläubiger unten [im § 9].

[2]) Bei offenbarer Zulänglichkeit des Nachlasses zur Befriedigung aller Nachlaßgläubiger wird der Erbe die Anordnung einer Nachlaßverwaltung beantragen, wenn er sich mit der Erbschaftsbereinigung nicht befassen mag; ein Nachlaßgläubiger, wenn ihm die Konkurrenz der persönlichen Gläubiger des Erben bedrohlich erscheint.

[3]) Siehe z. B. P. u. 395 I c 6 S. 8021 f. und 8 S. 8022 f. (Ausübung der Erbenrechte z. B. nach § 1992 oder §§ 1970 ff. durch den Verwalter). Damit ist nicht ausgeschlossen, daß der Nachlaßverwalter außer den Interessen des Erben auch diejenigen der Nachlaßgläubiger zu wahren hat. P. ebenda Ziff. 2 S. 8019 und 8020. Sonach Analogon zur Rechtsstellung des Konkursverwalters. Verantwortlichkeit gegenüber Erben und Gläubigern: § 1985 II; Vergütung: § 1987 (vom Nachlaßgerichte festzusetzen: §§ 1915, 1962 mit 1836 I BGB., §§ 72 FGG.) Beschwerde gegen Anordnung der Nachlaßverwaltung: FGG. § 76.

a) der Erbe die Verwaltungs- und Verfügungsbefugnis hinsichtlich des Nachlasses verliert (BGB. § 1984 I, KO. §§ 6—8). Mit dieser Befugnis büßt der Erbe in Ansehung der den Nachlaß betreffenden Rechtsstreitigkeiten die Sachlegitimation ein.[4]) Prozeßunfähig wird er nicht; nur soweit Konkurs- oder Nachlaßverwalter selbst prozessieren, steht der Erbe einer nicht prozeßfähigen Partei gleich. CPO. § 53. Immerhin aber wird durch Konkurs und Verwaltung ein den Nachlaß betreffender Rechtsstreit unterbrochen. CPO. §§ 240, 241 II, 243, 246.

b) eine scharfe Sonderung zwischen Nachlaß und Erbenvermögen (separatio bonorum) eintritt, indem erstlich fortab für Nachlaßverbindlichkeiten ausschließlich der Nachlaß (§ 1975), für Erbenschulden ausschließlich das Erbenvermögen (§ 1984 II, KO. § 226 I) haftet[5]), zweitens die infolge des Erbfalls eingetretene confusio und consolidatio rückgängig wird (§§ 1976, 1977 KO. § 225), endlich der Erbe aus seiner bisherigen Geschäftsführung den Nachlaßgläubigern wie ein Verwalter fremden Vermögens (Mandatar oder negotiorum gestor) berechtigt und verpflichtet ist (§ 1978)[6]).

Die Nachlaßverwaltung endigt normalerweise mit Erreichung ihres Zweckes d. h. mit Befriedigung oder Sicherstellung der Gläubiger (§ 1975). Ein Ueberschuß ist dem Erben auszuantworten (§ 1986). Stellt sich eine Ueberschuldung des Nachlasses heraus, so muß der Nachlaßverwalter bei Vermeidung der Schadensersatzpflicht gegenüber den Nachlaßgläubigern unverzüglich (§ 121) die Konkurseröffnung beantragen (§ 1985 II mit § 1980): die Nachlaßverwaltung geht über in den Nachlaßkonkurs (§ 1988 I).[7]) Endlich kann Unzulänglichkeit der Masse zur Kostendeckung — wie zur Ablehnung beantragter Anordnung (§ 1982) so — zur Aufhebung der bereits angeordneten Nachlaßverwaltung führen (§ 1988).[8])

§§ 1990, 1991 BGB. 2. bei Unzulänglichkeit der Masse zur Kostendeckung. Reicht die vorhandene Masse nicht einmal zur Bestreitung der Kosten eines Nachlaßkonkurses oder einer Nachlaßverwaltung aus, so sind die beiden gewöhnlichen Wege der Haftungsbeschränkung verschlossen. BGB. §§ 1982, 1988 II, KO. §§ 107, 204. Darum gewährt das Gesetz dem Erben in der sog. **Abzugseinrede** — treffender Unzulänglichkeits-Einrede — des § 1990 ein drittes allgemein wirkendes Haftungsbeschränkungsmittel. Der Erbe verweist kraft dieser Einrede die Nachlaßgläubiger auf den Nachlaß und ist lediglich gehalten, „den Nachlaß zum Zwecke der Befriedigung des Gläubigers im Wege der Zwangsvollstreckung herauszugeben" § 1990 I. Diese — auch im § 1973 II (§ 1989) vorkommende — Wendung bietet dem Ausleger manche Schwierig-

---

[4]) Siehe Planck Lehrbuch des deutschen Civilprozeßrechts Bd. I S. 215, L. Seuffert CPO. § 50, 2e (7. Aufl.) S. 73, Gaupp-Stein CPO. (3. Aufl.) S. 129, Gegenansichten daselbst in Note 19.

[5]) Vorherige Vollstreckung ist nach näherer Maßgabe des § 784 CPO. aufzuheben. Vgl. KO. § 221.

[6]) Seiner bona fides trägt § 1979 Rechnung.

[7]) Geeigneter Konkursverwalter ist regelmäßig der bisherige Pfleger. Ein Widerstreit der Interessen — Ansprüche der Konkursmasse gegen den bisherigen Verwalter aus § 1985 mit § 1978 — kann jedoch zur Aufstellung eines andern Konkursverwalters zwingen. Vgl. P. n. 395 I C 10a S. 8027.

[8]) Entsprechend den §§ 107 und 204 KO. Siehe den Text im Folgenden.

keiten.[9]) In ein Satzgefüge aufgelöst, würden die fraglichen Gesetzesworte etwa lauten: der Erbe hat den Nachlaß herauszugeben, damit der Gläubiger sich aus demselben im Wege der Zwangsvollstreckung befriedige. Die Worte „im Wege der Zwangsvollstreckung" gehören zu „Befriedigung", nicht zu „herausgeben".[10]) Sonach ist der Erbe herausgabepflichtig nur gegenüber einem Gläubiger, der den Gegenstand der Herausgabe in den Formen der Zwangsvollstreckung versilbert und sich aus dem so erzielten Erlöse befriedigt.

Das hat folgenden Sinn.[11]) Die Veräußerung im Wege der Zwangsvollstreckung stellt den Wert der herausgegebenen Nachlaßgegenstände in einer für **die Gläubiger verbindlichen** Weise fest und befreit damit den Erben von der Gefahr, mit jedem einzelnen Gläubiger über den Betrag dieses Wertes prozessieren zu müssen. Auch ein getreues Inventar würde dem Erben solche Sicherheit nicht bieten, da es eine rechtliche Vermutung hinsichtlich des Wertes der aufgezeichneten Gegenstände nicht begründet, sondern insoferne nur von thatsächlicher Bedeutung ist.[12]) Im Interesse des Erben verordnet also das Gesetz, daß dieser den Nachlaß nur zum Behuf einer Vollstreckungsbefriedigung herausgeben muß. Es verbietet dem Erben die Herausgabe an einen Gläubiger ohne Vollstreckungstitel nicht. Allein der Erbe riskiert, wenn er das thut, daß ihn andere Gläubiger mit der Behauptung belangen, der zuerst Befriedigte habe mehr als den Betrag seiner Forderung erhalten, der Nachlaß sei also noch nicht erschöpft. Beweispflichtig für die Höhe des Nachlaßwertes wäre solchenfalls der Erbe, da es an ihm ist, seine Befreiung — das Recht, „die Befriedigung zu verweigern", — darzuthun. Besteht der Nachlaß aus Bargeld, so ist auch die Herausgabe an einen Gläubiger ohne Vollstreckungstitel gefahrlos, es sei denn, daß bereits ein anderer Gläubiger den Vorrang gewonnen hätte.

Unter den Nachlaßgläubigern entscheidet das Zuvorkommen im Erlangen der Leistung selbst oder einer der Leistung nach § 1991 III gleichstehenden Verurteilung des Erben zur Leistung. Es gilt Präventionsprinzip, nicht Konkursprinzip! Die Beobachtung einer bestimmten Rangordnung und die anteilsmäßige Befriedigung gleichstehender Gläubiger mutet das Gesetz dem Erben nicht zu. Hieraus folgt unter anderem: der Erbe darf gegenüber einem nicht bereits durch rechtskräftiges Urteil gesicherten Nachlaßgläubiger eigene Forderungen an den Erblasser, deren Fortbestand der Gläubiger nach § 1991 II anerkennen muß, sowie Ansprüche auf Ersatz von Aufwendungen, z. B. wegen Berichtigung von Nachlaßschulden (§§ 1990 I mit 1979), in Vorabzug bringen. Ausnahmeweise hat der Erbe die Verbindlichkeiten aus Pflichtteilsrechten, Vermächtnissen und Auflagen erst in letzter Linie und zwar nach der Rangordnung des Nachlaßkonkurses zu berichtigen.[13]) § 1991 IV. Ein Beispiel

---

[9]) Siehe namentlich Wendt S. 380 ff., Hachenburg S. 388 ff. Diese Schriftsteller weichen von einander und von der hier versuchten Auslegung in wesentlichen Punkten ab.

[10]) Anders Wendt S. 382. Vgl. wegen des Wortlautes z. B. BGB. § 1147 (M III S. 675 ff.): „Befriedigung im Wege der Zwangsvollstreckung", auch §§ 1268, 1277, HGB. §§ 371 III, 696 I, 761 I, andrerseits z. B. BGB. § 1228 I, KO. § 127 II.

[11]) P. n. 393 VII S. 7944 ff., n. 394 V S. 7991 ff.

[12]) BGB. § 2009 betrifft den Bestand des Nachlasses, nicht dessen Wert. Vgl. P. n. 393 XIII B 3 S. 7961 ff.

[13]) Der Erbe selbst hat also die einzelnen Anteile zu berechnen, den Nachlaß — soweit erforderlich — in Geld umzusetzen und die Anteilsbeträge auszuzahlen. Im Rahmen dieser

mag die Rechtslage veranschaulichen. Gesetzt: an Aktiven sind nur Haushaltungsgegenstände im Schätzungswerte von 50 M., an Passiven eine Darlehensforderung des A auf 60 M., eine Mietzinsforderung des B auf 40 M. vorhanden. Dem Erben sind beide Nachlaßverbindlichkeiten bekannt. Er hat die Erbschaft angenommen. Eine Inventarfrist ist nicht gesetzt, die Konkurseröffnung nicht beantragt worden. Nun verlangt A, der bereits gegen den Erblasser einen vollstreckbaren Schuldtitel erwirkt hatte, vom Erben die Zahlung der Darlehensschuld. Der Erbe erklärt: „der Nachlaß reicht nicht aus; die Pfändung der Möbel steht dir frei; weitere Befriedigung verweigere ich." A läßt hierauf durch den Gerichtsvollzieher die Nachlaßgegenstände [14]) pfänden und erzielt einen Versteigerungserlös von 100 M. Hievon werden nach Befriedigung des A und Deckung der Vollstreckungskosten 20 M. als Mehrerlös an den Erben zurückgegeben. Inzwischen hat B den Erben auf Berichtigung der Mietschuld verklagt und ein vollstreckbares Urteil erwirkt, das dem Erben die Beschränkung seiner Haftung vorbehielt.[15]) Gibt dieser nun dem B oder dem von B beauftragten Gerichtsvollzieher 20 M. heraus, so befreit er sich von der Schuldenhaftung.

Im Einzelnen ist über Voraussetzung und Wirkung der Herausgabe im Sinne des § 1990 I noch folgendes hervorzuheben:

a. Die bloße Thatsache der Unzulänglichkeit des Nachlasses zur Kostendeckung genügt als Voraussetzung der Abzugseinrede.[16]) Eine förmliche Konstatierung dieser Thatsache durch gerichtlichen Ablehnungsbeschluß (BGB. § 1982, KO. § 107) fordert das Gesetz nicht. Freilich muß sie der Erbe beweisen und könnte dieser Pflicht am einfachsten durch Vorlage eines Ablehnungsbeschlusses entsprechen. Allein er bürdet sich durch fruchtlose Antragstellung Kosten auf, die ihm aus dem Nachlasse nicht ersetzt werden[17]) und bei einer Vermögenslage, wie sie § 1990 I voraussetzt, meist gar nicht ersetzt werden könnten.[18])

b. Der Erbe befreit sich durch Herausgabe des Nachlasses. Ein Recht, diese Herausgabe durch Bezahlung des Wertes der Nachlaßgegenstände abzuwenden, steht dem Erben nicht zu. Er haftet cum viribus, nicht pro viribus hereditatis.[19])

Aufgabe muß nach dem vermutlichen Willen des Erblassers dem Erben die Befugnis zugestanden werden, Nachlaßstücke, deren Versilberung notwendig wird, zum gegenwärtigen Wert einzulösen arg. § 1992.

[14]) Der Pfändung eigener Sachen müßte der Erbe widersprechen. CPO. §§ 781, 785.

[15]) CPO. § 780 vgl. § 305. [Näheres § 3 VI]. Das Urteil lautet auf den vollen Schuldbetrag, hier auf 40 M. Der Vorbehalt kann entweder allgemein gefaßt („dem Beklagten wird die beschränkte Haftung vorbehalten") oder dem Wortlaute des § 1990 I angepaßt werden („der Beklagte kann die Befriedigung insoweit verweigern, als der Nachlaß nicht ausreicht"). Verurteilung des Erben ohne Vorbehalt schließt die Geltendmachung der beschränkten Haftung aus.

[16]) § 2013 bleibt hier einstweilen noch außer Betracht [darüber § 3].

[17]) Erstattung aus dem Nachlasse könnte der Erbe nur fordern, wenn er das Vorhandensein einer die Kosten des Konkursverfahrens deckenden Masse den Umständen nach annehmen durfte (BGB. § 1991 I mit § 1978 III, § 670).

[18]) Wendt (S. 380) sagt, durch den Antrag auf Verwaltung oder Konkurs werde das Recht der beschränkten Haftung erworben. Andere erklären die Antragstellung für zweckmäßig, so z. B. Fischer-Henle BGB. § 1990, I; Wilke Haftung des Erben S. 19. Zweifellos ist der Erbe — abweichend von § 1980 — bei Masseunzulänglichkeit zur Beantragung des Nachlaßkonkurses nicht verpflichtet.

[19]) P. S. 7997. Anders BGB. §§ 1973 II, 1989, 1992. Vgl. auch oben [Note 6].

c. Hat sich der Erbe durch Preisgabe des Nachlasses befreit, so fehlt ihm fürderhin gegenüber den Klagen der Nachlaßgläubiger die Passivlegitimation. Nun liegt die Sache nicht anders, als wenn die Herausgabe an den Konkurs- oder Nachlaßverwalter erfolgt wäre. Auf Prozesse der Nachlaßgläubiger braucht sich somit der Erbe nicht mehr einzulassen.[20])

d. Das Recht der Befreiung durch Herausgabe des Nachlasses besteht nicht gegenüber den Verbindlichkeiten aus Pflichtteilsrechten, Vermächtnissen und Auflagen.[21]) Zwar gelten auch diese Schulden als Nachlaßverbindlichkeiten (§ 1967 II), aber gerade sie muß der Erbe — wie bereits bemerkt — nach konkursmäßigen Grundsätzen berichtigen (§ 1991 IV), also erst nach allen übrigen Nachlaßschulden und unter Beobachtung der Rangordnung des Nachlaßkonkurses. Zur Erfüllung einer solchen minderwertigen Verbindlichkeit darf demnach der Erbe den Nachlaß nicht ausantworten, so lange noch vorgehende oder auch nur gleichstehende Gläubiger zu befriedigen sind. Der Erbe muß der Pfändung widersprechen und sich zu diesem Zweck den nötigen Vorbehalt im Urteil sichern, wenn er aus Pflichtteilsrechten, Vermächtnissen oder Auflagen belangt wird (CPO. §§ 781, 785). Sonst bleibt er persönlich haftbar. Der Vorbehalt lautet dahin, daß der Erbe die minderwertige Verbindlichkeit z. B. die Vermächtnisschuld nach den im Nachlaßkonkurse vorgehenden und mit den im Nachlaßkonkurse gleichstehenden Schulden zu erfüllen hat. So ist der Erbe vollkommen gesichert.[22])

e. Möglicherweise hat ein Nachlaßgläubiger schon eigenes Vermögen des Erben angegriffen, ehe dieser das Recht des § 1990 I ausgeübt hat. Nach Annahme der Erbschaft steht ja den Nachlaßgläubigern der Zugriff auch in das übrige Vermögen des Erben frei, wenngleich die Vollstreckung einstweilen nur bis zum Arrestvollzuge vorschreiten kann [S. 3]. Kommt es hinterher zur Eröffnung des Nachlaßkonkurses oder zur Anordnung der Nachlaßverwaltung, so kann der nun beschränkt haftende Erbe die Aufhebung der Vollstreckungsmaßregeln verlangen[23]) (CPO. §§ 784, 785). Sind aber Konkurs und Verwaltung wegen Unzulänglichkeit der Masse zur Kostendeckung ausgeschlossen, so bedarf der Erbe eines gleichen Schutzes. Deshalb[24]) bestimmt § 1990 II: ein nach Eintritt des Erbfalls im Zwangsweg erwirktes Vorzugsrecht steht der Befugnis des Erben, sich durch Herausgabe des Nachlasses von der Schuldenhaftung zu befreien, nicht entgegen. Solange die Zwangsvollstreckung in das eigene Vermögen des Erben noch nicht beendigt ist, kann dieser demnach die Aufhebung der Vollstreckungsmaßregeln verlangen[25]) (CPO. §§ 781, 785). Ist die Vollstreckung bereits beendigt, so bleibt dem Erben jedenfalls das Recht, den ihm abgepfändeten Vermögenswert als Aufwendung nach §§ 1991 I mit 1979 bei Herausgabe des Nachlasses in Vorabzug zu bringen.

---

[20]) Vgl. dagegen z. B. Böhm S. 482.

[21]) Entgegengesetzter Ansicht ist Hachenburg S. 393 f.

[22]) Vgl. übrigens noch KO. § 222, Anfechtungsgesetz § 3a.

[23]) Näheres unten [bei § 11].

[24]) Andere Erklärungen bei Wendt S. 383 f. und Hachenburg S. 391 f. Diese Schriftsteller beziehen, wie es scheint, den § 1990 II nur auf den Fall einer Vollstreckung in den Nachlaß. Vgl. P. n. 394 V 2 h S. 7996 f.

[25]) War das vollstreckte Urteil erst gegen den Erben selbst ergangen, so bedurfte es zur Wahrung der beschränkten Haftung eines entsprechenden Vorbehalts (CPO. §§ 305, 780).

Die für die Erbenhaftung geltenden Vorschriften der §§ 1990, 1991 finden auf eine Reihe anderer Haftungsfälle entsprechende Anwendung. So auf die Haftung dessen, der durch Vertrag das gegenwärtige Vermögen eines Anderen übernimmt (§ 419 II); auf die Haftung eines Ehegatten für die Gesamtgutsverbindlichkeiten der beendigten allgemeinen Gütergemeinschaft, soweit ihn diese Haftung nur um deswillen trifft, weil jene Verbindlichkeiten nicht vor der Teilung des Gesamtguts berichtigt worden sind (§ 1480); auf die Haftung der anteilsberechtigten Abkömmlinge unter sich und gegenüber den Gläubigern für die nicht vor der Teilung berichtigten Gesamtgutsverbindlichkeiten der fortgesetzten Gütergemeinschaft (§§ 1498, 1504). Vgl. CPO. § 786, Begründung hierzu S. 123. Wegen § 1489 s. unten [bei § 22].

§ 1992 BGB. 3. In weiterem Umfange wird die Abzugseinrede nach § 1992 gegenüber Vermächtnissen und Auflagen gewährt. Da nämlich auch diese Lasten bei Bemessung der „Überschuldung" eines Nachlasses mitzurechnen sind (§ 1967 II), kann es vorkommen, daß die Erbschaftsaktiven zwar zur Deckung aller anderen Nachlaßverbindlichkeiten, nicht aber außerdem noch zur Erfüllung der Vermächtnisse und Auflagen ausreichen. In einem derartigen Falle sollen — nach dem mutmaßlichen Willen des Erblassers — die Beteiligten zur Beantragung des Nachlaßkonkurses nicht gezwungen werden.[26] Der Erbe insbesondere braucht den Konkursantrag nicht zu stellen (§ 1980 I Satz 2), sondern darf statt dessen Vermächtnisse und Auflagen auf den gegenwärtigen Geldwert[27] des nach Tilgung der übrigen Nachlaßschulden verbliebenen Erbschaftsrestes verweisen. Diesen Betrag aber muß der Erbe nach der Rangordnung des Nachlaßkonkurses, also — vorbehaltlich anderweiter Anordnung des Erblassers nach § 2189 — gleichmäßig auf Vermächtnisse und Auflagen verteilen. § 1992 mit § 1991 IV und KO. § 226.[28]

Da die Abzugseinrede nach § 1992 von den Voraussetzungen des § 1990 unabhängig ist, steht sie dem Erben namentlich auch dann zu, wenn ein bereits eröffneter Nachlaßkonkurs infolge Gantverzichts (KO. § 202) — nicht wegen Masseunzulänglichkeit (KO. § 204) — eingestellt worden ist.[29]

II. Nur einzelnen Gläubigern gegenüber beschränkt sich die Erbenhaftung auf den Nachlaß:

§§ 1979–1973 BGB. 1. Kraft **Ausschlußurteils** nach BGB. §§ 1970—1973, CPO. §§ 989 bis 1000.[30] Der unmittelbare Zweck des gerichtlichen Gläubigeraufgebots ist nicht

---

[26]) P. n. 394 V B S. 7997—8000. Vermächtnisse und Auflagen berechtigen zum Konkurseröffnungsantrage nur im Falle gleichzeitiger persönlicher Vergantung des Erben (KO. § 219 I Satz 2).

[27]) Künftige Werterhöhung gereicht dem einlösenden Erben zum Vorteil.

[28]) Als Ausnahmevorschrift ist § 1992 nicht auf das Verhältnis des Erben zu Pflichtteilsberechtigten auszudehnen. Anderer Ansicht Wendt S. 413 und 414. Dagegen findet § 1992 nach der ausdrücklichen Bestimmung des § 2187 III auf die Haftung des Vermächtnisnehmers, der seinerseits mit einem Vermächtnis oder einer Auflage beschwert ist, entsprechende Anwendung. Insoweit das, was der Beschwerte selbst erhalten hat oder noch erhalten soll, zur Erfüllung nicht ausreicht, kann er die Erfüllung verweigern und zu diesem Behuf entweder die ihm gemachte Zuwendung in Natur an den Dritt-Bedachten ausantworten oder diesem den gegenwärtigen Wert der Zuwendung in Geld auszahlen. Eine Mehrheit von Dritt-Bedachten hat der Beschwerte nach der Rangordnung des Nachlaßkonkurses zu befriedigen. Vgl. CPO. § 786.

[29]) Vgl. M V S. 656.

[30]) Antragsberechtigung: CPO. §§ 991, 1000; Aufgebotsfrist: § 994; anzudrohender Rechtsnachteil: §§ 995, 997, 998; Erfordernisse der Anmeldung: 996, s. KO. § 229.

die Beschränkung der Haftung, sondern die Feststellung des erbschaftlichen Schuldenbestandes, von dessen Höhe es abhängt, ob der Erbe den Nachlaß ohne Risiko in Händen behalten kann oder ob er ihn zum Zweck einer allgemeinen Haftungsbeschränkung hinausgeben soll. Vgl. noch BGB. §§ 2001, 2015. Auch ist die Wirkung des Ausschlußurteils keineswegs ein absoluter Rechtsverlust, sondern lediglich eine Verweisung der Ausgeschlossenen auf den nach Befriedigung der Nichtausgeschlossenen allenfalls verbleibenden Ueberschuß[31]) (BGB. § 1973, CPO. §§ 995): möglicherweise finden auch die Ausgeschlossenen noch volle Deckung.

Immerhin aber wird durch den Ausschluß die Erbenhaftung abgeschwächt und zwar noch intensiver als in den normalen Fällen der Haftungsbeschränkung [oben I]. Ohne Gebundenheit an eine bestimmte Rangordnung oder an eine gleichmäßige Verteilung[32]) darf der Erbe die Ausgeschlossenen auf jenen Ueberschuß verweisen, indem er die noch vorhandenen Nachlaßgegenstände in Natur zum Zweck einer Vollstreckungsbefriedigung herausgibt oder doch nur deren Geldwert ausbezahlt[33]), und haftet auch in diesen Schranken lediglich unter dem Gesichtspunkt ungerechtfertigter Bereicherung, nicht wie ein Verwalter fremden Vermögens (§ 1973 II, anders §§ 1978 u. 1991 I).[34]) Zur Beantragung des Nachlaßkonkurses sind die Ausgeschlossenen nur bedingt befugt (KO. § 219) und zählen in diesem Verfahren nur zu den minderberechtigten Konkursgläubigern (§ 226 IV). Die Anordnung einer Nachlaßverwaltung dagegen können sie ohne weiteres beantragen (BGB. § 1981 II).

Kraft des Gesetzes nicht ausgeschlossen, also nicht ausschließbar, sind die Rechte des § 1971 (Absonderungs- und Aussonderungsansprüche, soweit es sich um die Befriedigung aus den haftenden Nachlaßgegenständen handelt) und der § 1972 (Pflichtteile, Vermächtnisse und Auflagen). Erstere sind schon ihrer Natur nach dem Grundsatze der Oeffentlichkeit unterworfen, letztere kennt der Erbe in der Regel durch Verkündung der letztwilligen Verfügung.[35]) In einem wichtigen Falle versagt also das Aufgebot als Mittel der Feststellung des Schuldenbestandes, nämlich gegenüber solchen Nachlaßgläubigern, die zur Sicherung ihres persönlichen Anspruches ein Recht auf Befriedigung aus einem Nachlaßgrundstück haben. Ob und inwieweit der Erbe solchen Nachlaßgläubigern aufkommen muß, das entscheidet sich danach, ob und inwieweit der Gläubiger bei Befriedigung aus dem verhafteten Nachlaßgegenstand einen Ausfall erleidet. In Ansehung des Ausfalls ist aber der Ausschluß des Gläubigers durch das

---

[31]) Doch gehen die Ausgeschlossenen bei rechtzeitiger Geltendmachung ihrer Ansprüche den Verbindlichkeiten des § 1972 vor, die der Natur der Sache nach erst hinter allen andern Nachlaßschulden zum Zuge kommen dürfen. § 1973 I Satz 2, RKomm.Ber. hierzu S. 2100.

[32]) Vielmehr entscheidet unter Ausgeschlossenen das Zuvorkommen im Erlangen der Leistung oder einer der Leistung nach § 1973 II Satz 3 gleichstehenden rechtskräftigen Verurteilung des Erben zur Leistung. P. n. 393 XIII B 3 S. 7962. Eröffnung eines Konkurses über den „Ueberschuß" zwecks Schaffung einer par condicio creditorum können die Ausgeschlossenen wohl beantragen [siehe unten § 9 I 4a].

[33]) Herausgabepflicht wie nach § 1990, Einlösungsrecht wie nach § 1992, [oben I 2].

[34]) Daher die Befugnis des Erben zum Vorabzug seiner Aufwendungsansprüche z. B. aus der Bezahlung von Nachlaßschulden P. n. 393 VII S. 7947. Bereits vollzogene Leistungen an ausgeschlossene Gläubiger mindern nach BGB. § 818 III Bereicherung und Herausgabepflicht des Erben. Anderen Ausgeschlossenen gegenüber darf er diese Beträge in Rechnung stellen.

[35]) Näheres M V S. 647 f., Denkschrift S. 270, P. n. 393 IX B S. 7949 f.

Aufgebot möglich, der Gläubiger also genötigt, seine Forderung durch rechtzeitige Anmeldung gegen die Folgen des Aufgebots zu schützen. Ob und welchen Ausfall der Gläubiger erleidet, kommt im Aufgebotsverfahren nicht zum Austrag, und insoferne bedarf letzteres der Ergänzung. Die Lücke wird ausgefüllt durch die Bestimmungen der §§ 175—179[36]) ZVG. Danach kann der im allgemeinen beschränkt haftende Erbe nach Annahme der Erbschaft,[37]) wie er nun das Gläubigeraufgebot beantragen darf, so die Versteigerung des belasteten Nachlaßgrundstückes betreiben, um im Wege dieser Zwangsauseinandersetzung zu ermitteln, ob und in welcher Höhe der Gläubiger einen aus dem übrigen Nachlaßvermögen zu deckenden Ausfall erleidet.[38])

1974 BGB. 2. Kraft **Ausschlußfrist** nach BGB. § 1974. Eine Nachlaßverbindlichkeit, die nicht binnen fünf Jahren[39]) gerichtlich oder außergerichtlich geltend gemacht, in einem etwa eingeleiteten Aufgebotsverfahren angemeldet oder sonst nachweislich dem Erben bekannt geworden ist, erleidet die nämliche Rangeinbuße wie ein durch Urteil ausgeschlossener Anspruch (BGB. § 1974 I).[40]) Auf die Rechte des

---

[36]) In § 175 II war versehentlich auf BGB. § 1987 statt auf den in der Begründung richtig angeführten § 1989 verwiesen. In der Fassung vom 20. V. 98 (RGBl. S. 748) ist das Versehen berichtigt worden, freilich unter einer bedenklich weitherzigen Auslegung des § 2 des Gesetzes vom 17. V. 98, betr. die Ermächtigung des Reichskanzlers zur Bekanntmachung der Texte verschiedener Reichsgesetze.

[37]) CPO. § 991 III. Das gleiche Recht steht jedem andern zu, der das Aufgebot der Nachlaßgläubiger beantragen kann. ZVG. § 175 I Satz 2, CPO. §§ 991, 999.

[38]) Denkschrift zu §§ 175 ff. ZVG. Durch Eröffnung des Nachlaßkonkurses wird der Fortgang eines bereits nach § 175 angeordneten Versteigerungsverfahrens nicht aufgehalten (§ 178 II ZVG., anders § 993 II CPO), sondern nur die Rolle des Antragstellers von Rechtswegen auf den Nachlaßkonkursverwalter übertragen, da dieser ohnehin die belasteten Massegrundstücke in den Formen der Zwangsvollstreckung zu verwerten pflegt (KO. § 126, ZVG. §§ 172—174), die Einleitung eines neuen Verfahrens aber nur unnütze Kosten und Verzögerungen im Gefolge hätte. Erscheint dem Verwalter die Verwertung im Zwangsweg unangebracht, so kann er den Versteigerungsantrag zurücknehmen (§§ 29, 33 ZVG.) und z. B. freihändig verkaufen. Treffen Konkursantrag und Versteigerungsantrag zeitlich zusammen, so soll die Zwangsversteigerung nicht angeordnet werden (§ 178 I ZVG., ebenso CPO. § 993 I), da die Anordnung möglicherweise umsonst erfolgen würde. Solchenfalls bleibt es dem Konkursverwalter vorbehalten, die Versteigerung nach § 172 zu beantragen, wenn er nicht eine andere Verwertungsart vorzieht. Denkschrift zu § 178 ZVG.

[39]) Seit dem Erbfalle (§ 1974 I Satz 1) oder, wenn der Erblasser für tot erklärt worden ist, seit Verkündung des die Todeserklärung aussprechenden Urteils (ib. Satz 2). Die letztere, vom Reichstag eingefügte Fristberechnung beruht auf folgendem Gedanken: Das die Todeserklärung aussprechende Urteil setzt den Zeitpunkt des Todes und damit denjenigen des Erbfalls fest (CPO. § 970 II, BGB. §§ 18, 1922 I). Liegt dieser Zeitpunkt um fünf Jahre oder noch weiter zurück, so ist bei Berechnung der fünfjährigen Ausschlußfrist vom Erbfall ab (Satz 1) eine Geltendmachung der Nachlaßverbindlichkeiten nie möglich gewesen, es sei denn, daß in der Zwischenzeit ein Abwesenheitspfleger bestellt wurde (§ 1911), gegen den die Gläubiger vorgehen konnten. Daher die Berechnung vom Tage der Urteilsverkündung. Reichstags-Kommissions-Bericht S. 2101, Strohal S. 136 ff., Küntzel in den Beitr. zur Erläut. des Deutschen Rechts Bd. 41 S. 834 f. Sollte der vom Reichstag aufgenommene Satz wirklich noch eine Lücke offen lassen, so steht seiner analogen Ausdehnung nach der ganzen Entstehung der Vorschrift — vgl. den Wortlaut des angeführten Berichts — nichts im Wege.

[40]) Beispiel: Der Amtsrichter A hat ein Aktivvermögen im Werte von 20000 M. hinterlassen, denen 5000 M. zur Zeit des Erbfalls bekannte Nachlaßverbindlichkeiten gegenüberstanden. Die Witwe des A. hat als einzige Erbin die Erbschaft angenommen und die Schulden sofort bezahlt. Ein Inventar hat sie nicht eingereicht. Sechs Jahre später stellt sich heraus, daß A durch fahrlässige Verletzung seiner Amtspflicht als Grundbuchrichter (vgl. GBO. § 12, BGB. § 839) sich in Höhe von 30000 M. schadensersatzpflichtig gemacht hatte. Die Witwe, die in-

§ 1971 äußert auch das fruchtlose Verstreichen der Ausschlußfrist keinen Einfluß (§ 1974 III), wohl aber — arg. e contr. — auf die Verbindlichkeiten des § 1972. Auch Pflichtteilsrechte, Vermächtnisse und Auflagen können demnach durch Fristablauf ausgeschlossen werden. Für das Verhältnis solcher Ansprüche untereinander verordnet § 1974 II mit § 1973 I Satz 2: der Erbe muß die für den Nachlaßkonkurs geltende Rangordnung (KO. § 226, Z. 4 u. 5 und Abs. III—IV, ferner BGB. § 2189) einhalten, wenn nur die im Konkursfalle vorgehende Forderung nicht erst nach Berichtigung einer nachstehenden geltend gemacht wird.[41]) Man muß also unterscheiden:

a) Anderen Nachlaßschulden stehen die (noch ungetilgten) Verbindlichkeiten aus Pflichtteilsrechten, Vermächtnissen und Auflagen schlechterdings nach, selbst wenn erstere ausgeschlossen sind, die Verbindlichkeiten der drei letzteren Klassen aber nicht.

b) Unter sich rangieren die (noch ungetilgten) Verbindlichkeiten aus Pflichtteilsrechten, Vermächtnissen und Auflagen, gleichviel ob miteinander nur ausgeschlossene oder ausgeschlossene und nichtausgeschlossene konkurrieren, nach der Rangordnung des Nachlaßkonkurses (KO. § 226). Daher geht der ausgeschlossene Pflichtteilsberechtigte immer noch dem nichtausgeschlossenen Vermächtnisnehmer vor. Ferner rangiert der nichtausgeschlossene Pflichtteilsberechtigte vor dem ausgeschlossenen Pflichtteilsberechtigten, der nichtausgeschlossene Vermächtnisnehmer vor dem ausgeschlossenen Vermächtnisnehmer.

Da die besondere Haftungsbeschränkung [unter II] sachlich weiter greift als die allgemein wirkende [unter I], kann jene dem Erben auch noch neben dieser von Wert sein. Ein Zusammentreffen beider Haftungsbeschränkungsarten findet namentlich statt, wenn nach dem Ausschlusse (§§ 1970—1974) die Nachlaßverwaltung angeordnet oder der Nachlaßkonkurs eröffnet wird. Erstere kann dem Aufgebot auch vorausgehen, letzterer macht das Aufgebot gegenstandslos (CPO. § 993, M. V. S. 646 f.).

§ 3.

Verwirkung des Rechtes auf beschränkte Haftung.

I. Nachlaßverwaltung und Nachlaßkonkurs, Unzulänglichkeit der Masse zur Kostendeckung und Gläubigerausschließung äußern ihre haftungsbeschränkende Wirkung nicht schlechthin, sondern nur unter der negativen Voraussetzung, daß der Erbe nicht bereits durch gewisse Pflichtwidrigkeiten (§§ 1994 I, 2005 I, 2006 III) das Recht auf Beschränkung seiner Haftung verwirkt hat.[1]) § 2013. Die Verwirkung zieht § 2013 BGB.

---

zwischen einen beträchtlichen Teil des ihr verbliebenen Nachlasses zugesetzt hat, wird auf Ersatzleistung belangt und unter Vorbehalt ihrer Rechte aus § 1974 verurteilt. Nun darf sie den vollstreckenden Gläubiger auf die noch übrigen Nachlaßgegenstände verweisen (vgl. § 818 III) oder auch deren Herausgabe durch Zahlung des gegenwärtigen Wertes abwenden. Nur muß sie letzternfalls auf einen Prozeß über den Wertbetrag gefaßt sein, wenn der Gläubiger ihre Schätzung für zu niedrig erklärt. Würde der Ersatzanspruch beispielsweise schon im vierten Jahre geltend gemacht werden, so müßte die Erbin zur Beschränkung ihrer Haftung den Nachlaßkonkurs beantragen. Nach Eröffnung desselben stünde ihr aber ein Einlösungsrecht nicht zu. Der Umstand, daß nur ein bekannter Nachlaßgläubiger vorhanden ist, schließt die Konkurseröffnung nicht aus.

[41]) Reichstags-Kommissions-Bericht (zu BGB. § 1974) S. 2101.

[1]) Ueber die Folgen unterlassener Geltendmachung des Rechtes auf beschränkte Haftung siehe den Text unter VI. — Der Verzicht auf das Beschränkungsrecht, der in E I § 2094

eine endgiltig unbeschränkte Haftung nach sich, bald allen, bald nur einzelnen Gläubigern gegenüber.

§ 1994 BGB. 1. **Allen** Nachlaßgläubigern gegenüber verliert der Erbe die Möglichkeit der Haftungsbeschränkung:

a) **Durch Versäumung der Inventarfrist** § 1994 I. Die Inventarfrist läuft nicht kraft des Gesetzes. Sie wird vom Nachlaßgericht (FGG. §§ 72, 73, EG. z. BGB. a. 147) auf Gläubigerantrag — nie von Amtswegen — bestimmt. Alle[2]) Nachlaßgläubiger, auch minderberechtigte, z. B. ausgeschlossene oder Vermächtnisnehmer, sind antragsbefugt. § 1994. Der Erbe kann die Bestimmung der Inventarfrist anfechten, aber nur mit der sofortigen Beschwerde: im Interesse der Gläubiger ist sein Widerspruchsrecht zeitlich begrenzt (FGG. §§ 77, 22). Beginn, Lauf und Ende der Frist regeln die §§ 1995—1998. Die Frist kann schon vor Annahme der Erbschaft bestimmt werden, beginnt dann aber erst mit der Annahme (§ 1995 II).

Der Fiskus ist als gesetzlicher Erbe (§ 1936) von der Inventarpflicht befreit und darum dauernd in der Lage, seine Haftung auf den Nachlaß zu beschränken (§ 2011). Dieses besonderen Schutzes[3]) bedarf er, da er eine ihm von Gesetzeswegen angefallene Erbschaft gar nicht ausschlagen kann (§ 1942 II). Allein auch der Fiskus muß, wenn er beschränkte Schuldenhaftung herbeiführen will, die jedem anderen Erben gebotenen Mittel ergreifen z. B. die Eröffnung des Nachlaßkonkurses beantragen. Grundsätzlich ist somit auch der Staat einer unbeschränkten Erbenhaftung unterworfen. Als Testamentserbe kann er die Möglichkeit der Haftungsbeschränkung ganz wie andere Erben durch Inventarverstöße einbüßen.

Auch dem Nachlaßverwalter und einem sonstigen Nachlaßpfleger kann eine Inventarfrist nicht gesetzt werden (§ 2012). Das erklärt sich so: Dem nach §§ 1960 f. vor Erbschaftsannahme bestellten Pfleger gegenüber bereits eine Inventarfrist nach Maßgabe des § 1994 zu bestimmen, hätte keinen Sinn, weil diese Frist erst mit der Annahme zu laufen beginnt, in eben diesem Augenblick aber die Voraussetzungen der Pflegschaft entfallen.[4]) Nach Anordnung einer Nachlaßverwaltung aber, die ja dem Erben den Nachlaß ganz aus den Händen nimmt und die Schuldentilgung einem unparteiischen Dritten anvertraut (§§ 1984, 1985), ist die Gefahr einer Benachteiligung der Gläubiger durch Unredlichkeit oder Leichtsinn des Erben und damit das Schutzbedürfnis beseitigt, auf dem die in § 1994 normierte Antragsbefugnis beruht. Die Bestimmung einer Inventarfrist im Sinne dieser Vorschrift wäre also nach Anordnung der Nachlaßverwaltung vollkommen zwecklos. Ganz das Gleiche gilt nach Eröffnung des Nachlaßkonkurses. Darum schließt das Gesetz nach Einleitung beider Verfahrensarten die Bestimmung einer Inventarfrist aus (§ 2000 Satz 2) und erklärt die vorher

---

ausdrücklich geregelt war, bietet kein besonderes Interesse (Vgl. M V S. 607). Das Gesetz begnügt sich mit der Vorschrift, daß ein Nachlaßverwalter oder sonstiger Nachlaßpfleger durch seinen Verzicht den Erben nicht um das Recht der Haftungsbeschränkung bringen kann. § 2012, siehe E I § 2063, M V S. 550 f., ferner P. n. 391 V S. 7869 und 7870.

[2]) Auch ein Miterbe, der zugleich Nachlaßgläubiger ist. Vgl. jedoch Wilke S. 5 und BGB. § 2063 II [s. unten bei § 4].

[3]) Vgl. auch BGB. §§ 1964—1966, CPO. § 780 II.

[4]) M V S. 550—552, P. n. 385 V S. 7752 f.

gesetzte Frist für wirkungslos (§ 2000 Satz 1). Die dem Nachlaßkurator und dem Konkursverwalter unter persönlicher Verantwortlichkeit obliegende Pflicht, zwecks Durchführung ihrer Aufgabe den Nachlaßbestand schriftlich festzulegen[5]), hat mit der in den §§ 1994 ff. geregelten Inventarpflicht des Erben nichts gemein.

Dagegen schließt die Ernennung eines Testamentsvollstreckers das Schutzbedürfnis der Gläubiger und damit die Inventarpflicht des Erben nicht aus. Auch wenn der Testamentsvollstrecker den Nachlaß in Besitz und Verwaltung genommen hat (§ 2205), kann dem Erben und nur diesem eine Inventarfrist bestimmt werden. Um dem Erben die Aufzeichnung des Nachlaßbestandes zu ermöglichen, hat das Gesetz den Testamentsvollstrecker verpflichtet, unverzüglich (§ 121) nach Annahme seines Amtes den Erben über die Vermögenslage aufzuklären und ihm bei der Errichtung des Inventars die erforderliche Beihilfe zu leisten z. B. Angaben über den Wert (§ 2001 II) der einzelnen Nachlaßgegenstände zu machen. § 2215.

Die Aufnahme des Inventars muß unter amtlicher Mitwirkung erfolgen (§ 2002). Bei der Wichtigkeit des Aktes begnügt sich das Gesetz mit bloßer Privataufzeichnung des Erben nicht. Andrerseits erleichtert es diesem seine Aufgabe ganz wesentlich dadurch, daß es ihm gestattet, die Inventur durch das Nachlaßgericht vornehmen oder vermitteln zu lassen (§ 2003, EG. a. 148) und, wenn sich bereits ein vorschriftsmäßiges Verzeichnis beim Nachlaßgerichte befindet,[6]) sich einfach auf dieses zu beziehen (§ 2004). Ersternfalls wird die Inventarfrist durch Beantragung der behördlichen Nachlaßaufzeichnung (§ 2003 I Satz 2), letzternfalls dadurch gewahrt, daß der Erbe dem Nachlaßgericht erklärt, das vorhandene Inventar solle als sein eigenes gelten (§ 2004). Besorgt dagegen der Erbe die Inventaraufnahme selbst, so muß er innerhalb der Frist das fertiggestellte Verzeichnis einreichen (§ 1994 I Satz 2). Eine unbeabsichtigte Unvollständigkeit des letzteren schadet nicht; dem Erben kann nur eine Ergänzungsfrist bestimmt werden (§ 2005 II).

Den Inhalt des Inventars regelt § 2001 dahin, daß die beim Eintritte des Erbfalls vorhandenen Aktiven und Passiven vollständig angegeben werden „sollen". Spätere Veränderungen des Nachlaßbestandes bleiben außer Betracht. Tritt aber beschränkte Schuldenhaftung ein, so muß der Erbe über seine bisherige Wirtschaftsführung Rechnung legen und damit den Gläubigern auch über nachträgliche Aenderungen im Vermögensstande den erforderlichen Aufschluß geben.[7])

Die Hauptwirkung getreuer Inventur besteht darin, daß sie dem Erben die Möglichkeit der Haftungsbeschränkung wahrt (§ 1994 I Satz 2). Außerdem verschafft sie ihm in Prozessen mit Nachlaßgläubigern ein begünstigte Stellung: behauptet nämlich ein Gläubiger, daß zur Zeit des Erbfalls außer den verzeichneten noch weitere Nachlaßaktiven vorhanden waren, so trifft ihn die Beweislast (§ 2009, CPO. § 292). Will sich der Erbe diese Vorteile

---

[5]) BGB. §§ 1915 mit 1802, 2012 mit 260; KO. §§ 123, 124. Vgl. auch BGB. § 1802 II im Gegensatze zu § 2002.

[6]) Das z. B. der Nachlaßverwalter oder ein vermeintlicher Erbe hergestellt hatte. — Die §§ 2008, 2063 I, 2144 II sind in anderem Zusammenhang erörtert.

[7]) BGB. §§ 1978, 1991 vb. m. 666, 681, 259—261; Küntzel S. 832 und 833.

verschaffen, so braucht er nicht erst abzuwarten, bis ihm auf Gläubigerantrag die Inventarfrist bestimmt wird: er ist zur Einreichung eines Nachlaßverzeichnisses berechtigt (§ 1993).

Einsicht des Inventars ist jedem Interessenten, also insbesondere den Nachlaßgläubigern, verstattet. Versiegelt darf es somit nicht mehr hinterlegt werden (§ 2010).

§ 2005 BGB. b) **Durch ungetreue Inventur** (§ 2005 I Satz 1). Untreue in diesem Sinn ist nur der schwere Vertrauensbruch, nicht der geringfügige Trug und nicht die fahrlässige Falschbeurkundung, auch wenn sie bedeutende Werte betrifft. Die Untreue äußert sich darin, daß der Erbe vorsätzlich[8]) im Inventar

α) gleichviel in welcher Absicht[9]) — die Uebergehung beträchtlicher Aktiva oder

β) in der Absicht, die Nachlaßgläubiger zu schädigen, die Einstellung nichtbestehender Passiva herbeiführt.[10])

c) **Durch Verweigerung oder absichtliche Verzögerung der Auskunft,** die der Erbe zur Ermöglichung der von ihm nach § 2003 beantragten amtlichen Inventur dem inventarisierenden Gericht oder Beamten[11]) über den Bestand des Nachlasses erteilen muß (§ 2005 I Satz 2). Ein solches Gebahren ist nichts anderes als die Umgehung der Inventarpflicht und wird darum mit Recht einer direkten Pflichtverletzung gleichgeachtet. Immerhin aber setzt dieser Verwirkungsgrund, wie der Zusammenhang der Gesetzesstelle ergibt, voraus, daß die Weigerung des Erben der amtlichen Inventarerrichtung erhebliche Hemmnisse bietet. Wird also die erforderliche Auskunft noch rechtzeitig von dritter Seite (z. B. von Verwandten oder Bediensteten des Erben) erteilt oder betrifft sie nur Nebenpunkte (z. B. den beim Wertansatze dienlichen, nur dem Erben bekannten Ankaufspreis eines Nachlaßgegenstandes), so greift die Rechtsverwirkung nicht Platz.[12])

§ 2006 BGB. 2. Nur dem **einzelnen** Antragsteller gegenüber verliert der Erbe die Möglichkeit der Haftungsbeschränkung **durch Verweigerung des Offenbarungseides.** Der ausdrücklichen Verweigerung steht ein wiederholtes, unentschuldbares Versäumen des Schwurtermines gleich. § 2006 III.

Der Erbe ist nämlich verpflichtet, auf Verlangen eines Nachlaßgläubigers die Vollständigkeit der Aufzeichnung des erbschaftlichen Aktivbestandes eidlich zu

---

[8]) Der § 2005 sagt „absichtlich".

[9]) Um z. B. einen anderen Erbschaftsprätendenten abzuschrecken. Daß bei der Auslassung der Nachlaßgegenstände gerade eine Schädigung der Nachlaßgläubiger beabsichtigt wird, verlangt das Gesetz nicht. Anders nach E I § 2106 I; siehe P. n. 391 XV S. 7879 ff. Als Beispiel unvollständiger Angabe des Nachlaßbestandes ohne die Absicht der Gläubigerbenachteiligung nennen die Protokolle (S. 7882) den Fall, daß der Erbe die falsche Aufzeichnung gemacht hat, um eine Verringerung der Erbschaftssteuer zu erreichen. Aber ist nicht auch der Staat mit seiner Erbschaftssteuer-Forderung ein Nachlaßgläubiger? [Siehe unten bei § 12.]

[10]) Um z. B. einen ihm günstigen Zwangsvergleich zu erschwindeln. P. S. 7881.

[11]) Nicht auch dem Nachlaßverwalter. Andr. Ans. Wendt S. 373. Allein nach Anordnung einer Nachlaßverwaltung obliegt dem Erben eine Inventarpflicht, als deren Umgehung die Auskunftverweigerung sich darstellte, nicht mehr. Es handelt sich bei den Verwirkungsgründen immer nur um mittelbare oder unmittelbare Verletzungen der Inventarpflicht. Auch die Verweigerung der Auskunft nach KO. § 100, die der Erbe als Gemeinschuldner des Nachlaßkonkurses [§ 10] zu erteilen hat, steht nicht unter der Privatstrafe des § 2005 I.

[12]) P. n. 392 I S. 7909 ff.

erhärten.[13]) Eine Ergänzung des Inventars vor der Eidesleistung ist ihm nicht verwehrt. § 2006 I, II.

Auch dieser Verwirkungsgrund erscheint als eine mittelbare Verletzung der Inventarpflicht. Nun wird zwar die Inventarfrist mit Wirkung für die Gesamtheit der Nachlaßgläubiger bestimmt, das Inventar im Interesse der Gesamtheit errichtet und durch die auf Antrag eines einzigen Gläubigers erfolgte Eidesleistung der Gesamtheit gegenüber bekräftigt (§ 2006 IV), aber gleichwohl läßt das Gesetz aus Billigkeitserwägungen das Recht der Haftungsbeschränkung nur dem einzelnen Antragsteller gegenüber durch Eidesverweigerung erlöschen. Der Erbe, der sich etwa mit Rücksicht auf die Geringfügigkeit einer Nachlaßschuld zum Schwure nicht entschließen kann, soll damit die Möglichkeit der Haftungsbeschränkung nicht auch allen andern — vielleicht zur Zeit noch unbekannten — Gläubigern gegenüber einbüßen.[14])

Da der die Eidesleistung verweigernde Erbe nur dem Antragsteller gegenüber das Recht verliert, seine Haftung auf den Nachlaß zu beschränken, muß er im allgemeinen in der Lage bleiben, selbst die beschränkte Haftung herbeizuführen. Darum steht ihm für die Zukunft nicht nur das Recht der Beantragung des Nachlaßkonkurses zu — dieses geht auch durch generelle Verwirkung der Haftungsbeschränkungsmöglichkeit nicht verloren (KO. §§ 217 I mit 216 I) —; er bleibt vielmehr auch zum Antrag auf Anordnung einer Nachlaßverwaltung befugt (BGB. § 2013 II), während der generell unbeschränkt haftende Erbe dieser Berechtigung entbehrt (2013 I).[15]) Vgl. ferner auch KO. § 225 III [unten bei § 14].

II. Wenn nach Verwirkung des Haftungsbeschränkungsrechtes die Nachlaßverwaltung angeordnet oder der Nachlaßkonkurs[16]) eröffnet wird, bleibt es gleichwohl bei der generell oder partiell unbeschränkten Schuldenhaftung (§ 2013 I). Auch kann der generell unbeschränkt haftende Erbe fortan durch Gläubigerausschließung (§§ 1973, 1974) seine Haftung nicht mehr auf den Nachlaß beschränken (§ 2013 I, CPO. § 991 I).

---

[13]) Zuständiges Gericht: FGG. §§ 72 f., EG. z. BGB. a. 147 II; Terminsbestimmung und Ladung: FGG. § 79; Verfahren bei der Eidesabnahme: FGG. § 15 vb. m. CPO. §§ 478—484. Der Gläubiger braucht nicht erst auf Eidesleistung zu klagen; er kann ohne weiteres die Bestimmung des Schwurtermines beantragen (§ 79 FGG.). Eine Erzwingung der Eidesleistung durch Geldstrafe oder Haft ist ausgeschlossen; einzige Folge der Weigerung ist der Verlust des Rechtes der Haftungsbeschränkung (§ 2006 III BGB.). Nach beiden Richtungen — Voraussetzung und Erzwingung — ist sonach die Eidespflicht des § 2006 unter Ausnahmevorschriften gestellt. Vgl. dagegen BGB. §§ 259 ff. vb. m. CPO. § 889.

[14]) So M V S. 620, P. n. 392 IV S. 7913 ff., gebilligt von Küntzel S. 837 ff. u. Wilke S. 8 gegen Strohal S. 146 f. Eine gewisse Folgewidrigkeit ist aber unleugbar vorhanden und kaum genügend zu rechtfertigen. Will der Erbe um einer Bagatellschuld willen nicht schwören, so mag er sie bezahlen oder sicherstellen (P. S. 7915). Auf die Skrupel eines Schuldners vor dem Schwören nimmt das Gesetz doch sonst keine Rücksicht. Warum also hier dieses Zartgefühl? Wenn der Erbe ein gutes Gewissen hat, wird er sich unschwer zur Eidesleistung entschließen; verweigert er sie aber auch nur einem Gläubiger gegenüber, so verliert thatsächlich seine Aufzeichnung die Glaubwürdigkeit für alle Beteiligten.

[15]) Weitere Fälle des Zusammentreffens beschränkter und unbeschränkter Haftung: § 2063 II [S. 23] und § 2144 III [S. 29], auch CPO. § 780 [S. 20 ff.].

[16]) Auch nach Beendigung des Konkurses durch Verteilung der Masse oder durch Zwangsvergleich bewendet es bei der unbeschränkten Haftung. § 2000 Satz 3 betrifft nur den Fall, daß der Erbe nicht schon vor Konkurseröffnung die Beschränkungsmöglichkeit verwirkt hatte. Das dürfte sich mit genügender Klarheit aus dem Worte „Abwendung" ergeben. Anders Hachenburg S. 382.

Maßregeln der Zwangsvollstreckung, die zu Gunsten eines Nachlaßgläubigers in das eigene Vermögen des Erben erfolgt sind, bleiben bestehen, wenn der Erbe allgemein oder gerade dem Vollstreckungsgläubiger gegenüber das Recht der Haftungsbeschränkung verwirkt hat (CPO. § 784 I).

III. Während der Dauer der Nachlaßverwaltung und des Nachlaßkonkurses kann der Erbe das Recht der beschränkten Haftung nicht mehr einbüßen. Denn eine Verwirkung durch Versäumen der Inventarfrist (§ 1994 I) ist nach § 2000 Satz 1 und 2 ausgeschlossen; aber auch die §§ 2005 I und 2006 III gehen davon aus, daß der Erbe den Nachlaß noch in Händen hat und entweder selbst inventarisiert oder inventarisieren läßt (§§ 2002—2004). Insbesondere ist der in § 2006 III angedrohte Rechtsverlust nicht auch an die Verweigerung des Offenbarungseides geknüpft, den der Erbe nach KO. § 125 als Gemeinschuldner im Nachlaßkonkurs[17]) oder nach BGB. §§ 1978, 666, 681, 259—261 auf Grund seiner Rechenschafts- und Herausgabepflicht[18]) zu leisten hat.

Während der Dauer eines zum Zwecke der Ausschließung von Nachlaßgläubigern angeordneten Aufgebotsverfahrens (CPO. §§ 989 ff.) hingegen kann die unbeschränkte Schuldenhaftung sehr wohl gegenüber allen oder auch nur gegenüber einzelnen Nachlaßgläubigern endgiltig werden. Bei allgemeiner Verwirkung des Beschränkungsrechtes entfällt der Zweck des Aufgebots, das den Erben über den Schuldenstand aufklären und dadurch seine Wahl zwischen beschränkter oder unbeschränkter Haftung bestimmen soll. Der nach CPO. § 995 angedrohte Rechtsnachteil kann künftig nicht mehr ausgesprochen werden. Dementsprechend ist der Antrag auf Erlassung des Ausschlußurteils durch Beschluß zurückzuweisen (CPO. § 952 IV), wenn der Eintritt eines allgemeinen Verwirkungsgrundes nachgewiesen wird. Ist aber die Möglichkeit der Haftungsbeschränkung nur einem einzelnen Gläubiger gegenüber erloschen, so bleibt lediglich dieser von den Wirkungen des Ausschlusses unberührt (§ 2013 I Satz 1); alle anderen erleiden die auf das Unterlassen der Anmeldung gesetzte Rangeinbuße.

IV. Nach Beendigung der Nachlaßverwaltung und des Nachlaßkonkurses ist der Eintritt eines Verwirkungsgrundes wohl denkbar. So dann, wenn der Nachlaßverwalter nach Berichtigung oder Sicherstellung aller bekannten Schulden den Aktivrest an den Erben ausgeantwortet hat (§ 1986), nachträglich aber ein weiterer Nachlaßgläubiger auftritt und die Bestimmung einer Inventarfrist veranlaßt. Nun kann der Erbe durch unmittelbare oder mittelbare Verletzung der Inventarpflicht das Recht der beschränkten Haftung wiederum verlieren. Eine Ausnahme gilt nach § 2000 Satz 3 für den Fall, daß der Nachlaßkonkurs durch Verteilung der Masse oder durch Zwangsvergleich — also durch „Aufhebung“ (KO. §§ 163, 190), nicht durch „Einstellung“ (KO. §§ 202, 204) — beendigt worden ist. Nun bedarf es zur Wahrung der einmal erlangten[19]) Haftungsbeschränkung einer Inventarerrichtung nicht mehr, der Verwirkungsgrund des § 1994 I und damit auch diejenigen der §§ 2005 I und 2006 III sind also für die Zukunft unanwendbar.

Auch nach einer durch Ausschlußurteil oder Ausschlußfrist erzielten Haftungsbeschränkung können Inventarverstöße in Betracht kommen. Für diesen Fall schreibt

---

[17]) Man hat die konkursrechtlichen Zwangsmittel für ausreichend erachtet. M V S. 609 u. 671 f. Siehe ferner BGB. § 2012 II. M V S. 550. — Über die Anwendbarkeit des Konkursstrafrechtes auf den unredlichen Erben-Gemeinschuldner unten [bei § 10].

[18]) CPO. § 889 [oben Note 13].

[19]) War schon vor Konkurseröffnung ein Verwirkungsgrund eingetreten, so bewendet es bei der unbeschränkten Haftung [oben Note 16].

aber § 2013 I Satz 2 vor: der Erbe darf sich auf eine bereits vollzogene Ausschließung auch dann berufen, wenn er hinterher die ihm bestimmte Inventarfrist versäumt, unredlich inventarisiert oder seine Auskunftspflicht verletzt. Nur wenn er den gerade vom ausgeschlossenen Gläubiger verlangten Offenbarungseid verweigert (§ 2006), büßt er dem Antragsteller gegenüber das Recht beschränkter Haftung wieder ein. Sonach entzieht zwar der besondere, nicht aber ein allgemeiner Verwirkungsgrund dem Erben die Vorteile einer schon vollendeten Ausschließung.

V. Besondere Beachtung verdient die Frage, ob ein **gesetzlicher Vertreter** des Erben durch Verletzung der Inventarpflicht den Vertretenen um das Recht der Haftungsbeschränkung bringen kann.

1. Ein ganz oder teilweise geschäftsunfähiger Erbe (§§ 104, 106, 114) verwirkt durch Inventarverstöße seines Vormundes oder Pflegers (vgl. § 1909) die Möglichkeit der Haftungsbeschränkung, da das Gesetz diesen Personen eine besondere Fürsorge nur für den Fall „fehlender" Vertretung angedeihen und in bewußter Abweichung vom preußischen Rechte[20]) Bevormundete für Inventarverstöße ihrer gesetzlichen Vertreter schlechthin haften lassen will.[21]) Darum soll das Nachlaßgericht, wenn der Erbe unter elterlicher Gewalt oder unter Vormundschaft steht, dem Vormundschaftsgerichte von der Bestimmung der Inventarfrist Mitteilung machen und so das letztere in die Lage versetzen, den Vormund oder Pfleger im Aufsichtswege zur rechtzeitigen Inventarerrichtung anzuhalten (§§ 1999, 1915).[22]) Andrerseits wirkt natürlich die rechtzeitige und getreue Inventur des Vertreters zu Gunsten des Vertretenen.

2. Ähnlich liegt die Sache dann, wenn über das Gesamtvermögen des Erben das Konkursverfahren eröffnet worden ist.[23]) In Ansehung des zum Massebestandteil gewordenen Nachlasses obliegt dem Verwalter des Gesamtkonkurses die Wahrung des Rechtes auf beschränkte Haftung. Verletzt der Verwalter die Inventarpflicht, so trägt der vergantete Erbe die Folgen.

   Anders in den Fällen des Nachlaßkonkurses und der Nachlaßverwaltung. Wie bereits oben [S. 18] ausgeführt worden ist, entfällt nach Eröffnung des Nachlaßkonkurses und nach Anordnung der Nachlaßverwaltung die in § 1994 I normierte Inventarpflicht und damit die Möglichkeit einer Verwirkung des Beschränkungsrechtes durch Inventarverstöße des Nachlaßkonkursverwalters und des Nachlaßverwalters. Zwar müssen auch diese Vertreter des Erben den Nachlaßbestand verzeichnen[24]), aber kraft eigener Verpflichtung und unter eigener Verantwortlichkeit. Ebenso ist die Auskunftspflicht des § 2012 dem Nachlaßverwalter ganz unabhängig von § 2003 II und unter persönlicher Haftbarkeit auferlegt: schuldhafte Verletzung macht den Verwalter schadensersatzpflichtig gegenüber den Nachlaßgläubigern, ohne jedoch den insofern nicht vertretenen Erben mit zu treffen oder ihn gar des Rechtes auf beschränkte Haftung zu berauben.[25])

3. Von einer Verwirkung des Rechtes der Haftungsbeschränkung durch Inventarverstöße eines Testamentsvollstreckers[26]) kann umdeswillen keine Rede sein, weil sich seine Vertretungsmacht auf die Inventarpflicht nicht erstreckt [S. 15].

---

[20]) Dernburg Preußisches Privatrecht Bd. III § 222, 4 (4. Aufl.) S. 650.

[21]) BGB. §§ 1997, 1999, vergl. 1915. M V S. 613 f., siehe aber P. n. 385 VII S. 7755.

[22]) M V S. 614.

[23]) Näheres unten [§ 17].

[24]) Oben [S. 15].

[25]) P. n. 385 VII S. 7754—7756; anders M V S. 552 und Fischer-Henle BGB. § 2012, 2.

[26]) Rechtsstellung unten [S. 40 Note 14].

4. Die güterrechtliche Vertretungsmacht des Ehemannes reicht nicht soweit, daß er durch Verletzung der Inventarpflicht hinsichtlich einer zum eingebrachten Gute oder zum Gesamtgute gehörigen Erbschaft der Ehefrau diese wider ihren Willen der Haftungsbeschränkungsmöglichkeit zu berauben vermöchte. Wohl aber ist er umgekehrt im Stande, der Ehefrau-Erbin das Beschränkungsrecht dadurch zu wahren, daß er selber vorschriftsmäßig inventarisiert. Die Inventarfrist kann wirksam nur den beiden Ehegatten gemeinsam bestimmt werden und endigt auch für die Frau nicht eher, als bis sie dem Manne gegenüber abgelaufen ist. § 2008. Wenn sonach die Erbin die Inventarfrist versäumt, ungetreu inventarisiert, Auskunft oder Eid verweigert, bleibt ihr das Beschränkungsrecht immer noch erhalten, falls der Mann statt ihrer der Inventarpflicht genügt.[27]) Vgl. auch CPO. § 999.

§§ 780, 781 CPO. VI. Von den materiellrechtlichen Gründen einer Verwirkung des Haftungsbeschränkungsrechtes ist dessen **prozessuale Präklusion** zu unterscheiden. Wer die Inventarpflicht als Erbe verletzt, verliert das Recht der Haftungsbeschränkung: das ist die Verwirkung im Sinne des Privatrechts. Wer nicht rechtzeitig erklärt, daß er als Erbe nur mit den Mitteln des Nachlasses haftet oder haften werde, wird von der Geltendmachung des Rechtes der Haftungsbeschränkung ausgeschlossen: das ist die Präklusion im Sinne des Prozeßrechts[28]) (CPO. §§ 780, 781). Die Verwirkung des Rechtes und die Präklusion seiner Geltendmachung sind grundverschiedene Begriffe, die man nicht auf ein und dieselbe Stufe stellen sollte.

1. Grundsätzlich haftet der Erbe für die Nachlaßverbindlichkeiten unbeschränkt. Daß ein Fall der Haftungsbeschränkung eingetreten sei, muß der Erbe behaupten und beweisen.[29])

a) Die Behauptungspflicht trifft ihn zwiefach, wenn nicht schon gegen den Erblasser ein vollstreckbarer Schuldtitel erwirkt worden war, also die Klage erst noch gegen den Erben selbst erhoben oder fortgesetzt (CPO. §§ 239 246) werden mußte. Solchenfalls hat der Erbe erstens im Rechtsstreite die Beschränkung seiner Haftung einredeweise geltend zu machen[30]) und sich einen dahin lautenden Vorbehalt im Urteile zu sichern (CPO. § 780 I), außerdem aber auch noch im Vollstreckungsverfahren die beschränkte Haftung einzuwenden (CPO. § 781). Es genügt sonach nicht, daß dem Erben die beschränkte Haftung im Urteil vorbehalten worden ist.[31]) Vielmehr kann der

[27]) Über die Einzelheiten dieser schwierigen Frage vgl. die trefflichen Ausführungen von Hachenburg S. 132—135. Siehe auch noch unten [bei § 9].

[28]) Siehe zum Folgenden Gaupp-Stein CPO. 3. Aufl. II S. 396 ff., v. Wilmowski-Levy CPO. 7. Aufl. II S. 1005 ff., L. Seuffert CPO. 7. Aufl. S. 885 f., Förster-Eccius Preuß. Privatrecht 7. Aufl. IV § 270 IV S. 574 ff., Dernburg Preuß. Privatrecht III § 224, 3 (4. Aufl. S. 656 f.), Mandry-Geib Civilr. Inhalt der Reichsgesetze 4. Aufl. S. 616 f., R. Schmidt Lehrbuch des deutschen Civilprozeßrechts (Leipzig 1898) S. 774.

[29]) Wendet der Gläubiger ein, daß das Haftungsbeschränkungsmittel im gegebenen Falle seine Wirkung versage, weil der Erbe die Inventarpflicht verletzt habe, so obliegt dem Gläubiger die Beweislast für diese Abweichung von der Regel. Vgl. RG. v. 9. IV. 91 Bd. XXVII S. 292.

[30]) Es sei denn, daß schon der Klagantrag nur auf Verurteilung „zur Leistung aus den Mitteln des Nachlasses“ gerichtet ist.

[31]) Weil — hieß es in den Motiven zum Entw. III der CPO. S. 416 f. — „der Erbe sonst durch bloße Veräußerung der Nachlaßgegenstände die Vollstreckung bis zu einer neuen Verurteilung unmöglich machen würde, während er nicht bloß mit dem Nachlasse, sondern bis auf Höhe desselben verhaftet ist, und noch nicht feststeht, ob und in welchem Umfange er von der Rechtswohlthat (des Inventars) im einzelnen Falle Gebrauch machen kann.“ Unter der Herrschaft des

Vollstreckungsgläubiger zunächst ohne alle Rücksicht auf diesen Vorbehalt auch das eigene Vermögen des Erben angreifen und es letzterem überlassen, eine Widerspruchsklage im Sinne des § 767 zu erheben (CPO. § 785).

b) Wird ein schon dem Erblasser gegenüber vollstreckbar gewordener Schuldtitel gegen den Erben [32]) vollstreckt, so kann dieser zwar die Beschränkung seiner Haftung ohne weiteres noch in der Exekutions-Instanz geltend machen. Allein auch in diesem Falle bleibt die Haftungsbeschränkung so lange unberücksichtigt, bis sich der Erbe im Klagewege der Vollstreckung widersetzt (CPO. §§ 781, 785).

Mit Beendigung der Zwangsvollstreckung wird die Geltendmachung der beschränkten Haftung ausgeschlossen. Ein Anspruch des beschränkt haftenden Erben auf Schadensersatz wegen ungerechtfertigter Bereicherung des Vollstreckungsgläubigers (BGB. § 812) besteht nach der Präklusion ebensowenig [33]) wie sonst nach unterlassener Verteidigung z. B. nach Auspfändung auf Grund eines sachlich ungerechten Versäumnisurteils. Der Gläubiger hat — arg. § 781 CPO. — die Leistung keineswegs „ohne rechtlichen Grund" erlangt.[34]) Im Unterlassen der Geltendmachung des Rechtes der beschränkten Haftung wird regelmäßig ein Verzicht des Erben zu erblicken sein.

2. Der Vorbehalt der Haftungsbeschränkung kann ausgesprochen werden, noch ehe diese eingetreten ist. Auf Antrag des Erben muß das Gericht auch eine erst beabsichtigte Beschränkung der Haftung durch einen allgemein gehaltenen [35]) Vorbehalt im Urteile berücksichtigen. Der Vorbehalt setzt also eine Untersuchung und Entscheidung der Frage, ob die Haftungsbeschränkung auch in der That eingetreten ist, nicht voraus.[36]) In der Übergehung des vom Erben beantragten Vorbehaltes liegt dessen Aberkennung; die Urteilsergänzung nach CPO. § 321 ist daher unstatthaft.[37])

3. Der Vorbehalt ist nicht erforderlich, wenn das Urteil gegen einen Nachlaßpfleger, insbesondere gegen den Nachlaßverwalter, oder gegen einen zur Verwaltung des Nachlasses berufenen Testamentsvollstrecker ergeht (CPO. § 780 II). Das entspricht der Rechtsstellung dieser Vertreter, die nicht in der Lage sind, den Erben um die Vorteile der beschränkten Haftung zu bringen [S. 19]

Bürgerlichen Gesetzbuchs verliert nun zwar der Erbe in den normalen Fällen der Haftungsbeschränkung die Befugnis, Nachlaßgegenstände zu veräußern (BGB. § 1984 I, KO. § 6). Indessen bleibt zu beachten: einmal, daß der Vorbehalt im Urteil schon vor Herbeiführung der beschränkten Haftung erwirkt werden darf [s. den Text im Folgenden]; sodann, daß der Erbe das Recht beschränkter Haftung nach Erlassung des Vorbehaltsurteils wieder einbüßen kann. Sonach ist § 781 CPO. auch unter der Herrschaft des Bürgerlichen Gesetzbuchs nicht zu entbehren.

[32]) Umstellung der Vollstreckungsklausel nach §§ 750 mit 727 CPO.; Vollstreckung „in den Nachlaß": §§ 747—749, 778, 779 CPO.

[33]) Andrer Meinung Dernburg III S. 657 N. 8. Vgl. dagegen Förster-Eccius IV S. 576. N. 90.

[34]) Siehe übrigens auch unten [§ 11 IV 2 c].

[35]) In der Verurteilung „zur Zahlung aus dem Nachlasse" liegt schon eine Entscheidung über das Begründetsein der Einrede beschränkter Haftung. Damit wird übrigens die Notwendigkeit einer nochmaligen Geltendmachung in der Vollstreckungsinstanz (§ 781 CPO.) nicht beseitigt. RG. v. 15. II. 83 Bd. VIII S. 273 f.

[36]) Die Frage muß entschieden werden, wenn die Entscheidung beantragt und zur Zeit möglich ist. Förster-Eccius IV S. 574 N. 85.

[37]) Gaupp-Stein II S. 397 zu Note 6.

Doch überhebt diese Schutzvorschrift den Erben keineswegs der Notwendigkeit, im Vollstreckungsverfahren die Beschränkung seiner Haftung noch besonders geltend zu machen (CPO. § 781).

Der Vorbehalt ist ferner überflüssig, wenn der Fiskus als gesetzlicher — nicht als testamentarischer — Erbe verurteilt wird (CPO. § 780 II). Diese Bestimmung gründet sich auf Billigkeitsrücksichten. Der Fiskus soll dafür, daß er eine ihm als gesetzlichem Erben angefallene Erbschaft nicht ausschlagen kann (§ 1942 II), gewisse Vorzüge genießen: die Möglichkeit der Haftungsbeschränkung ist ihm unverlierbar gewährt [S. 14] und ihre Geltendmachung im Vollstreckungsverfahren auch dann verstattet, wenn er als Erbe des Schuldners vorbehaltlos verurteilt worden ist.[38])

4. Die Anwendbarkeit der §§ 780, 781 CPO. ist ausgeschlossen, wenn über das Vermögen oder den Nachlaß des Erben das Konkursverfahren eröffnet worden ist. Der Konkursverwalter hat dem Anmelder gegenüber die beschränkte Haftung im Prüfungstermine geltend zu machen, nötigenfalls dieselbe erst noch herbeizuführen.[39]) Wird eine Nachlaßverbindlichkeit angemeldet, vom Verwalter aber die Haftung des Erben bestritten, so ist die Streitfrage, wie wenn sie Grund oder Betrag der Forderung selbst beträfe, im Feststellungsprozesse nach § 146 KO. auszutragen. Angenommen: es wird eine ausgeschlossene Nachlaßverbindlichkeit (§§ 1973, 1974) angemeldet, obschon die Mittel des Nachlasses bei Befriedigung der nichtausgeschlossenen Gläubiger vollständig oder nahezu vollständig aufgebraucht worden sind. Solchenfalls muß der Konkursverwalter die Forderung bestreiten und im Feststellungsprozesse nachweisen: einmal, daß der Liquidant ausgeschlossen; zum andern, daß der Nachlaß ganz oder bis zu einem bestimmten Betrag erschöpft ist. Einen Überschuß hat der Verwalter als Vertreter des verganteten Erben soweit an den Liquidanten herauszugeben, als die Konkursmasse gegenwärtig noch bereichert ist (§§ 1973 II mit 818 III). Der Gläubiger muß sich daraus im Wege der Zwangsvollstreckung befriedigen — KO. § 14 steht dieser Abschüttelung des Ausgeschlossenen natürlich nicht entgegen — und einen etwaigen Übererlös zur Konkursmasse zurückerstatten. Auch das Einlösungsrecht des § 1973 II Satz 2 kann der Verwalter an Stelle des Erben für Rechnung der Masse ausüben. Behauptet der Gläubiger, des Ausschlusses ungeachtet, zur persönlichen Inanspruchnahme der Erben berechtigt zu sein, weil dieser die Inventarpflicht ihm gegenüber verletzt habe, so trifft den Gläubiger die Beweislast. Ein Vorbehalt im Sinne des § 780 CPO. ist mit der Natur des nach KO. § 146 ergehenden Urteils unvereinbar, da dieses endgiltig darüber entscheiden muß, ob und mit welchem Betrage die bestrittene Forderung bei der Konkursverteilung zum Zuge zu kommen hat.[40])

---

[38]) Begründung der Civilprozeßnovelle S. 120 (zu § 695 II der Reichstagsvorlage).

[39]) Indem er beispielsweise die Eröffnung des Nachlaßkonkurses veranlaßt [§ 9 II].

[40]) RG. v. 15. VI. 89 Bd. XXIV S. 60 ff., bes. S. 63 f. — Ein weiteres Beispiel: Nach Berichtigung und Sicherstellung aller bekanntgewordenen Nachlaßverbindlichkeiten hat der Nachlaßverwalter das Restaktivum dem Erben ausgeantwortet (§ 1986). Hierauf verfällt der Erbe in Konkurs. Außer den Erbengläubigern melden noch einige, bisher unbekannte, aber noch nicht ausgeschlossene Nachlaßgläubiger Forderungen an. Nun kann über den Restnachlaß je nach dessen Vermögenslage entweder eine zweite Nachlaßverwaltung oder ein Nachlaßkonkurs eingeleitet werden, sofern nicht ein Fall der Unzulänglichkeits-Einrede (§§ 1990—1992) gegeben ist. Wer an der Sonderung des Nachlasses vom Erbenvermögen ein Interesse hat, muß darauf antragen: die Nachlaßgläubiger, wenn der Nachlaß minder überschuldet ist als die Gesamtmasse; der Konkurs-

War bereits der Erbe vorbehaltlos verurteilt, so ist damit — von der Anfechtung abgesehen — auch dem Konkursverwalter die Möglichkeit entzogen, das Recht der beschränkten Haftung geltend zu machen.

§ 4.

Mehrheit von Erben.[1])

I. Auch eine Mehrheit von Erben haftet für die Nachlaßverbindlichkeiten grundsätzlich unbeschränkt [§ 1], aber mit der Möglichkeit der Haftungsbeschränkung [§ 2], sofern diese nicht verwirkt wird [§ 3]. Nur gelten für die **Beschränkung** der Haftung hier einige Besonderheiten:

1. Das getreue[2]) Inventar eines Miterben schützt auch die anderen, die nicht § 2063 BGB schon ihrerseits das Recht auf beschränkte Haftung eingebüßt haben. § 2063 I. Desgleichen kommt die von einem Miterben ausgegangene Beantragung des Gläubigeraufgebots und das von einem erwirkte Ausschlußurteil auch den anderen Erben zu statten, die nicht bereits endgiltig der unbeschränkten Haftung verfallen sind. CPO. § 997.
2. Unter Miterben gilt schlechthin beschränkte Haftung. § 2063 II. Auch der sonst unbeschränkt haftende Miterbe ist sonach den anderen nur mit den Mitteln des Nachlasses haftbar und zwar in Ansehung aller Nachlaßschulden, auch in Ansehung der bereits in der Person des Erblassers begründeten Verbindlichkeiten. So kann sich z. B. ein Miterbe dem andern gegenüber auf beschränkte Haftung nicht nur hinsichtlich eines Anspruchs auf Pflichtteilsergänzung (§§ 2305 mit 1967 II), sondern auch hinsichtlich einer bereits dem Erblasser gegenüber — aus Darlehen, Kauf, Miete — erwachsenen Forderung berufen, die dem Miterben-Gläubiger an sich wie einem Dritten zustehen müßte.[3]) Denn jeder einzelne Miterbe kann inventarisieren. Er ist nicht auf die Inventur des andern angewiesen und kann somit den sonst für die Verwirkung des Beschränkungsrechtes maßgebenden Gesichtspunkt, daß der Erbe dem Gläubiger die Möglichkeit eines Beweises für die Zulänglichkeit des Nachlasses entzogen habe, nicht geltend machen.[4])
3. Nach der Erbschaftsteilung ist die Anordnung einer Nachlaßverwaltung § 2062 BGB ausgeschlossen: weder Erben noch Gläubiger[5]) können eine solche herbeiführen. § 2062. Von den beiden regelmäßigen Haftungsbeschränkungsmitteln

---

verwalter im umgekehrten Falle. Nur hat die Antragsbefugnis der Gläubiger zeitliche Schranken (BGB. § 1981 II Satz 2, KO. § 220). Kommt es nicht zur Gütersonderung, so nehmen die Nachlaßgläubiger wie andere Konkursgläubiger am einheitlichen Verfahren teil. Auch hier kann es weder in dem nach Bestreitung der Anmeldung erhobenen Feststellungsprozesse zu einem Vorbehalte nach § 780, noch bei der Konkursverteilung zur Anwendung des § 781 CPO. kommen.

[1]) Zum Folgenden siehe Wendt S. 420 ff., Hachenburg S. 408 ff., besonders aber die wertvollen Ausführungen von Strohal § 44 und hiezu Küntzel S. 839 ff., endlich Krückmann Institutionen des BGB. (Göttingen 1898) § 150.

[2]) Vgl. § 2005. Der § 2063 I setzt ein Inventar voraus, das dem Errichtenden selbst „zu statten kommt" — arg. verb. „auch" —. Gleiches gilt für § 2144 I.

[3]) Vgl. P. n. 394 XV S. 8002 f. gegen M V S. 676 (E I § 2146).

[4]) P. aaO.

[5]) Anders Wendt S. 423. Zu einem andern Ergebnis gelangt vom Standpunkte der primär beschränkten Erbenhaftung aus auch Hachenburg S. 409 ff.

verbleibt somit nach der Teilung[6]) nur die Eröffnung des Nachlaßkonkurses. Diese aber führt auch jetzt noch — immer unter der negativen Voraussetzung des § 2013 (vgl. § 2063 I) — nach Maßgabe der §§ 1975, 1989 zur bloßen Haftung cum viribus hereditatis. Auch äußern Ausschlußurteil und Ausschlußfrist noch nach der Teilung ihre haftungsbeschränkende Wirkung (§§ 1973, 1974), wie auch nach diesem Zeitpunkte die Unzulänglichkeitseinrede nicht versagt ist (§§ 1990—1992).

§ 2007 BGB. 4. Kommt infolge Wegfalls eines gesetzlichen (§ 1935) oder eines eingesetzten (§ 2094) Miterben zum ursprünglichen Erbteil ein weiterer hinzu, so werden beide in Betreff der Schuldenhaftung einheitlich behandelt: hat der Erbe in Ansehung des ersten Erbteils die Möglichkeit der Haftungsbeschränkung bereits eingebüßt, so haftet er auch hinsichtlich des zweiten endgiltig unbeschränkt. Nur wenn die Erbteile verschieden beschwert sind, wenn z. B. nur einer von beiden mit einem Vermächtnis belastet ist, besteht für jeden einzelnen ein selbständiges Haftungsbeschränkungsrecht.[7]) § 2007 Satz 2.

In allen übrigen Fällen der Berufung eines Erben zu mehreren Erbteilen — z. B. kraft mehrfacher Verwandtschaft (§ 1927) oder Zugehörigkeit des überlebenden Ehegatten zu den erbberechtigten Verwandten (§ 1934) — unterliegt jeder Erbteil einer selbständigen Schuldenhaftung, auch wenn die Annahme des einen Erbteils nach § 1951 II ohne weiteres zugleich als Annahme des andern anzusehen ist.[8]) § 2007 Satz 1. Wird z. B. von zwei zur gesetzlichen Erbfolge gelangten Söhnen des Erblassers der eine für erbunwürdig erklärt (§ 2344 II), nachdem der andere seinen Erbteil bereits angenommen und eine ihm bestimmte Inventarfrist versäumt hatte, so besteht in Ansehung des zweiten Erbteils zwar nicht die Möglichkeit der Ausschlagung, wohl aber diejenige der Haftungsbeschränkung.

§ 2058 BGB. II. Von der unbeschränkten Haftung, die also eine Erbenmehrheit im Allgemeinen ebenso trifft wie den Alleinerben, muß die den Miterben auferlegte **Gesamthaft** nach Voraussetzung und Wirkung streng geschieden werden.

Das Gesetz will die Miterben zwingen, alle bekannten Nachlaßschulden noch vor der Teilung zu berichtigen oder sicherzustellen (§ 2046). Es will verhüten, daß der Gläubiger seine einheitliche Forderung mit dem Tode des Schuldners in eine Summe von Teilforderungen zerfallen und sich so der Gefahr ausgesetzt sieht, beim einen Teilschuldner einen Ausfall zu erleiden, für den der andere Teilschuldner trotz vollkommener Zulänglichkeit seines Erbteils nicht aufzukommen hat.[9]) Daher der Grundsatz:

---

[6]) Vor der Teilung ist die Anordnung einer Nachlaßverwaltung statthaft. Gläubiger wie Miterben sind antragsbefugt, letztere jedoch nur in ihrer Gesamtheit (§§ 2062, 1981). Der einzelne Miterbe kann sonach die Anordnung einer Nachlaßverwaltung nicht erzwingen, noch ist eine solche in Ansehung einzelner Erbteile zulässig. Der Nachlaßkonkurs hingegen kann auch nach der Teilung (KO. § 216 II) und auch von einzelnen Miterben (KO. § 217) beantragt werden, erstreckt sich aber gleichfalls notwendig auf den ganzen Nachlaß (KO. § 235).

[7]) Vgl. hiezu Strohal S. 154, 3 und Küntzel S. 844 f.

[8]) M V S. 678, Strohal S. 154, 2.

[9]) Beispiel: An Aktiven sind beim Erbfalle noch 50000 Mark vorhanden. Als gesetzliche Erben gelangen zwei Kinder, A und B, zur Erbfolge, von denen A bereits bei Lebzeiten des Erblassers 40000 Mark als Ausstattung erhalten hat. Dieser Betrag wird ihm auf seinen Erbteil angerechnet (§§ 2050, 2055), er erhält also nur noch 5000. Gilt nun der Satz „nomina hereditaria ipso iure divisa sunt“, so kann ein Nachlaßgläubiger, der 20000 zu fordern hat, von jedem Erben nicht mehr als 10000 verlangen und erleidet demnach bei gegenwärtiger Vermögenslosigkeit des A notwendig einen Ausfall, obschon B 45000 empfing. Vgl. Hachenburg S. 409.

keine Schuldenzersplitterung, sondern Schuldengemeinschaft! „Die Erben haften für die gemeinschaftlichen [10]) Nachlaßverbindlichkeiten als Gesamtschuldner“, jeder einzelne [11]) kann auf die ganze Schuldsumme belangt werden [12]) (§§ 2058, 421—426). Vgl. CPO. § 28 (Gerichtsstand).

Durchgeführt wird dieser Grundsatz indessen nur für die Haftung nach der Erbschaftsteilung [13]) und auch für diese Zeit nur unter gewissen Einschränkungen.

1. **Vor** der Teilung können nämlich die Nachlaßgläubiger nur entweder den ungeteilten Gesamtnachlaß (BGB. § 2059 II, CPO. § 747) oder den Anteil eines Miterben am Gesamtnachlaß angreifen (BGB. § 2059 I Satz 1, § 2033 I, CPO. § 859 II). Die Vollstreckung in einzelne Nachlaßgegenstände oder in Anteile an solchen ist den Nachlaßgläubigern verwehrt. Desgleichen bleibt ihrem Zugriff auch das Privatvermögen eines Miterben bis zur Auseinandersetzung grundsätzlich verschlossen — wie billig, da ja ein Miterbe über seinen Anteil an den einzelnen Nachlaßgegenständen nicht verfügen kann (§ 2033 II) und darum ganz außer Stande ist, sich aus dem Nachlasse die nötigen Zahlungsmittel zu verschaffen.[14]) Nur für den Fall, daß der Miterbe das Recht auf beschränkte Haftung bereits einzelnen oder allen Nachlaßgläubigern gegenüber verwirkt hat, dürfen sich diejenigen Gläubiger, denen er endgiltig unbeschränkt haftet, auch an sein eigenes Vermögen halten — aber nicht für den vollen Betrag ihrer Forderungen, sondern nur pro parte hereditaria (§ 2059 I Satz 2).[15]) Auch der unbeschränkt haftende Miterbe braucht sonach vor der Auseinandersetzung die Beitreibung einer Nachlaßverbindlichkeit aus seinem Privatvermögen nur für die seinem Erbteil entsprechende Schuldquote zu dulden. Diese Einrede der einstweiligen Teilhaftung (§ 2059 I Satz 2) muß aber der Miterbe schon im Rechtsstreite geltend machen, wenn er vom Nachlaßgläubiger aufs Ganze (§ 2058) verklagt wird. Vorbehaltlose Verurteilung schließt für das Vollstreckungsverfahren die Einwendung der Teilhaftung aus. CPO. § 767 II.

---

[10]) Nicht „gemeinschaftlich“ ist z. B. das nur einem Miterben auferlegte Vermächtnis Wendt S. 422. Im Nachlaßkonkurse bilden auch nichtgemeinschaftliche Nachlaßverbindlichkeiten Konkursforderungen.

[11]) Der Gläubiger hat nicht — wie nach ALR. I 17 § 127 — nötig, alle Miterben zusammen zu verklagen, wenngleich er dies schon mit Rücksicht auf CPO. § 747 vor der Teilung regelmäßig thun wird.

[12]) P. S. 8123, Denkschrift S. 282. Gegen den römischrechtlichen Grundsatz der Schuldenteilung und E I § 2051 Satz 2 (M V S. 526 ff.) siehe namentlich Gierke aaO. S. 551 f., sowie v. Jacubezky Bemerkungen S. 328 ff.

[13]) Ob und wann eine Teilung vorliegt, ist Thatfrage. Vgl. Strohal S. 151 f., Küntzel S. 842. Jedenfalls kann nur die endgiltige Auseinandersetzung des Nachlasses Teilung sein, diese aber auch dann, wenn einzelne Nachlaßgegenstände ungeteilt bleiben oder einzelne Miterben die Gemeinschaft fortsetzen. Keine Teilung ist dagegen die Veräußerung des Erbteils (§ 2033 I) an einen Miterben oder an einen Dritten, da sie den Nachlaß als Ganzes fortbestehen läßt. Vgl. Pariser Kassationshof v. 19. V. 86 Sirey 87, 113.

[14]) Denkschrift S. 281.

[15]) Beispiel: Wegen einer Nachlaßschuld von 10 000 Mark kann das Privatvermögen des einen von zwei gleichstehenden Miterben, der bereits endgiltig unbeschränkter Haftung verfallen ist, nur für den Betrag von 5000 Mark angegriffen werden. Siehe die Begründung dieses Standpunktes in P. n. 3991 S. 8119 ff. bes. S. 8126 f. Die Protokolle gehen von dem Fall allgemeiner Verwirkung des Rechtes auf beschränkte Haftung aus („Nichterrichtung des Inventars“). Offenbar sollen daher die Gesetzesworte „Haftet er für eine Nachlaßverbindlichkeit unbeschränkt“ auch den Fall der allgemeinen Verwirkung umfassen (vgl. Strohal S. 148), während z. B. die §§ 783, 784 I CPO., § 225 II KO. nur die allgemeine Verwirkung treffen.

Behauptet der Beklagte, der Nachlaß sei noch nicht geteilt, so ist es Sache der Gläubiger, das Gegenteil zu beweisen. Desgleichen obliegt dem Gläubiger die Beweislast für die von ihm behauptete Größe des Erbteils, wenn dieselbe vom Beklagten bestritten wird. Der Erörterung und Entscheidung dieser Fragen kann sich der Gläubiger nicht widersetzen.

Jede Zwangsvollstreckung in das Privatvermögen kann hienach vor der Teilung nur derjenige Miterbe verbieten (CPO. § 767), der noch die Möglichkeit der Haftungsbeschränkung besitzt (§ 2059 I Satz 1). Dieses Recht steht und fällt mit der Möglichkeit der Haftungsbeschränkung. Es wird mittelbar durch den Vorbehalt künftiger Haftungsbeschränkung (CPO. § 780) gewahrt; eines zweiten, besonderen Vorbehaltes bedarf es wohl nicht.[16]) Beschränkt sich bereits vor der Teilung die Erbenhaftung endgiltig auf den Nachlaß, so wird das einstweilige Recht des § 2059 I Satz 1 bedeutungslos. Die aufschiebenden Einreden der §§ 2014 ff. haben neben dem § 2059 I ihren selbständigen Wert.

2. **Nach** der Teilung können die unbefriedigt gebliebenen Nachlaßgläubiger grundsätzlich von jedem einzelnen Miterben ihre ganze Forderung beitreiben (§§ 2058, 421) und zwar von einem endgiltig unbeschränkt haftenden Erben aus dessen gesamtem Vermögen, von einem beschränkt haftenden aus den ihm zugeflossenen Nachlaßmitteln.[17]) Allein auch nach der Teilung erleidet der Grundsatz der Gesamthaftung noch wichtige Ausnahmen: für verspätet geltend gemachte Nachlaßschulden gilt Teilhaftung, nicht Gesamthaftung! (§§ 2060, 2061). Die einzelnen Ausnahmefälle sind folgende:

§ 2060 Ziff. 1 BGB. a. Einem vor[18]) der Teilung durch gerichtliches Aufgebot ausgeschlossenen Nachlaßgläubiger ist nach der Teilung „jeder" Miterbe, mag er beschränkt oder unbeschränkt haften, nur pro parte hereditaria verpflichtet. Auch gegenüber Pflichtteilsrechten, Vermächtnissen und Auflagen greift diese Teilhaftung Platz. § 2060 Ziff. 1. Daß eine bereits ausgeschlossene Nachlaßverbindlichkeit noch vor Vollzug der Teilung den Erben bekannt geworden ist, steht nach der unzweideutigen Fassung des Gesetzes dem Eintritte der Teilhaftung nicht entgegen.[19])

§ 2061 BGB. b. Ferner haften die Miterben nur anteilsmäßig gegenüber einem durch das Privataufgebot des § 2061 ausgeschlossenen Nachlaßgläubiger. Jeder — selbst ein bereits endgiltig unbeschränkt haftender[20]) — Erbe kann mit Wirkung auch für alle anderen die Aufforderung zur Anmeldung erlassen. Auch dieses Aufgebot trifft Pflichtteilsrechte, Vermächtnisse und Auflagen. Allein, abgesehen davon, daß es nicht beschränkte, sondern lediglich geteilte Haftung nach sich zieht, unterscheidet es sich von dem förmlichen Gerichtsaufgebot dadurch, daß es gegenüber einer zur Zeit der Teilung bekannten Nachlaßverbindlichkeit wirkungslos bleibt (§ 2061 I Satz 2).

§ 2060 Ziff. 2 BGB. c. Desgleichen tritt nach der Auseinandersetzung Teilhaftung gegenüber allen während der fünfjährigen Ausschlußfrist des § 1974 I nicht gericht-

---

16) Der in Anlage II der Denkschrift zum EBGB. vorgesehene § 796 f. CPO., der in mehrfacher Richtung zu beanstanden war, wurde vom Bundesrat gestrichen. Vgl. P. n. 399 I S. 8122 f., II S. 8127 ff., n. 453 XXXI S. 9374.

17) Die Herbeiführung beschränkter Haftung im Wege der Nachlaßverwaltung ist fortab ausgeschlossen. § 2062. [oben I, 3].

18) Küntzel S. 841.

19) Ein Gebot der Rechtssicherheit. Küntzel S. 839 ff.

20) Gegensatz: CPO. § 991 I.

lich[21]) angemeldeten oder sonst dem zu belangenden Miterben bekannt gewordenen Nachlaßverbindlichkeiten ein. Diese geteilte[22]) Haftung kommt auch solchen Erben zu statten, die das Recht auf beschränkte Haftung bereits verwirkt haben. Gegenüber den Ansprüchen des § 1971 greift die Teilhaftung nicht Platz. § 2060 Ziff. 2. Daß die Ausschlußfrist vor der Auseinandersetzung abgelaufen sein müsse, wird nicht vorausgesetzt. Möglicherweise tritt also die Teilhaftung nicht sofort mit der Auseinandersetzung, sondern erst zu einem späteren Zeitpunkt ein.[23])

d. Endlich hat nach der Auseinandersetzung jeder — beschränkt oder unbeschränkt haftende — Miterbe nur für den seiner Erbquote entsprechenden Bruchteil einer Nachlaßschuld aufzukommen, wenn vor[24]) der Auseinandersetzung der Nachlaßkonkurs eröffnet und durch Ausschüttung der Masse oder Zwangsvergleich beendigt worden war (§ 2060 Ziff. 3). Voraussetzung für den Eintritt der Teilhaftung ist sonach, daß der Konkurs „aufgehoben" (§§ 163, 190 KO.) und nicht etwa wegen Masseunzulänglichkeit oder Gantverzichtes „eingestellt" worden ist (§§ 202, 204 KO.). Dabei ist indessen wohl zu beachten, daß die Konkursbeendigung durch „Verteilung der Masse" (§ 163 KO.) hier nur für den Ausnahmefall in Frage kommt, daß der Konkurs einen den Miterben verbliebenen Aktivüberschuß ergeben haben sollte. Denn erst mit „Teilung des Nachlasses" tritt die Quotenhaftung ein. Erleiden die Konkursgläubiger bei Ausschüttung der Masse einen Ausfall, so kann es hinterher zu einer „Teilung" unter den Miterben und damit zur Anwendung des § 2060 Ziff. 3 gar nicht kommen. Für endgiltig unbeschränkt haftende Erben bewendet es dann auch nach Konkursbeendigung bei der Gesamthaftung.[25]) § 2060 Ziff. 3 BGB.

In diesen vier Ausnahmefällen erwächst dem Miterben die Einrede der endgiltigen[26]) Teilhaftung. Die Einrede muß, wenn ein Nachlaßgläubiger den Miterben aufs Ganze belangt, im Rechtsstreit erhoben und im Urteile vorbehalten werden (CPO. § 767 II). Den Eintritt der Teilhaftung hat der Erbe zu beweisen.

3. Geteilte und beschränkte Haftung stehen selbständig nebeneinander. Sowohl mit der Teilhaftung als mit der Gesamthaftung können sich beschränkte wie unbeschränkte Haftung verbinden.[27]) So ergeben sich vier Variationen für

---

[21]) Anmeldung auf Privataufgebot (§ 2061) genügt nur, wenn sie nachweislich gerade demjenigen Miterben, der in Anspruch genommen wird, „bekannt geworden" ist. Andrer Ansicht Strohal S. 150 Note 6. Daß die durch Fristverlauf bereits ausgeschlossene Nachlaßschuld noch vor der Auseinandersetzung bekannt wird, steht der Teilhaftung auch hier nicht entgegen [s. oben unter a].

[22]) Die haftungsbeschränkende Wirkung der Ausschlußfrist dagegen versagt nach Verletzung der Inventarpflicht. §§ 2013 I mit 1974. [Oben Seite 17, II.]

[23]) Strohal S. 151.

[24]) Küntzel S. 841, Fischer-Henle BGB. 2. Aufl. § 2060, 3.

[25]) Anders Krückmann Institutionen. S. 480 f. —. Hachenburg (S. 416) glaubt die §§ 2060 f. auch auf Klagen vor der Teilung anwenden zu dürfen: „Wenn die Aufforderung im Sinne des § 2061 erfolgt oder das Aufgebot beendet war, ehe die Auseinandersetzung vollzogen ist, so wird der ausgeschlossene Gläubiger in gleicher Weise auf die Teilhaftung beschränkt werden müssen". Diese Annahme widerstreitet, was den § 2061 betrifft, dessen klarer Fassung — verb. „oder die Forderung ihm zur Zeit der Teilung bekannt ist" (Abs. I Satz 2) — und ist auch mit der nachdrücklichen Voranstellung der Worte „nach der Teilung" in § 2060 (Gegensatz: § 2059) nicht vereinbar.

[26]) Einrede der einstweiligen Teilhaftung s. oben [II 1].

[27]) Strohal S. 152 V, Krückmann S. 477 ff.

die Haftung des einzelnen Miterben nach der Teilung des Nachlasses. Der Miterbe kann nämlich haften

a) beschränkt und anteilsmäßig z. B. nach getreuer Inventur gegenüber ausgeschlossenen Gläubigern;

b) beschränkt, aber aufs Ganze z. B. nach getreuer Inventur gegenüber nichtausgeschlossenen Gläubigern, wenn der Nachlaß geteilt worden ist, ohne daß es zum Konkurse kam;

c) unbeschränkt, aber nur anteilsmäßig z. B. nach Verletzung der Inventarpflicht gegenüber ausgeschlossenen Gläubigern;

d) unbeschränkt und aufs Ganze z. B. nach Verletzung der Inventarpflicht gegenüber nichtausgeschlossenen Gläubigern, wenn der Nachlaß geteilt worden ist, ohne daß es zum Konkurse kam.

Besonders deutlich tritt die Selbständigkeit beider Haftungsarten in dem Falle hervor, daß nach Verwirkung der Haftungsbeschränkungsmöglichkeit Nachlaßkonkurs eröffnet und durch Zwangsvergleich beendet worden ist: jeder — des Rechtes auf Haftungsbeschränkung verlustige — Miterbe hat[28]) zwar nur für den seiner Erbquote entsprechenden Bruchteil der Vergleichsrate (§ 2060 Ziff. 3), aber mit seinem gesamten eigenen Vermögen (§ 2013 I) einzustehen.[29])

§ 5.

Vorerbe und Nacherbe.

§ 2144 BGB. **Der Nacherbe** haftet nach Annahme der Erbschaft für die Nachlaßverbindlichkeiten unbeschränkt, während die Haftung des Vorerben mit diesem Zeitpunkte regelmäßig erlischt (arg. § 2139). Das Recht auf Haftungsbeschränkung steht dem Nacherben selbständig und unabhängig von der Haftung des Vorerben zu (§ 2144).[1]) Die Masse, auf die der Nacherbe seine Haftung begrenzen kann, bemißt sich nach der Zeit des Eintrittes der Nacherbfolge[2]) und umfaßt auch die dem Nacherben gegen den Vorerben als solchen zustehenden Ansprüche (§ 2144 I, vgl. §§ 2131 ff.). Ein getreues[3]) Inventar des Vorerben kommt auch dem Nacherben zu gute (§ 2144 II). Zwar bestimmt sich der Umfang der Haftungsmasse für Vorerben und Nacherben nach verschiedenen Zeitpunkten;[4]) allein es steht den Gläubigern frei, auch dem Nacherben gegenüber den Beweis gegen die Vermutung des § 2009 zu führen und daraufhin

[28]) Als Gemeinschuldner, KO. § 194.

[29]) § 2000 Satz 3 ist unanwendbar [oben § 3 Note 16].

[1]) Der in Anlage II der Denkschrift zum EBGB. vorgesehene § 695 III CPO. wollte bestimmen: „Das Recht des Nacherben, die Beschränkung seiner Haftung geltend zu machen, bleibt unberührt, wenn der Vorerbe ohne den Vorbehalt verurteilt wird". Dieser Absatz ist mit Umgestaltung des ebenda vorgesehenen § 293 e (jetzt § 326, vgl. § 728 I CPO.) gegenstandslos und demgemäß in den jetzigen § 780 CPO. nicht aufgenommen worden. Das gegen den Vorerben wegen einer Nachlaßverbindlichkeit erstrittene Urteil ist gegen den Nacherben überhaupt nicht wirksam.

[2]) Dieser Augenblick ist also maßgebend für die Inventarerrichtung durch den Nacherben (anders Strohal S. 145 und Böhm aaO. S. 470, 12), während der Vorerbe die „bei dem Eintritte des Erbfalls" vorhandenen Nachlaßgegenstände aufzuzeichnen hat. Siehe MV S. 126, Küntzel S. 836 f.

[3]) Entsprechend § 2063 I. Wider das Bedenken von Strohal (S. 144 f., 1) siehe oben [§ 4 Note 2].

[4]) Siehe die Note 2.

dem Nacherben eine Frist zur Errichtung eines neuen Inventars setzen zu lassen (§ 1994). Dem Vorerben gegenüber kann sich der Nacherbe auf beschränkte Haftung auch dann berufen, wenn er den übrigen Nachlaßgläubigern unbeschränkt haftet (§ 2144 III).[5])

Ausnahmeweise dauert noch nach dem Eintritte der Nacherbfolge die Haftung des **Vorerben** fort:

1. Soweit der Nacherbe nicht haftet (§ 2145 I Satz 1). Hauptfall: der Nacherbe haftet beschränkt, der Vorerbe unbeschränkt.[6]) § 2145 BGB
2. Für Nachlaßschulden, die der Vorerbe gegenüber dem Nacherben selbst zu tragen hat (§ 2145 I Satz 2. vgl. § 2124). Beispiel: der Vorerbe war bereits vor Eintritt der Nacherbfolge mit Bezahlung von Zinsen aus Nachlaßschulden im Rückstand.[7])

Haftet der Vorerbe den Nachlaßgläubigern nur beschränkt, so darf er sie nach Eintritt der Nacherbfolge — soweit er jetzt überhaupt noch in Anspruch genommen werden kann — auf das verweisen, was ihm von der Erbschaft gebührt. Dieses Verweisungsrecht wird der Unzulänglichkeitseinrede [oben § 2 I 2] entsprechend geltend gemacht (§ 2145 II).[8])

---

[5]) Grund, entsprechend § 2063 II [§ 4 I 2]: Der Vorerbe konnte sich selbst über den Nachlaßbestand vergewissern; er ist also nicht darauf angewiesen, sich erst durch ein Inventar des Nacherben orientieren zu lassen. P. n. 395 XII 1 S. 8042 f.

[6]) Oder: ein Vermächtnis fällt lediglich dem Vorerben zur Last. Denkschrift zum EBGB. S. 287.

[7]) P. n. 345 XXIV S. 6860 f.

[8]) Über KO. § 231 siehe unten [§ 20].

Zweiter Abschnitt.

Der Nachlaßkonkurs insbesondere.

§ 6.

Einleitung.

I. Der Nachlaßkonkurs[1]) ist das selbständige Konkursverfahren über eine „Erbschaft" (§ 1922 I, vgl. § 18) in ihrem gegenwärtig pfändbaren Bestande (KO. § 1). Der Nachlaßkonkurs des Bürgerlichen Gesetzbuches ist stets[2]) ein Sonderkonkurs d. h. ein Verfahren, in welchem nur eine Sondermasse des pfändbaren Vermögens (des Erben) einer Sonderklasse persönlicher Gläubiger zur gemeinschaftlichen Befriedigung dient.

Der Nachlaßkonkurs wird auf den Namen des Erblassers[3]) in dem — hier ausschließlichen — Gerichtsstande der Erbschaft eröffnet (KO. § 214, CPO. §§ 13—16, 27 f., 40 II). Nur über die Erbschaft als Ganzes, nicht über einzelne „Erbteile" ist ein selbständiger Konkurs möglich (KO. § 235).[4])

Das regelmäßige Konkursverfahren geht mit dem Tode des Gemeinschuldners über in einen Nachlaßkonkurs;[5]) eine Unterbrechung des Verfahrens findet nicht statt. Solchenfalls tritt der Erbe als nunmehriger Gemeinschuldner an die Stelle des Erblassers. Teilungsmasse und Schuldenmasse sind durch die §§ 1, 3 KO. fixiert.

II. Eine Konkurseröffnung über die Firma des Einzelkaufmannes ist nach dessen Tod ebensowenig statthaft als bei seinen Lebzeiten.[6]) Das neue Handelsgesetzbuch hat an dieser Rechtslage nichts geändert. Soviel ist zunächst gewiß, daß nach wie vor ein Sonderkonkurs über das durch die Firma bezeichnete kaufmännische Einzelgeschäft, also ein Verfahren, das sich weder auf das Privatvermögen des Kaufmannes, noch, falls dieser mehrere Handlungen unter verschiedenen Firmen betreibt,[7]) auf das in den übrigen Geschäften angelegte Vermögen erstreckte, begrifflich unmöglich ist. Denn das Geschäftsvermögen des Einzelkaufmannes bildet nicht eine den Geschäfts-

---

[1]) Jaeger Voraussetzungen eines Nachlaßkonkurses (München 1893).

[2]) Arg. § 1942: eine hereditas iacens gibt es nicht. Anders nach bisherigem gemeinem Recht, s. Jaeger Voraussetzungen S. 3.

[3]) Eröffnungsformel: Über den Nachlaß des (zuletzt) in X wohnhaft gewesenen Kaufmanns N. N. wird heute am 1. Juni 1890, vormittags 10 Uhr, das Konkursverfahren eröffnet. — [Firma siehe II.]

[4]) Siehe unten [§ 7 III].

[5]) Die gegenteilige gemeine Lehre ist unhaltbar. Die Vorschriften der Konkursordnung über den Nachlaßkonkurs werden für das fortdauernde Verfahren maßgebend, soweit sie nach Lage des Falles überhaupt in Frage kommen können, z. B. § 230.

[6]) Petersen-Kleinfeller S. 578 und Rechtsprechung in Note 1 daselbst.

[7]) Vgl. über diesen Fall Staub HGB. a. 15 §§ 1 und 3 (5. Aufl. S. 31 und 32).

gläubigern gesondert haftende Masse.[8]) Genügt aber künftig nicht vielleicht die Konkurseröffnung über die „Firma" zur Bezeichnung des Gesamtkonkurses über das Vermögen des Firmeninhabers? Nach § 17 II HGB. kann auch der Einzelkaufmann unter seiner Firma verklagt und verurteilt, das Urteil aber offenbar unterschiedslos in alles Vermögen des Firmeninhabers[9]) vollstreckt werden. Allein die Vorschrift des § 17 II, die eine Erleichterung des Handelsverkehrs bezweckt, ist eine positivrechtliche Ausnahmebestimmung,[10]) die schon bei der Einzelvollstreckung zu Schwierigkeiten führen kann, auf das Gesamtvollstreckungsverfahren des Konkurses aber unter keinen Umständen ausgedehnt werden darf.

III. Von den eigenartigen Wirkungen der Eröffnung eines Nachlaßkonkurses ist die bedeutsamste die oben [§ 2 I 1] gekennzeichnete Sonderung des Nachlasses vom Erbenvermögen. Mit der vom Bürgerlichen Gesetzbuche getroffenen Neugestaltung der Erbenhaftung hat sich die wissenschaftliche und praktische[11]) Bedeutung des Nachlaßkonkurses wesentlich erhöht. Andere Wirkungen der Konkurseröffnung sind gleichfalls bereits im Vorausgehenden erörtert worden. So die Vorschriften der §§ 1988 I [§ 2 I 1] und 2000 BGB. [§ 3 I 1 a], der §§ 993 CPO. und 178 ZVG. [§ 2 II 1], sowie der §§ 782 [§ 1 III] und 784 I CPO. [§ 2 I 1].

Wieder andere Wirkungen werden im folgenden noch zu erörtern sein. So der Einfluß der Konkurseröffnung auf die Rechtsstellung des Erben [§ 10] und der Nachlaßgläubiger [§§ 12—14].

Auch wird durch Eröffnung des Nachlaßkonkurses ein vom Erben begonnener oder aufgenommener — den Nachlaß betreffender — Rechtsstreit nach CPO. § 240 unterbrochen.[12]) Vgl. ferner z. B. BGB. § 207 (Grund: M I S. 323).

IV. Im folgenden sollen nun zunächst die Voraussetzungen eines Nachlaßkonkurses [§§ 7—9], sodann die Frage der Gemeinschuldnerschaft [§ 10], ferner die Begrenzung der Teilungs- und Schuldenmasse [§§ 11—14], die Beendigung des Nachlaßkonkurses [§§ 15 und 16], die Rechtsverhältnisse des Erbenkonkurses mit und ohne gleichzeitigen Nachlaßkonkurs [§§ 17—19], die besonderen Fälle der Nacherbfolge [§ 20] und des Erbschaftskaufes [§ 21] und endlich die Anwendung der Nachlaßkonkursnormen auf den Konkurs über das Gesamtgut der fortgesetzten Gütergemeinschaft [§ 22] erörtert werden.

1. Die Voraussetzungen des Nachlaßkonkurses.

§ 7.

a. Begriffliche Voraussetzung.

(Konkursmöglichkeit.)

„Die Eröffnung des Verfahrens wird nicht dadurch gehindert, daß der Erbe die Erbschaft noch nicht angenommen hat, oder daß er für die Nachlaßverbindlichkeiten unbeschränkt haftet. § 216 KO.

---

[8]) Jaeger Konkurs der offenen Handelsgesellschaft § 1 II mit Litteraturangaben.

[9]) Vollstreckung bei Rechtsnachfolge unter Lebenden: CPO. § 729 II.

[10]) Ausnahme von §§ 253, 313 CPO. Vgl. Petersen CPO. 3. Aufl. S. 122 N. 2, Dernburg Preuß. Privatrecht II § 313 N. 5 (5. Aufl. S. 975), Staub a. 15 § 6 a (5. Aufl. S. 33—36).

[11]) Die Zahl der Nachlaßkonkurse im Deutschen Reiche belief sich im Jahre 1896 auf 534 (gegen 532 des Vorjahres) d. h. auf 7,9 Prozent aller Konkurse (gegen 7,5 Prozent des Vorjahres). Beendet wurden: 570 (im Vorjahre: 508). Vierteljahrshefte zur Statistik des Deutschen Reichs 1897 IV 3,20.

[12]) RG. v. 7. XI. 1882 Jurist. Wochenschrift 1883 S. 36 f.

Bei dem Vorhandensein mehrerer Erben ist die Eröffnung des Verfahrens auch nach der Teilung des Nachlasses zulässig." § 216 (bisher § 204) KO.[1])

I. **Begriffliche Voraussetzung** selbständiger Gant über ein Sondergut ist die Ausschließlichkeit seiner Haftung. Ein Sonderkonkurs über den Nachlaß wäre danach nur für den Fall möglich, daß die Nachlaßgläubiger ausschließlich oder doch zunächst ausschließlich auf den Nachlaß angewiesen, also zum Zugriff auf das persönliche Vermögen des Erben überhaupt nicht oder doch erst in zweiter Reihe, nämlich hinsichtlich des im Nachlaßkonkurs erlittenen Ausfalls berechtigt sind. Dies war der Standpunkt des bisherigen Konkursrechts (RG. XXV S. 36) und derjenige des Entwurfes eines BGB. I. Lesung (§§ 2109, 2150, M V S. 622 und 682 f.). Das neue Reichsrecht hat in zwei positiven Ausnahmen mit diesen Grundsätzen gebrochen: die erste Ausnahme trifft § 209 KO., die zweite ist im vorstehenden Paragraphen normiert, demzufolge auch bei unbeschränkter Erbenhaftung ein Nachlaßkonkurs möglich ist.

Der Nachlaßkonkurs des Bürgerlichen Gesetzbuchs ersetzt — außer dem beneficium inventarii — auch das beneficium separationis [§ 1 II], schützt also die Nachlaßgläubiger gegen die Konkurrenz der persönlichen Gläubiger des Erben. Deshalb mußte die Herbeiführung des Konkurses den Nachlaßgläubigern auch für den Fall ermöglicht werden, daß der Erbe durch sein Verhalten, vielleicht durch Verzicht, das Recht der Haftungsbeschränkung gegenüber einzelnen oder allen Nachlaßgläubigern verwirkt hat. Sonst hätten letztere, der Willkür des Erben preisgegeben, die Vorteile einer separatio bonorum gerade dann verloren, wenn sie ihrer am dringendsten benötigen. Überdies durfte im Interesse der Nachlaßgläubiger ein Hinauszögern der Konkurseröffnung durch Verhandlungen und Beweiserhebungen über die oft zweifelhafte Frage, ob ein Verwirkungsgrund gegeben oder nicht, unter keinen Umständen möglich gemacht werden.[2]) Der Gesetzgeber hätte nun für den Fall eines Nachlaßkonkurses bei unbeschränkter Haftung des Erben die Inanspruchnahme des letzteren für Nachlaßschulden schlechthin in zweite Reihe rücken können. Dies geschah indessen nur für den besonderen Fall eines gleichzeitigen Konkurses über das persönliche Vermögen des Erben (KO. § 234, vgl. § 212). Gegenüber dem persönlich gantfreien Erben kann demnach jeder Nachlaßgläubiger, dem der Erbe unbeschränkt haftet, seine Forderung ungeachtet der Anmeldung zum Nachlaßkonkurse dem vollen Betrage nach beitreiben.[3]) Insbesondere steht einer Zwangsvollstreckung in das persönliche Vermögen des Erben während des Nachlaßkonkurses die Vorschrift des § 14 KO. nicht entgegen, da in den Fällen des Sonderkonkurses „sonstiges Vermögen des Gemeinschuldners" nur Vermögen sein kann, das dem Berechtigten in eben der Eigenschaft zukommt, die ihn zum „Gemeinschuldner" macht, das aber gleichwohl nicht zur Masse des Sonderkonkurses gehört.[4])

---

[1]) Materialien zu § 216: Mot. d. KO. S. 454 und 455 M. z. EG. S. 117, M V S. 622, 641, 682 f., P. n. 392 VI 3 S. 7924—27; n. 399 VI S. 8136; n. 427 VI S. 8733; n. 456 XV 1 S. 9467. RB. § 204; Begründung S. 39.

[2]) P. S. 7925 f., Begründung S. 39.

[3]) Aber eine so erlangte Teilbefriedigung mindert die Konkursforderung des Gläubigers: er wird fortab im Nachlaßkonkurse nur noch für den ungedeckten Restbetrag berücksichtigt (KO. § 68 ist mangels einer Mehrheit von Schuldnern unanwendbar). Vom Augenblick der Vollbefriedigung an scheidet der Gläubiger ganz aus dem Nachlaßkonkurs aus.

[4]) Vgl. L. Seuffert i. d. Zeitschrift f. Civ.-Proz. Bd. XXII S. 501 N. 34. Doch darf aus dem Umstande, daß bisher ein Nachlaßkonkurs bei primärer Mithaftung des Erben unmöglich

Hat indessen der Erbe das Recht der Haftungsbeschränkung nicht im allgemeinen, sondern lediglich einzelnen Nachlaßgläubigern gegenüber verwirkt (BGB. § 2006 III), so modificiert sich seine persönliche Haftung für den Fall des Nachlaßkonkurses nach Maßgabe des § 225 II, III. Hienach kann der Erbe den Gläubiger, dem er unbeschränkt und sonach trotz des Nachlaßkonkurses in erster Reihe haftet, noch während dieses Verfahrens aus eignen Mitteln befriedigen und damit kraft Gesetzes die berechtigte Forderung erwerben (Abs. II). Ja er kann letztere selbst ohne vorgängige Befriedigung im Nachlaßkonkurse geltend machen, wenn der Gläubiger seinerseits am Konkurse nicht teilnimmt (Abs. III). Somit erhält der Erbe aus der Nachlaßgantmasse den Betrag, den sein Gläubiger hier erhalten würde, und haftet also im Ergebnis, auch wenn er nicht zugleich selbst vergantet ist, für die einzelne ihn persönlich treffende Nachlaßverbindlichkeit nur in Höhe des Ausfalles, den diese im Nachlaßkonkurs erleidet.

II. Ein Nachlaßkonkurs ist auch dann möglich, wenn der Erbe die Erbschaft **noch nicht angenommen** hat (vgl. BGB. §§ 1942 ff.). Zwar ist vor Erbschaftsannahme den Nachlaßgläubigern Klage und Vollstreckung wider den Erben verwehrt, damit dieser ungestört überlegen kann, ob er annehmen will oder nicht (BGB. § 1958). Allein durch Eröffnung des Nachlaßkonkurses wird der Erbe ja nicht zur Entscheidung gedrängt, der Zweck des § 1958 also keineswegs vereitelt.[5]) Ob in der „Vertretung des Nachlasses" durch den Erben — genauer gesprochen: in der fürsorglichen Wahrnehmung der Rechte und Pflichten eines Gemeinschuldners[6]) — während des Eröffnungsverfahrens eine pro herede gestio (§ 1943) liegt, das ist Thatfrage: entscheidend ist der Wille, Erbe zu sein.[7]) Lehnt es der Erbe vorläufig ab, die Befugnisse und Verbindlichkeiten eines Gemeinschuldners auszuüben, so muß das Nachlaßgericht zu dem unabweisbaren Zwecke der Vertretung des Gemeinschuldners einen Nachlaßpfleger bestellen (BGB. § 1960). Die bereits vor Konkurseröffnung eingeleitete Nachlaßpflegschaft dauert auch nach Eröffnung bis zur endgiltigen Erbschaftsannahme fort.[8])

Besteht noch Ungewißheit über Ausschlagung oder Annahme der Erbschaft oder über die Person des definitiven Erben, so ist gleichwohl die Eröffnung des Nachlaßkonkurses zulässig. Die Rechtslage ist keine andere als im Falle noch nicht erfolgter Annahme. BGB. § 1960.

Ist die Erbschaft endgiltig angenommen, so kann der Nachlaßkonkurs selbstverständlich auch zu einer Zeit eröffnet werden, zu welcher der Erbe nach BGB. §§ 2014 ff. die Berichtigung einer Nachlaßschuld noch verweigern kann. Denn auch der Zweck dieser Vorschriften, dem Erben die Vergewisserung über die Kräfte des Nachlasses zu ermöglichen, wird durch Konkurseröffnung nicht vereitelt.

III. **Mehrheit von Erben.**

1. Nach bisherigem Recht[9]) sind selbständige Konkurse über einzelne Erbteile überall dort möglich, wo die Nachlaßgläubiger für eine bestimmte Quote ihrer Forderungen ausschließlich auf diese Erbteile angewiesen, also zum Zugriff auf § 235 KO.

war, nur geschlossen werden, daß bisher § 11 für unsern Fall keine Vorsorge getroffen hat. Im Rahmen des neuen Gesetzes könnte sehr wohl auch einer wörtlich aus der alten Fassung übernommenen Vorschrift ein neuer Inhalt beizulegen sein.

[5]) Mot. d. KO. S. 454 u. 455.

[6]) Denn einen vertretbaren Nachlaß, hereditas iacens, gibt es nicht. BGB. §§ 1922, 1942.

[7]) Gegen die Mot. d. KO. aaO. siehe M V S. 497.

[8]) P. n. 395 I C 10a S. 8027.

[9]) Jaeger Voraussetzungen § 8.

andere Erbteile und auf das eigene Vermögen der Miterben nicht berechtigt sind. Demnach kann insbesondere im Gebiete des gemeinen Rechts ein selbständiger Konkurs über einzelne Erbteile vorkommen, da nach dem Grundsatze „nomina hereditaria ipso iure inter heredes divisa sunt"[10]) jeder Miterbe nur für den seiner Erbquote entsprechenden Bruchteil einer Nachlaßverbindlichkeit haftet. Ist also ein Erbteil zur Zeit ohne Erben, mit Vorbehalt erworben oder vom übrigen Vermögen des Erben wieder gesondert worden, dann ist nach gemeinem Recht ein eigener Erbteilskonkurs statthaft.[11]) So kann es vorkommen, daß mehrere selbständige Ganten über einzelne Erbteile nebeneinander herlaufen. Die Regel ist das aber keineswegs. Vielmehr wird normalerweise und jedenfalls vor der Auseinandersetzung auch in gemeinrechtlichen Gebietsteilen des Reiches nur **ein** Konkursverfahren hinsichtlich des Gesamtnachlasses eröffnet. Dieser Nachlaßkonkurs ist durchaus nicht eine rein äußerliche Vereinigung von mehreren sachlich selbständigen Erbteilskonkursen, wie in M V S. 642 f. behauptet wird, sondern ein nach Eröffnung und Durchführung vollkommen einheitliches Verfahren.[12]) Die nachträgliche Verbindung getrennt eröffneter Erbteilskonkurse findet im bisherigen Recht keine Stütze und würde jedenfalls an thatsächlichen Schwierigkeiten scheitern.[13])

Soweit hingegen nach den geltenden Landesrechten beim Vorhandensein mehrerer Erben die Nachlaßverbindlichkeiten ungeteilt auf dem Gesamtnachlasse lasten, wie z. B. vor gehöriger Bekanntmachung der Teilung im preußischen Recht,[14]) ist ein besonderer Erbteilskonkurs begrifflich ausgeschlossen.

2. Dem römischrechtlichen Grundsatze der geteilten Schuldenhaftung hatte sich der **Entwurf erster Lesung** (§ 2051 Satz 2) angeschlossen und hieraus nicht nur die Möglichkeit, sondern — was offenbar zu weit ging — auch bei Überschuldung sämtlicher Erbteile die Notwendigkeit mehrerer selbständiger Ganten gefolgert und lediglich eine formale Vereinigung der letzteren für statthaft erklärt (§ 2119).[15]) Nach dem **Bürgerlichen Gesetzbuch** (§ 2058) hingegen

---

[10]) Desgleichen code civil a. 1220 (Zachariä-Crome II S. 251, IV S. 190) und Sächs. BGB. §§ 2324, 2347. Schulden auf **unteilbare** Leistungen führen zu einfach solidarischen Obligationen. Jeder einzelne Miterbe haftet also auf die ganze Leistung. Koeppen Erbrecht § 36. Trotzdem kann, wenn die mehreren Miterben in Konkurs geraten, nicht im Konkurs eines jeden von ihnen nach § 61 (jetzt § 68) die ganze Leistung geltend gemacht werden. Denn zufolge § 62 (jetzt § 69) verwandelt sich die Forderung im Konkurs in eine Geldforderung, die unteilbare Leistung wird teilbar, und es tritt deshalb, da ja die Solidarität lediglich auf dem äußerlichen Umstande der Unteilbarkeit beruhte, **Teilhaftung** ein. Siehe Dernburg Pandekten II § 24 (5. Aufl. S. 72 und Note 7), Baron Pandekten § 245 N. 22, Dernburg Preuß. Privatrecht II § 25 III (5. Aufl. S. 60), Zachariä-Crome II § 281 N. 12, M II S. 173 f. Dagegen namentlich v. Jacubezky Bemerkungen S. 75 f., Planck BGB. § 431, 2.

[11]) Vgl. Motive S. 452, v. Wilmowski KO. § 202 Schlußabsatz.

[12]) Siehe die trefflichen Bemerkungen von Oetker Konkursrechtliche Grundbegriffe I S. 74 und 75, ferner Kohler Leitfaden S. 10 N. 2. Schon die bisherigen §§ 205 und 206, auf die Kohler mit Recht hinweist, sind auf ein trotz der Erbenmehrheit auch materiell einheitliches Verfahren angelegt.

[13]) Näheres Oetker S. 206. Siehe freilich auch Fischer Beiträge zur Erläuterung und Beurteilung des EBGB., Heft 6 S. 58 und 63.

[14]) Dernburg Preuß. Privatrecht III (4. Aufl.) S. 703, 709, 710. Über die Zulässigkeit eines Nachlaßkonkurses, trotzdem ein einzelner Miterbe der Benefizialerben-Eigenschaft verlustig erklärt worden ist, siehe R. G. v. 28. I. 90 Bd. XXV S. 36 und Förster-Eccius Preuß. Privatrecht I § 116 N. 7 (7. Aufl. S. 795).

[15]) M V S. 642 f., M z. EG. S. 118 und 119; dagegen Oetker aaO., Gierke der Entwurf eines BGB. (1889) S. 561, Strützki i. d. Verhandlungen des 20. deutschen Juristentags I S. 197.

haften die Miterben grundsätzlich als Gesamtschuldner (§§ 421—426) für die gemeinschaftlichen Nachlaßverbindlichkeiten.[16]) Damit sind selbständige Konkurse über die Anteile der einzelnen Miterben am Nachlasse begrifflich unmöglich geworden, wenngleich die Erbteile einer gesonderten Zwangsvollstreckung zugänglich (CPO. § 859 II) und auch sonst regelmäßig den für die Erbschaft als Ganzes geltenden Vorschriften unterworfen sind (BGB. § 1922 II). Diese Folgerung hat § 235 KO.[17]) ausdrücklich und ausnahmelos festgelegt: „Über einen Erbteil findet ein Konkursverfahren nicht statt", und im Zusammenhang hiemit verordnet § 216 II: „Bei dem Vorhandensein mehrerer Erben ist die Eröffnung des Verfahrens auch nach der Teilung des Nachlasses zulässig." Demnach ist künftig der selbständige Erbteilskonkurs auch dann ausgeschlossen, wenn nur oder nur noch solche Nachlaßverbindlichkeiten vorhanden sind, für welche jeder Miterbe den §§ 2060 Ziff. 1 u. 2, 2061 zufolge nach der Erbschaftsteilung lediglich pro parte haftet.

3. Das Verfahren ist der Form wie der Sache nach ein Konkurs. Dementsprechend muß zunächst die Überschuldung einheitlich, also hinsichtlich des gesamten Nachlasses festgestellt werden. Ist bloß ein einzelner Erbteil überschuldet,[18]) so bleibt der Nachlaßkonkurs überhaupt ausgeschlossen. Der einzelne Miterbe kann also die Nachlaßgläubiger nur dann durch Herbeiführung des Konkurses auf den Nachlaß verweisen, wenn die Gesamtheit der Erbteile überschuldet ist, und muß demnach, da mit der Teilung auch die Anordnung einer Nachlaßverwaltung unmöglich wird (§ 2062), darauf bedacht sein, daß die Nachlaßverbindlichkeiten vor der Auseinandersetzung berichtigt werden. [Siehe unter 4.]

Desgleichen ist das Verfahren seiner Durchführung nach ein einheitlicher Konkurs. Rechte und Pflichten eines Gemeinschuldners haben die Miterben ganz ohne Rücksicht auf die Größe ihrer Erbteile wahrzunehmen; der Widerspruch eines Miterben beim Feststellungsverfahren trifft die angemeldete Forderung in ihrem objektiven Bestand und äußert demnach keineswegs nur eine individuelle Wirkung;[19]) der Zwangsvergleich setzt gemeinsames Handeln sämtlicher Miterben voraus und ergreift in seinen Wirkungen alle Nachlaßverbindlichkeiten.

4. Vor der Teilung ist die Eröffnung eines einheitlichen Konkursverfahrens über den gesamten Nachlaß in jedem Augenblicke statthaft. Dieser Satz brauchte in der Konkursordnung nicht besonders ausgesprochen zu werden, da er sich aus der Gestaltung des Haftungsrechts ohne weiteres ergibt. BGB. § 2059 II, vgl. CPO. § 747. Aber auch nach der Teilung ist, wie § 216 II ausdrücklich klarstellt, ein Nachlaßkonkurs mit den regelmäßigen Folgen der Haftungsbeschränkung zulässig (BGB. §§ 1979, 1989, 2000, 2013, vgl. 2060 Ziff. 3), während fortab die Anordnung einer Nachlaßverwaltung ausgeschlossen, also bei

---

[16]) Siehe v. Jacubezky Bemerkungen S. 328 ff., Strützki i. d. genannten Verhandlungen S. 132 ff., Cosack ebenda S. 199 ff., Gierke aaO. S. 551 f. und in den Beiträgen zur Erläuterung des EBGB. Heft 18 S. 83 ff., Eck daselbst Heft 17 S. 39 ff. und in den angeführten Verhandlungen IV S. 303 ff., 311 ff., Munk ebenda I S. 80 ff., Reatz ebenda IV S. 289 ff.

[17]) Materialien des § 235 KO.: Motive der KO. S. 452; E I § 2119, M V S. 642 f., M. z. EG. S. 118 f.; P. n. 393 VIII S. 7948, n. 399 VI S. 8136, n. 456 XVIII S. 9476 f., R. B. § 206 e, Begründung S. 53.

[18]) Weil z. B. die einzelne Erbteile verschieden belastet sind.

[19]) Siehe unten [§ 10 II].

Zulänglichkeit des Nachlasses im Ganzen das generelle Haftungsbeschränkungsmittel versagt ist. BGB. § 2062.[20])

5. Wie ist nun aber, wenn erst nach Vollzug der Auseinandersetzung der Nachlaßkonkurs eröffnet wird, die Konkursmasse zu sammeln? Auf diese Frage gibt die Konkursordnung in der allgemeinen Vorschrift des § 117 die Antwort: der Verwalter hat das gesamte zur Konkursmasse gehörige Vermögen sofort in Besitz und Verwaltung zu nehmen. Der aufgeteilte Nachlaß wird also in der Hand des Konkursverwalters wieder zusammengebracht, und diesem stehen gegenüber den einzelnen Erben ganz die gleichen Machtbefugnisse zu, wie sie ihm auch sonst gegenüber dem Gemeinschuldner verliehen sind. Jeder Miterbe ist eben Gemeinschuldner, und es erscheint darum weder erforderlich noch statthaft, die für dritte Personen in KO. § 118 normierten Verpflichtungen auf die Erben im Nachlaßkonkurs anzuwenden.[21]) Auch hinsichtlich der Frage, wie die Miterben für Veräußerung, Verbrauch, Verbindung, Vermischung, Verarbeitung, Zerstörung oder Beschädigung von Nachlaßgegenständen der Konkursmasse gegenüber aufkommen müssen, bedurfte es besonderer Vorschriften nicht: Herausgabepflicht und Verantwortlichkeit sind bei den Miterben die gleichen wie beim Alleinerben.[22]) BGB. §§ 1978—80, 2013; KO. §§ 6, 117.

IV. Eine zeitliche Begrenzung der Konkursmöglichkeit ist ungeachtet der im Laufe der Jahre wachsenden Schwierigkeit genauer Massefeststellung nicht normiert worden.[23])

§ 8.

b. Sachliche Voraussetzung.

(Konkursgrund.)

„Die Eröffnung des Verfahrens setzt die Überschuldung des Nachlasses voraus." KO. § 215.[1])

I. **Überschuldung des Nachlasses** ist das Überwiegen der Nachlaßverbindlichkeiten über den Wert der Nachlaßgegenstände.[2]) Sie muß vorliegen zur Zeit der Konkurseröffnung, nicht schon zur Zeit des Erbfalls. Der Konkursgrund des Regelkonkurses, die Zahlungsunfähigkeit (§ 102 I), ist hier umdeswillen nicht maßgebend, weil die Entwicklung der Haftungsmasse in der Hauptsache abgeschlossen und von der persönlichen Leistungskraft des Schuldners losgelöst ist.[3]) Demnach greift auch die Rechtsvermutung des § 102 II nicht Platz, wenngleich die Zahlungseinstellung des Gemeinschuldners — d. h. des Erblassers (für die

§ 215 KO.

---

[20]) Siehe oben [§ 4 I 3].

[21]) Abweichend Kleinfeller i. d. Deutschen Juristenzeitung 1897 S. 477 und in Holdheims Monatsschrift für Handelsrecht 1898 S. 70.

[22]) Darüber unten [bei § 11]. Auch im Wege konkursmäßiger Anfechtung kann der Verwalter Nachlaßwerte für die Masse zurückgewinnen; „Gemeinschuldner" für die Zeit nach dem Erbfalle sind auch im Sinne der Anfechtungsvorschriften die Miterben [s. unten bei § 10].

[23]) Gründe: M V S. 641. Siehe nun aber auch § 220 [unten § 9 I 3].

[1]) Materialien des § 215 (bisher § 203, unverändert): Motive S. 452—454, P. n. 400 I S. 8127—8139.

[2]) Vgl. BGB. § 2001 I.

[3]) Siehe übrigens auch P. n. 392 VI 1 S. 7923; n. 400 I S. 8137—8139. Bei Zahlungsunfähigkeit ohne Überschuldung ist die Nachlaßverwaltung der angebrachte, den Interessen der Gläubiger entsprechende Liquidationsmodus.

Zeit vor dem Erbfall) oder des Erben (für die Folgezeit) — in jeder andern Beziehung, so nach §§ 30, 33, 50, 55, 56, 199, 239 ff., ausschlaggebend bleibt. Insbesondere tritt als zeitliche Voraussetzung der Anfechtbarkeit nach § 30 keineswegs der nach außen nicht sofort erkennbare und darum als Anfechtungsvoraussetzung ungeeignete Zustand der Überschuldung an Stelle der notwendig offenkundigen Zahlungseinstellung: Kenntnis der Zahlungseinstellung des Erblassers oder Erben ist erforderlich und genügend.[4])

II. **Bei Bemessung der Überschuldung** ist der gegenwärtige Bestand und Wert des Nachlasses zu Grunde zu legen. Als Passiva sind die Masseschulden (KO. §§ 59 und 224), sowie die sämtlichen voll- und minderwertigen Konkursforderungen der §§ 225—227 in Rechnung zu stellen, also namentlich auch die im sonstigen Konkursverfahren (§ 63) nicht verfolgbaren Ansprüche des § 226 Ziff. 1—3, die nach BGB. §§ 1973 und 1974 ausgeschlossenen Rechte (Abs. IV) und die Verbindlichkeiten aus Pflichtteilsrechten, Vermächtnissen und Auflagen (Ziff. 4 und 5). Beruht jedoch die so ermittelte Überschuldung lediglich auf Vermächtnissen und Auflagen, so können die Beteiligten den Konkurs vermeiden. Der Erbe insbesondere ist solchenfalls zur Beantragung des Nachlaßkonkurses nicht verpflichtet (BGB. § 1980 I), sondern den Vermächtnissen und Auflagen gegenüber zur Unzulänglichkeitseinrede nach § 1992 befugt.[5]) Deshalb und nur mit Rücksicht auf die Antragspflicht des Erben verordnet BGB. § 1980 I: „Bei Bemessung der Zulänglichkeit des Nachlasses bleiben die Verbindlichkeiten aus Vermächtnissen und Auflagen außer Betracht.“ Eine allgemeinere Bedeutung kann dieser Vorschrift ihrer ganzen Stellung nach offenbar nicht zukommen. Sie besagt also, was sich übrigens ohne weiteres aus dem Wortlaute des § 1992 ergibt, keineswegs, daß eine „Überschuldung“ dann nicht vorliege, wenn die Nachlaßverbindlichkeiten nur bei Einrechnung der Vermächtnisse und Auflagen den Wert der Nachlaßgegenstände übersteigen.

Entsprechend gestaltet sich die Sachlage, wenn die Überschuldung auf ausgeschlossenen Nachlaßverbindlichkeiten beruht. Auch hier entfällt die Antragspflicht des Erben;[6]) auch hier steht es in der Macht der Interessenten, die Kosten und Weiterungen eines Konkursverfahrens zu verhüten (arg. BGB. §§ 1973, 1974).[7])

Der Wert des Nachlasses wird in der Weise berechnet, daß bedingte, betagte, ungewisse, auf wiederkehrende Hebungen gerichtete Rechte und Verbindlichkeiten nach den §§ 65—67, 69, 70 KO. und nach Analogie des § 2313 BGB. behandelt werden. Aufschiebend bedingte Rechte und Verbindlichkeiten sind beispielsweise gar nicht in Ansatz zu bringen. Soweit erforderlich, ist der Wert des Nachlasses durch Schätzung zu ermitteln. Eine vom Erblasser getroffene Wertbestimmung ist natürlich nicht bindend. Vgl. § 2311 II BGB.

---

[4]) RG. v. 31. I. 85 bei Bolze I n. 543, v. 28. I. 90 Bd. XXV S. 38 f., vom 4. VI. 90 bei Bolze X n. 251 (im letzten Falle Zahlungseinstellung seit dem Tode des Erblassers).

[5]) Siehe M V S. 654 f., P. n. 392 VI 1 S. 7923 f. u. n. 394 V B. S. 7997 ff. [Oben § 2 I 3.]

[6]) Darüber unten [§ 9 II 3].

[7]) Ergiebt sich die Überschuldung erst bei Einrechnung von Vermächtnissen, Auflagen oder ausgeschlossenen Nachlaßverbindlichkeiten, so ist die Nachlaßverwaltung, nicht der Nachlaßkonkurs, das geeignete Mittel, um Vermächtnisse, Auflagen und ausgeschlossene Nachlaßverbindlichkeiten gegen die Konkurrenz der Erbengläubiger zu schützen. Siehe aber § 219 und darüber unten [§ 9 I 4 a].

§ 9.

c. Formelle Voraussetzung.
(Konkursveranlassung.)

Die formelle Voraussetzung jedes Konkursverfahrens bildet ein gehöriger Eröffnungsantrag: auch der Nachlaßkonkurs kann nicht von Amtswegen eröffnet werden (KO. § 103 I). Der Eröffnungsantrag kann ausgehen von der Schuldner- oder von der Gläubiger-Seite (§§ 103 II, 217 I, 218 I, 219) und findet je nach der Person des Antragstellers eine verschiedene rechtliche Behandlung (§§ 104, 105, 217 II, III, 218 II).

§ 217 I KO. I. Die **Antragsberechtigung.** Zum Antrag auf Eröffnung des Nachlaßkonkurses sind zufolge § 217 I [1]) folgende Personen befugt:

1. Jeder Erbe, bei einer Mehrheit von Erben also jeder einzelne, mag er beschränkt oder unbeschränkt haften, mag der Nachlaß geteilt sein oder nicht. Vgl. dagegen BGB. § 2062 (Nachlaßverwaltung) und CPO. § 991 I (Aufgebot). Dem unbeschränkt haftenden Erben die Antragsbefugnis zu entziehen, erschien nicht angezeigt, weil sich die Frage, ob der Erbe die Möglichkeit der Haftungsbeschränkung verwirkt hat, zur Entscheidung im Konkursverfahren nicht eignet.[2]) Diese Erwägung, nicht Rücksichtnahme auf die Interessen des Erben, dessen unbeschränkte Haftung ja trotz Konkurseröffnung fortdauert,[3]) hat den Gesetzgeber davon abgehalten, dem Erben im Falle verwirkter Haftungsbeschränkungsmacht die Antragsbefugnis abzusprechen. [S. noch oben § 7 I.]

   Selbstverständlich ist auch der Fiskus als Erbe bei Überschuldung des Nachlasses zum Eröffnungsantrage berechtigt. BGB. §§ 1936, 1942 II. Solchenfalls sind die §§ 107, 204, 215 KO. ganz wie bei sonstiger Antragstellung anwendbar.[4])

§ 218 I KO. Ist Erbin eine Ehefrau, so kann jeder Ehegatte für sich allein die Eröffnung des Konkurses über einen zum eingebrachten Gute oder zum Gesamtgute gehörigen Nachlaß beantragen. § 218 I KO.[5]) Im Einzelnen ist hiezu zu bemerken:

   a) Der einer Ehefrau angefallene Nachlaß gehört
      α) zum eingebrachten Gute nach näherer Maßgabe der §§ 1363, 1369 beim gesetzlichen Güterstande (Verwaltungsgemeinschaft), der §§ 1521, 1526 I (vgl. § 1527) bei Errungenschaftsgemeinschaft, der §§ 1551, 1553 Ziff. 2 bei Fahrnisgemeinschaft;
      β) zum Gesamtgute nach Maßgabe der §§ 1438, 1440 bei allgemeiner Gütergemeinschaft, der §§ 1549—1551, 1553 Ziff. 2 bei Fahrnisgemeinschaft. Vgl. auch § 1485 II.

---

[1]) Materialien des § 217 (bisher § 205): Mot. d. KO. S. 455 u. 456. M. z. E.G. S. 117 u. 118; M V S. 541; P. n. 356 S. 7092—7094, n. 375 XVIII S. 7539, 7541 (Anlage), n. 385 VI S. 7753 f., n. 392 VI S. 7924—7926, n. 395 E 5 S. 8021, n. 395 VII S. 8039 f., XV S. 8047, n. 399 I S. 8123, n. 426 II 4 S. 8696, n. 456 XV 2 S. 9467 f. RB. § 205 Begründung S. 39 u. 40.

[2]) P. S. 7925 ff.

[3]) Vgl. L. Seuffert aaO. S. 502.

[4]) M V S. 381.

[5]) Materialien des § 218 KO.: Entwurf I §§ 2148 n. 4, 2149; M V S. 679—681; P. n. 394 XVII S. 8004—8006, XVIII S. 8006; n. 456 XV 3 S. 9468 u. 9472. RB. § 205 a, Begründung S. 40.

b) Die Ehefrau kann Konkurseröffnung über einen solchen zum eingebrachten Gute oder Gesamtgute[6]) gehörigen Nachlaß beantragen, weil sie die Erbin ist (§ 217 I KO.). Die Unabhängigkeit ihres Antragrechtes von der Zustimmung des Ehemannes entspricht der Selbständigkeit, die der Ehefrau in BGB. §§ 1416 Ziff. 1, 1453, 1519, 1549, CPO. § 999 hinsichtlich eines ihr angefallenen Nachlasses eingeräumt ist und liegt mit Rücksicht auf BGB. § 1975 im beiderseitigen Interesse der Ehegatten.

Dem Ehemanne war ein selbständiges Antragsrecht ausdrücklich einzuräumen, weil die Frau eine ihr angefallene Erbschaft bei jedem Güterstand ohne die Zustimmung des Mannes annehmen darf (§§ 1406 Ziff. 1, 1453, 1519 II, 1559), und deshalb für die Nachlaßverbindlichkeiten aus dem eingebrachten Gute bezw. aus dem Gesamtgute Befriedigung auch dann verlangt werden kann, wenn der Mann der Erbschaftsannahme nicht zugestimmt hat (§§ 1412, 1460 I, 1532, 1559). Sonach handelte es sich in der Hauptsache darum, den Ehemann davor zu schützen, daß ohne seinen Willen das eingebrachte Gut bezw. das Gesamtgut durch die Nachlaßverbindlichkeiten belastet wird. Zu diesem Zweck ist dem Manne die selbständige Möglichkeit verliehen, die Haftung auf den Nachlaß zu beschränken (§§ 1975, 2008, CPO. § 999).[7]) Aus dieser ratio legis ergibt sich:

α) Eine Vereinbarung der Ehegatten unter einander, derzufolge eine der Frau bereits angefallene Erbschaft der Regel des Gesetzes zuwider nicht Gesamtgut, sondern Vorbehaltsgut sein soll, schließt die selbständige Antragsbefugnis des Ehemannes nicht aus, weil sie dessen Haftung gegenüber den Nachlaßgläubigern nicht mehr aufzuheben vermag. Wohl aber kann eine vor Erbschaftsannahme getroffene Vereinbarung dieses Inhalts Haftung und Antragsrecht des Ehemannes ausschließen.[8])

β) Da die Solidarhaftung des Ehemannes für die Verbindlichkeiten eines zum Gesamtgute gehörigen Nachlasses auch nach Beendigung der Gemeinschaft fortdauert (BGB. §§ 1459 II und arg. e contr. 1463 f., ferner 1530, 1549), mußte der Ehemann auch für diese Zeit durch Gewährung einer selbständigen Antragsbefugnis geschützt werden (KO. § 218 I Satz 2 u. Begründung hiezu). Diese Befugnis steht dem Ehemann auch noch nach Teilung des Gesamtgutes zu, weil er auch dann noch für unberichtigt gebliebene Nachlaßverbindlichkeiten forthaftet (BGB. §§ 1480, 1475).[9])

γ) Gehört der Nachlaß dagegen zum eingebrachten Gute der Frau, so kommt nach Beendigung des maßgebenden Güterstandes weder ein zu respektierendes Verwaltungsrecht des Mannes noch eine Mithaftung desselben für die Nachlaßverbindlichkeiten in Frage. Von nun ab ist die Ehefrau allein verfügungsberechtigt und haftbar und darum auch allein antragsbefugt.[10])

---

[6]) Ob der maßgebende Güterstand schon vor dem Erbfall oder erst später eintrat, ist belanglos. M V S. 679. Siehe den Text im Folgenden.

[7]) Vgl. M V S. 681, Begründung S. 40, namentlich aber Planck (Unzner) BGB. § 1406 Erl. 1.

[8]) Vgl. M V S. 679, Planck (Unzner) zu § 1413.

[9]) Andrer Ansicht L. Seuffert aaO. S. 502.

[10]) Siehe M V S. 681. Vgl. übrigens BGB. § 1388.

δ) Auf den Fall der Nachlaßverwaltung ist § 218 I entsprechend anwendbar, da hier das gleiche Schutzbedürfnis des Ehemannes besteht.[11])

2. Der Nachlaßpfleger (BGB. §§ 1960 ff.) im allgemeinen und der Nachlaßverwalter (BGB. §§ 1975 ff.) insbesondere. Diese Personen — und ebenso der unter 3 genannte Testamentsvollstrecker — vertreten den Erben (BGB. § 1960 II), nicht den „Nachlaß“ (vgl. BGB. §§ 1922, 1942). Deshalb bedurfte die bisherige Fassung des Gesetzes — „Vertreter des Nachlasses“ — einer Berichtigung.[12]) Mehrere Pfleger üben die Vertretung der Regel nach gemeinschaftlich aus (BGB. §§ 1915 mit 1797 f.), sind also auch regelmäßig nur in ihrer Gesamtheit zur Beantragung des Nachlaßkonkurses berechtigt. Den Ausnahmefall selbständiger Vertretungsmacht der einzelnen Mitpfleger berücksichtigt die Neufassung des Gesetzes nicht.[13]) Künftig ist somit — anders als nach dem bisherigen § 205 II — beim Einzelantrag des selbständig vertretungsbefugten Pflegers das Gericht zur Anhörung der übrigen Pfleger zwar nach KO. § 75 berechtigt, aber nicht verpflichtet.

3. Derjenige Testamentsvollstrecker, dem die Verwaltung des Nachlasses im Ganzen zusteht (BGB. §§ 2197 ff.).[14]) Unterliegen der Verwaltung des Testamentsvollstreckers nur einzelne Nachlaßgegenstände, so ist er zum Eröffnungsantrage nicht befugt.[15]) Desgleichen entbehrt ein lediglich zwecks Beaufsichtigung des Erben ernannter Vollstrecker (BGB. § 2208 II) der Antragsbefugnis. Mehrere Testamentsvollstrecker sind — arg. BGB. § 2224 I — regelmäßig nur in ihrer Gesamtheit antragsberechtigt. Hat der Erblasser ausnahmeweise diese Mehrheit selbständig nebeneinander gestellt, so kann das Gericht

---

[11]) Hachenburg S. 136.

[12]) M V S. 551, Begründung S. 25.

[13]) S. M z. E. G. S. 118, P. S. 8696, Begründung S. 25 f.

[14]) Soweit das Verwaltungsrecht des Testamentsvollstreckers reicht, ist dem Erben die Verfügung versagt (BGB. §§ 2205, 2211, 2212, vgl. GBO. § 53): insoweit ist der Testamentsvollstrecker Vertreter des Erben. M V S. 236. Vgl. auch CPO. §§ 327, 748, 749. Vertreter des „Nachlasses“ — wie Sturm Lehre von den Testamentsvollstreckern (1898), auch für das Recht des bürgerlichen Gesetzbuchs aufstellt, s. bes. S. 60 f., 73, 85 ff., — kann der Testamentsvollstrecker deshalb nicht sein, weil der „Nachlaß“ kein vertretbares Rechtssubjekt ist. BGB. §§ 1922, 1942. Auch ist es — gegen Dernburg, Preuß. Privatrecht, III § 164 II (4. Aufl. S. 483 f.) — mit unserer Auffassung wohl vereinbar, daß die Rechtshandlungen des Testamentsvollstreckers Nachlaßverbindlichkeiten (BGB. §§ 1967 II, 2206 f., vgl. M V S. 603) und Nachlaßrechte erzeugen. Der Vollstrecker vertritt eben den Erben als Erben, als Subjekt eines Sondervermögens. Die Begründung zu § 293 e (jetzt § 327) CPO. (Guttentag'sche Ausgabe S. 52) leugnet, daß der Testamentsvollstrecker überhaupt Vertreter ist, „er habe seine Befugnisse zu eignem Recht“. Ebenso Marcus, die Testamentsvollstreckung nach dem BGB., im Sächsischen Archiv Bd. VIII S. 57 f.: „Mit der Verwendung des Amtsbegriffes (BGB. § 2202) seien fortan alle Controversen abgeschnitten . . . . ., mit dem Amte erledige sich das Verhältnis der Vertretung, wie es danach an einem Vertretungsbedürftigen fehle“. Als ob der öffentlich rechtliche Begriff des Amtes den privatrechtlichen der Stellvertretung ausschließen oder überflüssig machen würde! Mit ebenso viel Grund könnte man behaupten, der Vormund sei nicht „Vertreter“ des Mündels, weil das Gesetzbuch (z. B. in § 1885) von einem „Amte“ des Vormundes rede. Wir begegnen hier dem gleichen Fehler, in den die Entscheidung des Reichsgerichts vom 10. Februar 1892 Bd. XXIX S. 29 ff. über die Rechtsstellung des Konkursverwalters verfallen ist. Vgl. dagegen namentlich Kohler Leitfaden S. 107 f., neuestens auch R. Schmidt Lehrbuch des deutschen Civilprozeßrechts (1898) S. 152. Vgl. ferner Wach Handbuch des deutschen Civilprozeßrechts Bd. I § 25 N. 28, sowie Beschluß der Vereinigten Civilsenate v. 10. VI. 86 Bd. XVI S. 406.

[15]) Vgl. BGB. §§ 2208 I Satz 2, 2213 I Satz 2; P. S. 7092—7094.

den Einzelantrag ohne Gehör der übrigen Vollstrecker zulassen [siehe unter 2]. Nach bisherigem Recht war die Antragsbefugnis des Testamentsvollstreckers zweifelhaft.[16])

Im Nachlaßkonkurs ist für die Bethätigung der dem Testamentsvollstrecker in §§ 2203—2205 zugewiesenen Funktionen kein Raum. Möglicherweise aber leben nach Konkursbeendigung z. B. nach Einstellung infolge Gantverzichtes oder nach Zwangsvergleichsschluß diese Rechte und Obliegenheiten des Testamentsvollstreckers wieder auf. Sein Amt erlischt also nicht sofort mit Eröffnung des Nachlaßkonkurses,[17]) namentlich steht einem den Nachlaß verwaltenden Testamentsvollstrecker in seiner Eigenschaft als Stellvertreter des Erben=Gemeinschuldners die sofortige Beschwerde gegen den Eröffnungsbeschluß nach KO. § 109 und das Recht zum Vorschlag eines Zwangsvergleichs nach § 230 zu.

4. Jeder Nachlaßgläubiger[18]) [Begriff unten § 12], also im Gegensatz zum bisherigen Recht an sich auch Vermächtnisnehmer, Auflage= und Pflichtteilsberechtigte (BGB § 1967 II), sowie ausgeschlossene Nachlaßgläubiger. Doch greifen einige positive Ausnahmen Platz:

a) Ein im Aufgebotsverfahren **ausgeschlossener** (§§ 1971—1973) oder einem ausgeschlossenen gleichstehender (§ 1974) Nachlaßgläubiger kann die Eröffnung des Verfahrens nur beantragen, wenn über das Vermögen des Erben das Konkursverfahren eröffnet ist. KO. § 219 I.[19]) § 219 KO.
Ein solcher Gläubiger ist, wie wir oben [§ 2 II] gesehen, keineswegs schlechthin seines Anspruchs beraubt, sondern nur zu einem Gläubiger minderen Ranges geworden, der unter Umständen selbst im Nachlaßkonkurse Berücksichtigung findet (KO. § 226 IV). Nach der Regel des § 217 müßte demnach auch der vom Ausschlußurteil oder der Ausschlußfrist getroffene Nachlaßgläubiger bedingungslos zur Stellung des Eröffnungsantrages befugt sein. Indessen fehlt, wenn der Nachlaß nicht einmal die Ansprüche der vollberechtigten Gläubiger deckt, den ausgeschlossenen jedes Interesse an dieser Antragsbefugnis, da sie solchenfalls im Konkurse notwendig leer ausgehen (§ 226). Reichen aber die Nachlaßkräfte zur Berichtigung der rechtzeitig geltend gemachten Verbindlichkeiten noch aus, so ist vom Antragsrecht der ausgeschlossenen Gläubiger zu besorgen, daß sie gegen das Interesse der nichtausgeschlossenen die Eröffnung eines Konkurses erzwingen, der für die letzteren infolge Vorwegbefriedigung der Massegläubiger[20]) mit Verlusten endet. Insofern widerstreitet jedes Antragsrecht der ausgeschlossenen Nachlaßgläubiger dem Zweck der §§ 1973, 1974 BGB. Mit Fug hatte darum der in Anlage II der Denkschrift zum EBGB. vorgesehene § 205 I KO. dieses Recht schlechthin beseitigen wollen. Allein die Reichstagsvorlage glaubte, zum Schutze gegen die persönlichen Gläubiger des Erben den ausgeschlossenen Nachlaßgläubigern

---

[16]) Jaeger, Voraussetzungen S. 57; M V S. 740.

[17]) Siehe M V S. 226 und Citate daselbst.

[18]) Das Antragsrecht der Nachlaßgläubiger besteht schlechthin auch bei unbeschränkter Erbenhaftung. P. S. 7924 f.

[19]) Materialien des § 219 KO.: Entw. I §§ 2128 u. 2150 IV Satz 1, M V S. 651 f., vgl. § 2150, M V S. 682 ff., P. n. 392 VI 2 S. 7923 f., n. 393 XV S. 7964 f., n. 394 V B S. 7997—8000, n. 395 III 2 S. 8034 u. 8037, n. 456 XV 3 S. 9468 u. 9472. RV. § 205 b, Begründung S. 40—42.

[20]) KO. § 57, besonders der möglicherweise sehr beträchtlichen Verfahrenskosten (§ 58 Ziff. 1), die im Interesse der vollberechtigten Gläubiger vermieden werden müßten.

wenigstens beim Vermögensverfall des Erben eine Antragsbefugnis verleihen zu müssen, und schlug darum, ohne die eben bezeichneten Bedenken zu würdigen, die nun zum Gesetze gewordene Fassung des (jetzigen) § 219 I Satz 1 vor: wenn der Erbe sich selbst in Konkurs befindet, sind auch die ausgeschlossenen Nachlaßgläubiger berechtigt, die Eröffnung des Nachlaßkonkurses zu beantragen.[21])

Weiter als der Zweck der §§ 1973 u. 1974 BGB. reicht auch die Ausnahme des § 219 KO. nicht. Insbesondere ist den Ausgeschlossenen keineswegs die Beantragung eines Konkurses über den nach Befriedigung der Nichtausgeschlossenen verbleibenden Überschuß versagt. Ein derartiges Verfahren ist begrifflich möglich, da dieser Überschuß kraft Gesetzes der Gesamtheit der Ausgeschlossenen gesondert verhaftet ist. Es widerstreitet weder den Interessen der vorgehenden Nachlaßgläubiger noch den Erbeninteressen. Auch steht § 1973 II BGB. seiner Eröffnung nicht entgegen. Warum aber endlich ein solcher Konkurs unzweckmäßig sein sollte,[22]) ist nicht abzusehen, da der Konkurs allein dem ungeordneten Zugriff einer Gläubigermehrheit und der Willkür des Erben ein Ziel setzt. An diesem Sonderkonkurse brauchen — außer den bereits thatsächlich befriedigten — diejenigen Ausgeschlossenen nicht teil zu nehmen, zu deren Befriedigung der Erbe rechtskräftig verurteilt worden ist. Die zur Erfüllung solcher Urteilspflichten erforderlichen Beträge gehen also von der Masse des Überschußkonkurses noch ab (BGB. §§ 1973 II, 1974, 818 III). Dabei bleibt es dem Erben freigestellt, die noch übrigen Nachlaßgegenstände in Natur herauszugeben oder auch nur deren Geldwert an den Verwalter des Überschußkonkurses auszuzahlen (BGB. § 1933 II Satz 2).[23])

b) Auch **Vermächtnisse** und **Auflagen** begründen Nachlaßverbindlichkeiten (BGB. § 1967 II, KO. § 226) und berechtigen deshalb an sich nach § 217 I KO. zur Beantragung des Nachlaßkonkurses. Allein auch für diese Passiven besteht, wenn der Nachlaß schon ohne ihre Einbeziehung überschuldet ist, an der Konkurseröffnung kein Interesse, weil sie in diesem Fall überhaupt nicht zum Zuge kommen. Und selbst dann, wenn die Überschuldung lediglich auf Vermächtnissen und Auflagen beruht, entspricht eine Nachlaßverwaltung, deren Beantragung auch dem Vermächtnisnehmer und dem die Auflagevollziehung zu fordern Berechtigten freisteht (BGB. §§ 1981 II mit 1967 II), ihren Interessen mehr als ein Nachlaßkonkurs, da — von der größeren Kostspieligkeit des Konkurses ganz abgesehen — dem neutralen Nachlaßverwalter das Zustandebringen eines Vergleichs unten den Beteiligten am ehesten gelingen wird.[24]) Scheitern die Vergleichsversuche oder ist es gar nicht zur Anordnung einer Nachlaßverwaltung gekommen, so muß der Nachlaßverwalter als Vertreter des Erben[25]) oder der Erbe persönlich bei Ausübung des ihm nach BGB. § 1992 zustehenden Rechts Vermächtnisse und Auflagen ohnehin nach der Rangordnung des Nachlaßkonkurses befriedigen: am Konkurse selbst

---

[21]) Anordnung einer Nachlaß-Verwaltung können auch die ausgeschlossenen Nachlaßgläubiger beantragen. BGB. § 1981 II. Andr. Ansicht Fischer-Henle § 1981 N. 2.

[22]) So L. Seuffert aaO. S. 504.

[23]) Rangordnung oben [§ 2 S. 13].

[24]) P. S. 7999 f.

[25]) P. n. 395 I 6 S. 8022.

besteht für diese Verbindlichkeiten also auch dann kein Interesse. Dazu kommt, daß die Erzwingung des Nachlaßkonkurses durch Vermächtnisnehmer und solche Personen, die den Vollzug der Auflage fordern können, vermutlich dem Willen des Erblassers zuwiderläuft. Dieser würde wohl bei Kenntnis oder Voraussicht der Überschuldung von der Anordnung dieser Zuwendungen mit Rücksicht auf die Wahrung seines Andenkens und auf die Interessen seiner Erben abgesehen haben.[26])

Ein Bedürfnis nach selbständiger Antragsberechtigung besteht aber für Vermächtnisse und Auflagen auch dann nicht, wenn die eigenen Vermögensverhältnisse des Erben zerrüttet sind, weil die Nachlaßverwaltung gegen die Konkurrenz der Erbengläubiger genügenden Schutz gewährt und insofern Ersatz für das bisherige beneficium separationis der Legatare bietet (BGB. § 1984 II, CPO. § 784 II).[27]) Daß die Vermeidung des Nachlaßkonkurses bei einer **nur** auf Vermächtnissen und Auflagen beruhenden Überschuldung — und eine andere kommt hier, wie bemerkt, nicht in Frage — ganz dem Geiste des Gesetzes entspricht, und daß insbesondere die Anordnung einer Nachlaßverwaltung bei solcher Vermögenslage statthaft ist, kann nach BGB. §§ 1980 I Satz 2 (1985 II), 1992 und P. S. 7999 f. nicht bezweifelt werden. Trotzdem hat die Konkursordnung (§ 219 I Satz 2) den in Rede stehenden Gläubigern für den Fall gleichzeitiger Vergantung des Erben unter Abweichung vom geltenden Recht eine selbständige Antragsbefugnis eingeräumt und damit zu chikanöser Benachteiligung der vollberechtigten Gläubiger die Hand geboten.[28])

c) So lange der Erbe die Erbschaft noch nicht angenommen hat, ist seinen persönlichen Gläubigern die Vollstreckung in den Nachlaß verwehrt (CPO. § 778 II). Für diese Zeit haben also die nur ausnahmeweise antragsbefugten Personen [a u. b] die Konkurrenz der Erbengläubiger, gegen welche sie KO. § 219 I sichern soll, gar nicht zu fürchten. Mit dem Schutzbedürfnis aber entfällt auch das Antragsrecht.[29])

Dagegen schließt der Umstand, daß der Erbe das Recht des Haftungsbeschränkung gegenüber diesen Personen verwirkt hat, deren Antragsbefugnis nicht aus. Denn ihnen kann trotz unbeschränkter Haftung des Erben die Konkurrenz seiner persönlichen Gläubiger Gefahr bringen.[30])

d) Ist eine in allgemeiner Gütergemeinschaft, Errungenschafts- oder Fahrnisgemeinschaft lebende Ehefrau die Erbin, so fällt der Nachlaß, wenn er zum Gesamtgut gehört [oben Seite 38], in die Konkursmasse des Ehemannes: der Konkurs der Ehefrau berührt das Gesamtgut nicht. KO. § 2 Abs. I u. II.[31]) Ein Schutzbedürfnis besteht also für die nach § 219 I bedingt antragsberechtigten Personen nur bei Vergantung des Ehemannes, und deshalb macht das Gesetz ihr Antragsrecht von der Konkurseröffnung über das Vermögen des Mannes abhängig (KO. § 219 II).

---

[26]) P. S. 7923 f., Verhütung der Veräußerung von Grundstücken, die sich seit Generationen in der Familie vererbten.

[27]) Anders L. Seuffert aaO. S. 505 f.

[28]) Hier in Übereinstimmung mit dem Vorschlag der Denkschrift § 205 b II.

[29]) Anders L. Seuffert aaO. S. 506.

[30]) L. Seuffert S. 507. Vgl. KO. §§ 216 u. 234.

[31]) KO. § 2 Abs. III kommt hier mit Rücksicht auf BGB. § 1485 II nicht in Frage.

e) Der Eröffnungsantrag eines **Pflichtteilsberechtigten** wäre nach KO. §§ 105 I, 217 II nur zuzulassen, wenn das Bestehen einer im Nachlaßkonkurse verfolgbaren Pflichtteilsforderung und zugleich die Überschuldung des Nachlasses glaubhaft gemacht würde. Die eine Glaubhaftmachung schließt aber die andere notwendig aus, es sei denn daß die Überschuldung lediglich auf Vermächtnissen und Auflagen beruht, die nach § 226 den Pflichtteilsrechten im Range nachgehen. Letzternfalls kann der Nachlaßkonkurs zufolge BGB. §§ 1992, 1980 ganz vermieden werden [S. 10]. Die Antragsbefugnis des Pflichtteilsberechtigten spielt sonach praktisch keine Rolle.

§ 220 KO. 3. **Zeitlich begrenzt** ist nur das Antragsrecht der Gläubiger. Der § 220 KO. bestimmt nämlich: „Die Eröffnung des Verfahrens kann von einem Nachlaßgläubiger nicht mehr beantragt werden, wenn seit der Annahme der Erbschaft zwei Jahre verstrichen sind“.[32])

a) Die Sonderung des Nachlasses vom übrigen Vermögen des Erben gelingt um so schwerer und trifft den Erben wie dessen persönliche Gläubiger um so härter, je länger die Verschmelzung beider Massen gedauert hat.[33]) Deshalb war schon bisher die Rechtswohlthat der Gütertrennung zeitlich begrenzt.[34]) Das Reichsrecht hat, je nach dem erbschaftlichen Vermögensstande, das beneficium separationis ersetzt durch das Recht auf Nachlaßverwaltung oder Nachlaßkonkurs und hat in beiden Fällen, für die Nachlaßverwaltung in BGB. § 1981 II Satz 2, für den Nachlaßkonkurs in KO. § 220, die Antragsbefugnis der Nachlaßgläubiger auf einen Zeitraum von zwei Jahren seit Annahme der Erbschaft (BGB. § 1943) beschränkt.

b) Die Befugnis des Erben zum Antrag auf Nachlaßverwaltung (BGB. § 1981 I) oder Nachlaßkonkurs (KO. § 205 I) — Ersatz des beneficium inventarii (BGB. § 1975) — ist einer gleichen zeitlichen Begrenzung nicht unterworfen. Insbesondere kann demnach der Erbe auch noch in späteren Jahren die Eröffnung des Nachlaßkonkurses beantragen, wenn sich — z. B. infolge Abforderung eines vermeintlichen Nachlaßgegenstandes von hohem Wert oder Minderung der Masse durch Unglücksfälle, infolge Auftauchens unbekannter Nachlaßgläubiger, infolge ungünstigen Prozeßausganges oder Zahlungsunfähigkeit von Nachlaßschuldnern — erst nachträglich die Überschuldung des Nachlasses herausstellen sollte.[35]) Den Interessen der Nachlaßgläubiger trägt die Vorschrift des § 1980 BGB. Rechnung, derzufolge der Erbe (oder Nachlaßverwalter § 1985 II) bei Vermeidung der Schadensersatzpflicht gegenüber den Gläubigern die Konkurseröffnung unverzüglich nach erkannter Überschuldung beantragen muß und sogar dann haftbar wird, wenn er den Antrag aus einer auf Fahrlässigkeit beruhenden Unkenntnis der Überschuldung unterläßt. [S. unter II.] Diese Antragspflicht des Erben ist zeitlich ebenso unbegrenzt wie sein Antragsrecht.

c) Nach der in Anlage II S. 366 f. der Denkschrift zum BGB. enthaltenen Fassung des § 205c KO. sollte der Erbe zwar befugt sein, einem erst zwei

---

[32]) Materialien des § 220 KO.: E I § 2150 I. M V S. 683 vgl. S. 641; P. n. 391 V S. 7869 f., n. 392 VI 3 S. 7924 u. 7927, n. 426 II 4 S. 8696, n. 456 XV 3 S. 9469 u. 9472, n. 457 Ziff. 34 S. 9521 f. R. B. § 205c, Begründung S. 42.

[33]) Vgl. v. Jacubezky Bemerkungen S. 337.

[34]) M V S. 683.

[35]) M V S. 641.

Jahre nach Erbschaftsannahme gestellten Gläubigerantrage zu widersprechen, im Falle des Widerspruches aber unbeschränkt für die Nachlaßschulden haftbar werden. So würde der Gesetzgeber dem Erben, was er ihm mit der einen Hand gab, mit der andern wiedergenommen haben, denn um den Preis unbeschränkter Haftung für die Verbindlichkeiten eines überschuldeten Nachlasses hätte sich schwerlich jemand zum Widerspruche gegen den Konkursantrag verstanden. Entsprechend dem wohlbegründeten Einwande von Loth. Seuffert S. 508f. gab denn auch schon die Bundesratsvorlage vom 8. Dezember 1897 (N. 141 der Drucksachen) dem § 205c die nunmehr zum Gesetz gewordene Gestalt.

II. **Die Antragsverpflichtung.**

1. Nach BGB. § 1980 muß der Erbe, nachdem er von der Überschuldung des Nachlasses Kenntnis erlangt hat, bei Vermeidung der Schadensersatzverbindlichkeit gegenüber den Nachlaßgläubigern unverzüglich d. h. ohne schuldhaftes[36]) Zögern die Eröffnung des Nachlaßkonkurses beantragen. Dies gilt, da das Gesetz nicht unterscheidet, auch dann, wenn nur eine einzige — die Nachlaßaktiven übersteigende — Verbindlichkeit bekannt ist. Die nämliche Verpflichtung obliegt unter selbständiger persönlicher Verantwortlichkeit gegenüber den Nachlaßgläubigern zufolge § 1985 II auch dem Nachlaßverwalter. Ferner ist jeder andere Nachlaßpfleger und der zur Verwaltung des Nachlasses berufene Testamentsvollstrecker[37]) zur unverzüglichen Konkursbeantragung verpflichtet. Denn beide haben als gesetzliche Vertreter der Erben dessen Obliegenheiten wahrzunehmen und sind, da sie den Nachlaß in Händen haben, allein im Stande, jederzeit die Vermögenslage zu überschauen. Indessen machen sich diese Vertreter durch schuldhafte Antragsverzögerung nur dem Erben (§§ 1915 I mit 1833 § 2219), nicht aber — wie der Nachlaßverwalter — unmittelbar den Nachlaßgläubigern gegenüber haftbar.[38]) Ein solches Verschulden hat nach § 278 BGB. der Erbe[39]) in gleichem Umfange zu vertreten wie sein eigenes Verschulden, außerdem aber können die geschädigten Gläubiger sich die Ansprüche des Erben gegen Pfleger und Vollstrecker überweisen lassen. Endlich ist auch der Verwalter des Erbenkonkurses und zwar gegenüber dem Erben wie gegenüber der Gesamtheit der Konkursgläubiger nach § 82 KO. verpflichtet,[40]) durch Herbeiführung des Nachlaßkonkurses die noch gegebene Möglichkeit der Haftungsbeschränkung zu verwirklichen. § 1980 BGB.

2. In allen diesen Fällen gehört die Antragspflicht ausschließlich dem bürgerlichen Recht an: durch Androhung einer besonderen öffentlichen Strafe, wie sie z. B. die §§ 315 Ziff. 2, 325 Ziff. 8 u. 9 HGB. sanktionieren, ist die Antragstellung nicht gesichert.[41])

3. Die Verantwortlichkeit aus § 1980 BGB. entfällt:

a) Wenn die Überschuldung des Nachlasses lediglich auf Vermächtnissen und Auflagen (§§ 1980 I, 1992) oder

---

[36]) BGB. §§ 121 I, 276. „Sofort" dagegen heißt: ohne jedes Zögern. Planck BGB. § 121, 1.

[37]) Rechtsstellung des Testamentsvollstreckers oben [Note 14].

[38]) Arg. e contr. § 1985 II (Ausnahmevorschrift, s. P. n. 395 I E S. 8019—8022) vb. m. KO. § 217 I.

[39]) „Als solcher": Nachlaßverbindlichkeit im Sinne des § 1967 II [s. unten § 12].

[40]) Vgl. RG. v. 18. X. 94 Bd. XXXIV S. 29.

[41]) S. aber namentlich StGB. § 266 Ziff. 1. — Ordnungsstrafen: BGB. §§ 1915 I mit 1837 II, KO. § 84.

b) lediglich auf ausgeschlossenen Nachlaßverbindlichkeiten beruht (arg. §§ 1973, 1974);

c) ferner bei Unzulänglichkeit des Nachlasses zur Deckung der Konkurskosten (§§ 1990, 1991);[42])

d) endlich wenn der Erbe das Recht der Haftungsbeschränkung im allgemeinen, also nicht nur gegenüber einzelnen Nachlaßgläubigern, verwirkt hat (§ 2013).

§ 217 KO. III. **Eröffnungsverfahren.**

Folgende Hauptfälle sind zu scheiden:

1. Der Alleinerbe oder die Gesamtheit der Miterben[43]) beantragt die Eröffnung des Nachlaßkonkurses: der Antrag wird ohne weiteres gewürdigt, irgend welcher Glaubhaftmachung bedarf es nicht. Die Konkurseröffnung ist jedoch nur auszusprechen, wenn sich das Gericht von der Nachlaßüberschuldung zu überzeugen vermag (KO. § 215, CPO. § 286). Bei obwaltendem Zweifel „kann" es die erforderlichen Ermittlungen nach KO. § 75 anordnen.

   Steht neben dem Erben ein antragsbefugter Testamentsvollstrecker, so ist diesem Gelegenheit zur Äußerung über den Erbenantrag zu geben (§ 217 III KO.).[44])

2. Ein Teil der Miterben stellt den Eröffnungsantrag: dieser ist nur zu berücksichtigen, wenn die Überschuldung glaubhaft[45]) gemacht wird (§ 217 II). Die übrigen Miterben sind zur Überschuldungsfrage nicht mehr nach Maßgabe des § 105 II u. III, sondern zur Vermeidung von Verzögerungen und Schwierigkeiten nur „soweit thunlich" zu hören.[46]) Die Anordnung sachdienlicher Ermittelungen steht nach neuem Recht auch dann gemäß § 75 im Ermessen des Gerichts, wenn die übrigen Miterben das Vorhandensein der Überschuldung nicht einräumen. Die Anwendung des § 105 II u. III ist durch § 217 II Satz 2 ausgeschlossen.

   Anhörung des Testamentsvollstreckers: wie im Falle 1.

---

[42]) Reichst.-Komm.-Bericht hiezu S. 2101.

[43]) Nach Anordnung der Nachlaßverwaltung hat arg. BGB. § 1984 I nur der Nachlaßverwalter als gesetzlicher Vertreter des Erben, nicht zugleich letzterer persönlich ein Antragsrecht. Ebenso ist arg. KO. § 6 im Erbenkonkurse ausschließlich der Konkursverwalter befugt, Eröffnung des Konkurses über einen zur Erbengantmasse gehörigen Nachlaß zu beantragen (E I § 2150 III war als selbstverständlich zu streichen, vgl. dag. M V S. 684). Der Antrag dieser Vertreter ersetzt den Erbenantrag: keine Glaubhaftmachung des Konkursgrundes, kein Gehör des Erben! Dagegen ergibt die positive Vorschrift des § 217 III KO., daß Erbe und nachlaßverwaltender Testamentsvollstrecker neben einander antragsberechtigt sind. Bei Antragstellung des letzteren ist also der Erbe zu hören und nach § 217 II die Überschuldung glaubhaft zu machen [Text III, 3].

[44]) S. P. S. 7093 f., Begründung S. 40.

[45]) Von der Glaubhaftmachung des Konkursgrundes hängt immer nur die Zulässigkeit des Antrags (§§ 217 II, 218 II), also immer nur die Entscheidung einer Vorfrage ab. Die Hauptfrage — „ist die sachliche Voraussetzung zur Eröffnung des Nachlaßkonkurses (§ 215) auch in der That gegeben?" — wird durch jene Glaubhaftmachung noch keineswegs erledigt. Erst wenn sich das Gericht vom Vorhandensein der Nachlaßüberschuldung überzeugt hat, darf es die Konkurseröffnung beschließen. Es ist also ganz unrichtig, im Eröffnungsbeschlusse mit Richter, Verfahren nach der Reichskonkursordnung, 2. Aufl. S. 327 zu sagen: „Über den Nachlaß des Rentiers Müller zu Kl.-Tarpen wird, **da** die Überschuldung des Nachlasses **glaubhaft** gemacht ist, heute am 15. März 1892 das Konkursverfahren eröffnet". Die Begründung kann einfach lauten: „wegen Überschuldung des Nachlasses", nötigenfalls: „da die Überschuldung des Nachlasses durch . . . . . hinlänglich erwiesen ist".

[46]) P. S. 8039, Begründung S. 40, Makower i. d. Zeitschr. f. Civilpr. Bd. XX S. 482 ff.

3. Der nachlaßverwaltende Testamentsvollstrecker[47]) beantragt die Konkurseröffnung: auch die Zulässigkeit dieses Antrags ist durch Glaubhaftmachung des Konkursgrundes bedingt (§ 217 II).[48]) Dem Erben (Nachlaßpfleger, Nachlaßverwalter) wie der Gesamtheit der Miterben muß nach § 217 III Gelegenheit geboten werden, zum Antrage des Testamentsvollstreckers Stellung zu nehmen.[49])
4. Der Eröffnungsantrag eines Nachlaßgläubigers ist zulässig nur, wenn dieser
   a) seine Antragsbefugnis (Konkursgläubigereigenschaft), also das Vorhandensein einer im Nachlaßkonkurse verfolgbaren Forderung (KO. § 105 I),
   b) die Nachlaßüberschuldung (KO. §§ 215, 217 II) glaubhaft macht. Unterstützend wirken die Rechte aus BGB. §§ 1994, 2010.
5. Ist Erbin eine Ehefrau, so muß die Eröffnung des Konkurses über einen zum eingebrachten Gute oder zum Gesamtgute gehörigen Nachlaß von beiden Ehegatten beantragt werden, wenn der Antrag ohne weiteres zulässig sein soll. Geht er nur von einem Ehegatten aus, so ist — entsprechend dem § 217 II [oben 2] — die Zulässigkeit des Antrags durch Glaubhaftmachung der Überschuldung bedingt, und der nichtantragende Ehegatte — „wenn thunlich" — zu hören.[50])

IV. Ist der Erblasser Kaufmann gewesen, und seine Firma inzwischen noch nicht gelöscht worden, so ist die Eröffnung des Nachlaßkonkurses von Amtswegen in das Handelsregister einzutragen (HGB. § 32, vgl. KO. §§ 111, 112), mag nun der Erbe das Handelsgeschäft fortgeführt haben oder nicht.[51]) Desgleichen sind Aufhebung des Eröffnungsbeschlusses, sowie Aufhebung und Einstellung des Verfahrens von Amtswegen einzutragen (HGB. § 32).[52])

V. Als **Konkursgericht** ist nach KO. § 214[53]) ausschließlich dasjenige Amtsgericht zuständig, bei welchem der Erblasser zur Zeit seines Todes den allgemeinen Gerichtsstand[54]) gehabt hat. Es ist also nicht das Konkursgericht des nunmehrigen Gemeinschuldners, des Erben, — das wäre unzweckmäßig[55]) — noch in erster Linie das Gericht der gewerblichen Niederlassung des Erblassers zuständig.[56]) Der allgemeine Gerichtsstand kann an mehreren Orten des Inlandes begründet sein (z. B. bei mehrfachem Wohnsitze); er kann aber auch im Inlande vollständig fehlen. § 214 KO.

1. Besteht ein forum hereditatis an mehreren Orten, so entscheidet die Prävention des Antrags, nicht die der Eröffnung (arg. § 71 II KO.).
2. Ist ein inländischer Gerichtsstand der Erbschaft nicht zu ermitteln, so ist ein Konkursverfahren mit Beschränkung auf den inländischen Nachlaß immerhin noch

---

47) Mehrheit s. oben [I, 3].

48) Rechtfertigung: P. S. 7093 f.

49) P. aaO., Begrdg. S. 26 („Rücksichten der Billigkeit und Zweckmäßigkeit").

50) P. S. 8005.

51) Vgl. HGB. § 27 [oben § 1 IV].

52) Vgl. noch HGB. § 31 II, FGG. § 141.

53) Materialien des § 214 KO. (unveränderter bisheriger § 202): Motive der KO. S. 452, auch S. 61 f.

54) CPO. §§ 13—16. Gerichtsstand der Erbschaft (CPO. §§ 27 f.), aber mit ausschließlicher Zuständigkeit (CPO. § 40 II). Vgl. FGG. § 73.

55) Näheres Jaeger Voraussetzungen S. 6.

56) Nach der im § 71 KO. vom Reichstage beschlossenen Abänderung des bisherigen § 64 (Kommissionsbericht S. 1954) hätte wohl auch § 214 anders gefaßt werden müssen. Stirbt nun ein Kaufmann, der in einer größeren Stadt seine Handelsniederlassung hat und in einem Vororte wohnt, so ist auch künftig der Nachlaßkonkurs beim Gerichte des Vorortes zu eröffnen.

möglich, wenn der Erblasser zur Zeit seines Todes im Inland eine gewerbliche Niederlassung oder in deren Ermanglung ein selbstbewirtschaftetes Gut besessen hat (§ 238 II, III KO.).[57] Fehlt es auch an diesen Voraussetzungen, so kann über die im Inlande befindlichen Nachlaßgegenstände ein Konkursverfahren überhaupt nicht eröffnet werden. Sie sind nur der Einzelvollstreckung zugänglich (CPO. §§ 778, 779; vgl. auch FGG. § 73 III).

§ 10.

2. Der Gemeinschuldner.

I. **Der Alleinerbe.** Als Gemeinschuldner ist im Nachlaßkonkurse für die Zeit vor dem Erbfalle (§ 1922 I) der Erblasser, für die Folgezeit der die vermögensrechtliche Persönlichkeit des Erblassers unmittelbar fortsetzende [1]) Erbe anzusehen.[2])

1. Zeit **vor** dem Erbfalle: Überall, wo die Konkursordnung von Handlungen, Verpflichtungen, Rechtsbeziehungen des „Gemeinschuldners" („Schuldners") spricht, kommen für den Nachlaßkonkurs Handlungen, Verpflichtungen und Rechtsbeziehungen des Erblassers in Betracht. So unterliegen Rechtshandlungen, die noch persönlich vom Erblasser oder ihm gegenüber vorgenommen worden sind, der Anfechtung nach Maßgabe der §§ 29 ff. Für diese Anfechtung, ferner für die Beschränkung der Konkursforderungscession (§ 50) und der Aufrechnung (§§ 55, 56), endlich für den Bereich der Bankbruch-Begünstigung (§ 242) gilt die noch seitens des Erblassers selbst erfolgte Zahlungseinstellung [3]) als Zahlungseinstellung des „Gemeinschuldners". Auch im Sinne der §§ 45, 46, 61 Ziff 1, 63 Ziff. 4, 183 ist der Erblasser als Gemeinschuldner anzusehen.
2. Zeit **nach** dem Erbfalle (wenn auch vor Konkurseröffnung):
   a) Handlungen des Gemeinschuldners sind die Handlungen des Erben (§§ 7, 29 ff., 46, 61 Ziff. 1, 63 Ziff. 4, 175, 186, 187, 197). So ist also z. B. die Verfügung über einen Nachlaßgegenstand, die der Erbe nach Eröffnung des Nachlaßkonkurses vornimmt, zufolge § 7 den Konkursgläubigern gegenüber unwirksam.[4])
   b) Die Rechte eines Gemeinschuldners übt der Erbe aus, der insbesondere befugt ist zum Antrag auf Eröffnung des Verfahrens nach § 217 I (vgl. 103 II), sowie zu den Anträgen der §§ 135, 160, 165, 180, 182 II, 202, zur sofortigen Beschwerde gegen den Eröffnungsbeschluß [5]) (§ 109) und gegen die Bestätigung oder Verwerfung des Zwangsvergleichs (§ 189), zur Bestreitung der angemeldeten Forderungen im Prüfungstermin (§ 141 II) und zum Vorschlag eines Zwangsvergleichs (§ 230 vgl. § 173).

---

[57]) Der Umstand, daß bereits ein ausländisches Konkursverfahren schwebt, beseitigt die Notwendigkeit des Beweises der Nachlaß-„Überschuldung" nicht. § 238 III ist also unanwendbar.

[1]) BGB. §§ 1922, 1942.

[2]) Hierüber Jaeger Voraussetzungen § 2, wo eine Widerlegung der bisherigen Theorien versucht ist; ebenda die Litteratur.

[3]) Siehe auch oben [§ 8 I].

[4]) In § 1984 I 2 BGB. ist nun zu lesen „§§ 7, 8" statt „§§ 6, 7" KO. (§ 1 II des Reichsgesetzes v. 17. V. 98, betr. die Ermächtigung des Reichskanzlers u. s. w., RGBl. S. 342).

[5]) Die Konkursgläubiger haben kein Beschwerderecht. M V S. 622, P. u. 392 VI 3 S. 7926. Vgl. übrigens Jaeger Voraussetzungen S. 62, Konkurs der offenen Handelsgesellschaft S. 50 ff.

Was insbesondere das Bestreitungsrecht betrifft, so ist folgendes zu beachten: Hat der Erbe im Prüfungstermine nicht widersprochen, so ist auch ihm gegenüber das Bestehen der in die Tabelle eingetragenen Nachlaßverbindlichkeit rechtskräftig festgestellt[6]) (§§ 144 II, 164 II, 194, 206). Für eine Zwangsvollstreckung in sein eigenes Vermögen ist aber diese Urteilswirkung nicht schlechthin genügend. Vielmehr hat sich normalerweise mit Eröffnung des Nachlaßkonkurses die Erbenhaftung auf den Nachlaß beschränkt (BGB. § 1975). Daß der Ausnahmefall verwirkter Haftungsbeschränkung vorliegt (§ 2013), das bedarf erst noch der Feststellung und ist vom Gläubiger zu beweisen, wenn der Erbe Widerspruchsklage gegen die Zwangsvollstreckung in sein Vermögen erhebt (CPO. §§ 781, 785 mit 767). In diesem zweiten Verfahren kann aber das Bestehen der Nachlaßverbindlichkeit nicht mehr bestritten werden: dieser Befugnis hat sich der Erbe durch Unterlassen des Gantschuldner-Widerspruches begeben (actio iudicati). Nur das Recht der Individualverteidigung ist ihm geblieben.[7])

c) Die Pflichten und die zum Schutze der Konkursgläubiger bestehenden persönlichen Beschränkungen eines Gemeinschuldners treffen im Nachlaßkonkurse den Erben: so nach §§ 100, 101, 106, 121, 122, 125. Mit Annahme der Erbschaft hat sich der Erbe diesen Pflichten und Beschränkungen, ohne die eine sachgemäße Durchführung des Konkurses nicht möglich wäre, stillschweigend unterworfen. Insbesondere unterliegt er sonach der Auskunftspflicht (§ 100) und dem Wohnungszwange (§ 101 I), sowie der Zwangsvorführung und Sicherungshaft (§§ 101 II, 106).[8]) Die staatsbürgerlichen Rechte des Erben dagegen bleiben ungeschmälert — er behält also z. B. sein Reichstagswahlrecht und die Befähigung zum Laienrichteramt —, da er für die Abwirtschaftung des Erblassers nicht verantwortlich gemacht werden kann. Auch bürgerlich-rechtliche Einbußen könnten den Erben-Gemeinschuldner nur insoweit treffen, als sie nach Zweck und Fassung des Gesetzes erkennbar auch den Fall dieses Sonderkonkurses begreifen. Daher erlischt z. B. die Verwaltung und Nutznießung, die dem Erben als Ehemann nach § 1363 BGB., und die Vermögensverwaltung, die ihm als Vater nach § 1627 zukommt, nicht[9]) mit Eröffnung des Nachlaßkonkurses, sondern nur mit persönlicher Vergantung (§§ 1419, 1647). Nur mit dieser endet die Errungenschaftsgemeinschaft (§ 1543) und die Tauglichkeit zum Amte eines Vormundes (§ 1781 Ziff. 3); nur mit dieser wird eine vom Erben eingegangene Gesellschaft aufgelöst (§ 727 BGB., § 131 Ziff. 4 HGB.) und dem Bürgen des Erben die Einrede der Vorausklage entzogen (§ 773 Ziff. 3 BGB.).

d) Den Strafvorschriften der §§ 230—241 KO. und der §§ 10, 11 des Reichsgesetzes vom 5. VII. 96, betr. die Pflichten der Kaufleute bei Auf-

---

6) Wegen § 1989 BGB. s. unten [§§ 15, 16].

7) CPO. § 780 ist nach der Natur der konkursmäßigen Feststellung unanwendbar. Die Frage der beschränkten oder unbeschränkten Erbenhaftung kommt im Prüfungstermine nicht zur Erörterung: ein Vorbehalt im Sinne des § 780 kann also beim Eintrag in die Tabelle, der allerdings Urteilswirkung hat, gar nicht gemacht werden.

8) Anders hinsichtlich der Zwangsmittel, namentlich Kohler Lehrbuch S. 313 und v. Völderndorff KO. § 205 g. Dagegen s. Petersen-Kleinfeller KO. 3. Aufl. S. 581 und Litteratur daselbst in Note 2. Wegen des Offenbarungseides siehe oben [Seite 18].

9) Planck (Unzner) BGB. § 1419 Erl. 1.

bewahrung fremder Wertpapiere, ist der Erbe-Gemeinschuldner hinsichtlich seiner für Rechnung des Nachlasses vorgenommenen Handlungen unmittelbar unterworfen. So ist der Erbe z. B. nach Eröffnung des Nachlaßkonkurses wegen betrügerischen Bankbruchs strafbar, wenn er in der Absicht der Gläubigerbenachteiligung Nachlaßgegenstände (nicht Gegenstände seines eigenen Vermögens) verheimlicht oder bei Seite geschafft hat (§ 239 Ziff. 1).[10])

II. **Mehrheit von Erben.** Von mehreren Erben ist jeder einzelne als Gemeinschuldner berechtigt, verpflichtet und strafbar. So steht jedem einzelnen Miterben das Recht der Beantragung des Nachlaßkonkurses (KO. §§ 103 II, 217 I), jedem einzelnen die sofortige Beschwerde gegen den Eröffnungsbeschluß (§ 109) und jedem einzelnen die Befugnis der Bestreitung einer angemeldeten Konkursforderung im Prüfungstermine zu (§ 141 II). Handelt es sich dagegen um Verfügungen über Nachlaßgegenstände, so müssen alle Miterben gemeinsam thätig werden (BGB. § 2040 I) z. B. einheitlich ihre Zustimmung erklären, damit der Erwerber eines zum Nachlasse gehörigen Handelsgeschäfts die bisherige Firma fortführen kann (§ 22 HGB). Desgleichen muß nach der ausdrücklichen Bestimmung des § 230 KO. der Vorschlag eines Zwangsvergleichs (§ 173) gemeinsam von sämtlichen Miterben ausgehen.[11])

Der Widerspruch eines einzelnen Miterben gegen die gantmäßige Feststellung einer Konkursforderung verhütet,[12]) daß auch für die Rechtsverhältnisse außerhalb [13]) des Nachlaßkonkurses das Bestehen dieser Nachlaßverbindlichkeit rechtskräftig festgestellt wird. Das ist von Bedeutung zunächst für den infolge Zwangsvergleichsschlusses oder Gantverzichts wiederum konkursfrei gewordenen Nachlaß, sodann für die Haftung der Miterben mit ihrem eigenen Vermögen. Da sich nun aber das Bestreiten — wenigstens in erster Linie — gegen den objektiven Bestand der angemeldeten Nachlaßverbindlichkeit richtet, kommt es notwendig auch den nichtbestreitenden Miterben zu statten und wahrt diesen mittelbar zugleich die erst in zweiter Reihe in Betracht kommenden persönlichen Einrederechte. Wird also der nichtbestreitende Miterbe wegen der im Nachlaßkonkurse festgestellten Verbindlichkeit in Anspruch genommen, so kann er — ganz wie wenn auch er der Feststellung widersprochen hätte — einwenden: einmal daß eine Nachlaßschuld überhaupt nicht bestehe, sodann daß er persönlich das Recht der Haftungsbeschränkung nicht verwirkt habe, endlich daß ihm gegenüber — durch Aufrechnung, Stundung, Erlaß — die Geltendmachung ausgeschlossen sei. Bestreitet keiner der Miterben die angemeldete Forderung, so gilt ihnen allen gegenüber das unter I 2b Bemerkte.

III. **Erbenvertreter.** Ein nach § 1960 bestellter Nachlaßpfleger nimmt als Vertreter des — ungewissen — Erben-Gemeinschuldners dessen Rechte und Pflichten im Nachlaßkonkurse wahr. Das Amt des Nachlaßverwalters endigt mit Eröffnung des Nachlaßkonkurses (§ 1988 I). Als Stellvertreter des nunmehrigen Ge-

---

[10]) Obschon das Gesetz sagt: „Schuldner, über deren Vermögen" u. s. w., genügt also hier der Sonderkonkurs.

[11]) Näheres unten [§ 16 I 1].

[12]) Unterbleibt im Konkurs über das persönliche Vermögen eines einzelnen Miterben der Gantschuldnerwiderspruch, so erstreckt sich die Urteilskraft der Feststellung nicht auch auf die übrigen Miterben (BGB. §§ 2058 mit 425 II). Die Anmeldung zu diesem Verfahren unterbricht die Verjährung der Nachlaßverbindlichkeit nicht auch gegenüber den andern Miterben (BGB. §§ 425 II mit 209 II Ziff. 2). Der hier geschlossene Zwangsvergleich kommt den andern Miterben nicht zu statten (KO. § 193 Satz 2).

[13]) Die Verteilung im Nachlaßkonkurse kann der Gantschuldnerwiderspruch nicht aufhalten. Vgl. KO. §§ 144 I, 145 II.

meinschuldners kommt der Nachlaßverwalter somit nur für die Zeit vor Konkurseröffnung in Frage, z. B. insoferne seine damaligen Rechtshandlungen der Anfechtung im Nachlaßkonkurs ausgesetzt sind. Gleiches gilt für die Vertretungsmacht des Testamentsvollstreckers, wenn auch dessen Amt nicht ohne weiteres mit Konkurseröffnung erlischt [§ 9 I 3].

Auf alle diese Vertreter finden die Strafvorschriften der §§ 239—241 KO. weder unmittelbar noch entsprechend Anwendung: arg e contr. § 244. Gegenüber den in § 244 nicht genannten Vertretern hat man die Bestimmung des § 242 und die Vorschriften des Strafgesetzbuchs über Betrug, Untreue und strafbaren Eigennutz für ausreichend erachtet.[14])

§ 11.

3. Die Teilungsmasse.

I. **Der Umfang der Masse.**

1. Die Masse des Nachlaßkonkurses umfaßt die zur Zeit der Konkurseröffnung vorhandenen pfändbaren Nachlaßgegenstände (KO. § 1). Sie erstreckt sich somit auch auf alle nach dem Erbfall ohne Zuthun des Erben erwachsenen Mehrungen und Ersatzansprüche (z. B. für Beschädigung einer Erbschaftssache), auf alle vom Erben für Rechnung des Nachlasses — z. B. durch Anlegung von Nachlaßgeldern — erworbenen Rechte, auf Schadensersatzverbindlichkeiten des Erben selbst. Die Haftung des letzteren folgt den Rechtssätzen des Auftrags und der auftraglosen Geschäftsführung (BGB. §§ 1978 mit 667, 668, 681, sowie 666, 681 mit 259 ff.): actio mandati und negotiorum gestorum directa gehören zur Aktivmasse (§ 1978 II), was insbesondere für die Frage der Überschuldung des Nachlasses (KO. § 215) und die Bemessung seiner Zulänglichkeit zur Kostendeckung (KO. §§ 107, 204; BGB. §§ 1990 f.) von Belang ist.[1]) Eine derartige Verantwortlichkeit des Erben für die bisherige Nachlaßverwaltung besteht indessen nicht, wenn dieser die Möglichkeit der Haftungsbeschränkung im allgemeinen verwirkt hat (BGB. § 2013 I und II). Solchenfalls hat der Erbe für den Entgang von Nachlaßwerten also nicht gemäß § 1978 aufzukommen, sondern unter dem Gesichtspunkt unbeschränkter persönlicher Haftung für Vollbefriedigung der Nachlaßgläubiger einzustehen. Diese Haftung macht jene Verantwortlichkeit aus § 1978 überflüssig. Der Unterschied tritt äußerlich besonders darin hervor, daß bei unbeschränkter Haftung die einzelnen Nachlaßgläubiger den Erben in Anspruch nehmen können, während bei beschränkter Haftung der Anspruch auf Ersatz von Fehlbeträgen zur Masse des Nachlaßkonkurses oder der Nachlaßverwaltung gehört.[2]) Hat also der Erbe das Haftungsbeschränkungsrecht im allgemeinen eingebüßt, so kommen bei Berechnung der Nachlaßaktiven Ansprüche aus Verwaltungshandlungen des Erben nicht in Betracht, die Konkursmasse besteht lediglich aus den zur Zeit der Konkurseröffnung noch beim Erben vorhandenen Nachlaßgegenständen.[3])

---

[14]) Motive der KO. S. 462.

[1]) Vgl. M. V. S. 626—628.

[2]) Im Konkurse des Erben ist auch der Anspruch der Nachlaßkonkursmasse aus § 1978 II eine gewöhnliche Konkursforderung und sonach im Ganzen demselben Ausfall unterworfen, den bei unbeschränkter Erbenhaftung die Summe der einzelnen Nachlaßgläubiger zu erleiden hat. Im Ergebnis kommt also die Befriedigung der Gläubiger beidemal auf eins heraus.

[3]) P. n. 392 IX S. 7930, n. 393 I 1 S. 7935. Wegen § 1979 BGB. s. III.

2. Man lehrt gemeinhin: **Unpfändbare** Sachen fallen, wie sonst, so auch beim Nachlaßkonkurse nicht in die Masse.[4]) Das ist im Grundsatze nicht zu bestreiten (KO. § 1), doch bedarf hier der Begriff der Unpfändbarkeit einer genaueren Begrenzung. Zunächst mag bedingungslos zugegeben werden, daß die unmittelbar dem öffentlichen Interesse dienenden Pfändungsverbote — z. B. hinsichtlich der Orden und Ehrenzeichen (CPO. § 811 Ziff. 11) — auch für den Nachlaßkonkurs maßgebend sind. Im übrigen ist aber wohl zu beachten, daß für die Gegenwart Schuldner und Gemeinschuldner der Erbe ist [oben § 10]. Dem „Schuldner" unentbehrliche Sachen im Sinne des § 811 sind darum nicht solche, die dem Erblasser unentbehrlich waren, sondern solche, **die dem Erben unentbehrlich sind.** Was dem Erben unentbehrlich ist, das muß ihm auch bei Konkurseröffnung über den Nachlaß verbleiben, mag er nun den Besitz als Erbe (BGB. § 857) oder aus irgend einem anderen Rechtsgrund erlangt haben. Was dagegen dem Erben entbehrlich ist, unterliegt auch dann dem Konkursbeschlage, wenn es dem Erblasser nicht hätte abgepfändet werden dürfen.[5]) Daraus folgt: gegenüber einem persönlich begüterten Erben und insbesondere gegenüber dem Fiskus, dessen Erbfolge (BGB. § 1936, 1942 II, 1964—1966) gerade in Fällen des Nachlaßkonkurses in Frage kommen kann, werden alle diejenigen Pfändungsverbote unanwendbar, die darauf abzielen, dem vermögenslosen „Schuldner" Existenz und Fortkommen zu sichern. Darum ergreift die Nachlaßgantmasse möglicherweise auch solche Gegenstände, auf die sich ein zu Lebzeiten des Erblassers eröffnetes Konkursverfahren nicht erstreckt hätte.[6])

Rechte, die der Pfändung entzogen sind, kommen hier insoweit nicht in Betracht, als sie auch unvererblich[7]) sind, wie z. B. der Nießbrauch (BGB. § 1059 mit CPO. § 857 III, BGB. § 1061) und die meisten unpfändbaren Forderungen (CPO. §§ 850 ff.). Rechte dagegen, die trotz ihrer persönlichen d. h. den Gläubigerzugriff ausschließenden Natur vererblich sind, gehören zum Nachlaß, aber nicht zur Nachlaßkonkursmasse. So z. B. das nach BGB. § 530 II dem Erben des Schenkers verliehene Widerrufsrecht,[8]) so ein noch nicht vertragsmäßig anerkannter und noch nicht rechtshängig gewordener Pflichtteilsanspruch des Erblassers (BGB. § 2317 II, CPO. § 852 I), so ein litterarisches oder künstlerisches Urheberrecht von noch nicht erschlossener Nutzbarkeit[9]), so das mit dem kaufmännischen Geschäft vererbte Recht an der Firma.[10])

---

[4]) Oberlandesgericht Breslau v. 10. X. 89 i. d. Zeitschr. über Vollstreckungsrecht und Zustellungswesen 1889 S. 193 f., Petersen-Kleinfeller S. 578 zu Note 5, Richter Verfahren nach der Reichskonkursordnung 2. Aufl. S. 322.

[5]) Beispiel: In die Nachlaßkonkursmasse fallen die Uniformen eines von einem Rechtsanwalte beerbten Offiziers und die Gesetzbücher eines von einem Offizier beerbten Rechtsanwaltes (CPO. § 811 Ziff. 7).

[6]) Die Geschäftsbücher des verstorbenen Kaufmannes gehören zur Nachlaß-Konkursmasse (KO. § 1 III) und dürfen, wenn das Geschäft endgiltig geschlossen wird, **andere** Erben als der Fiskus aber nicht vorhanden sind, gegen KO. § 117 II auch als Makulatur veräußert werden. Cessat ratio legis! Auch bei Trauringen und Familienpapieren (Briefschaften, Tagebüchern, Personenstandsscheinen) entfällt der Zweck des Pfändungsverbotes, wenn der Fiskus Erbe wird. Auch diese Sachen gehören also, soweit sie überhaupt einen Verkaufswert haben gegen CPO. § 811 Ziff. 11 zur Nachlaßkonkursmasse.

[7]) Sie müßten denn, was immerhin denkbar ist, erst nach dem Erbfall entstanden sein.

[8]) Ein „streng persönliches" Recht: M II S. 303, 304. Vgl. ferner BGB. §§ 528 I mit 1615 und CPO. § 852 II.

[9]) Gierke Deutsches Privatrecht Bd. I S. 811—814 mit Litteratur, ferner Dernburg Preußisches Privatrecht II § 310 a. E. S. 968 (5. Aufl.).

[10]) RG. v. 4. IV. 83 Bd. IX S. 104, Gierke S. 725, Staub HGB. a 22 § 5.

3. Besondere Beachtung verdient die praktisch bedeutsame Frage, ob bei der **Lebensversicherung** „auf den Todesfall" die Versicherungssumme zum Nachlasse des Versicherungsnehmers gehört und somit in die Nachlaßkonkursmasse fällt oder nicht. Die Frage ist zu bejahen, wenn der Versicherungsvertrag nicht auf einen bestimmten Dritten lautet.[11]) Sind als empfangsberechtigt ganz allgemein „die Erben" bezeichnet, so liegt darin — wie das Reichsgericht XXXII S. 162 ff. ausführt — der natürlichste Ausdruck des Willens, daß die Versicherungssumme nicht einem bestimmten Dritten zufallen, sondern zum Nachlasse gehören soll.[12]) Hatte hingegen der Erblasser erkennbar ein Interesse daran, die Versicherungssumme dem Zugriffe seiner Gläubiger zu entziehen und dem berufenen Erben auch für den Fall der Ausschlagung zuzuwenden, so ist trotz der allgemeinlautenden Klausel „zu Gunsten des Erben" dieser als bestimmter Drittberechtigter zu betrachten.[13]) In solchem Fall aber, also wenn die Versicherung auf einen bestimmten Dritten lautet, erwirbt im Zweifel dieser Dritte unmittelbar den Anspruch auf die Versicherungssumme (BGB. § 330)[14]) und zwar mit dem Tode des Versicherungsnehmers (BGB. § 331). Vor diesem Zeitpunkt hat also der Dritte im Zweifel überhaupt kein Recht, auch nicht ein bedingtes. Bis zum Tode des Versicherungsnehmers kann der letztere durch Vereinbarung mit dem Versicherer an die Stelle des im Vertrage bezeichneten Dritten einen andern setzen und so den Anspruch auf die Versicherungssumme auch zu einem Bestandteile seines Nachlasses machen. Diese Abänderung kann der Versicherungsnehmer nach BGB. § 332 ausnahmeweise auch in einer einseitigen letztwilligen Bestimmung verfügen. Der einseitige Widerruf genügt abgesehen hievon stets dann, wenn der Versicherungsvertrag dem Versicherungsnehmer diese Macht einräumt.[15]) Aber auch letztern Falles ist aus der Verpfändung der Police durch den Versicherungsnehmer noch nicht zu folgen, daß dieser schlechthin widerrufen und das Bezugsrecht zu einem Bestandteile seines Nachlasses machen wollte, sondern nur, daß der Dritte dereinst (beim Tode des Versicherten) den Anspruch auf die Versicherungssumme beschwert mit dem Pfandrecht erwerben solle.[16]) Auch ist das Widerrufsrecht höchst persönlicher Natur,[17])

---

[11]) Anders Kohler Lehrbuch S. 110.

[12]) Vgl. auch RG. v. 4. VI. 90 Bolze X n. 514, sowie die interessante Rechtsprechung des Pariser Kassationshofes bei Pelletier manuel pratique de droit commercial I S. 372 und 373.

[13]) RG. XXXII S. 164.

[14]) RG. I S. 188 und 379, XVI S. 126: „Vertrag zu Gunsten eines Dritten".

[15]) Planck BGB. §§ 332 und 333 S. 110 und 111.

[16]) RG. v. 18. XII. 91 Bolze XIII n. 480.

[17]) Abweichend hievon erklärt RG. v. 23. III. 91 Seuff. Arch. 47 S. 336 das Widerrufsrecht für ein mit der Police (s. aber RG. XIX S. 301 f: kein Wertpapier, bloße Beweisurkunde!) veräußerliches Vermögensrecht, das auf die Konkursmasse des noch lebenden Versicherungsnehmers übergeht und deshalb vom Konkursverwalter mit der Wirkung ausgeübt werden kann, daß beim Ableben des Gemeinschuldners während des Konkurses der Anspruch auf die Versicherungssumme zur Masse fällt. Ähnlich RG. v. 8. III. 89 i. d. Zeitschr. f. franz. Civilrecht XX S. 643: der Konkursverwalter veranlaßt mit gleicher Wirkung das Überschreiben der Police auf den Inhaber. Im Urteil v. 21. III. 94 (Bolze XVIII n. 507) heißt es dagegen wörtlich: „das Widerrufsrecht stand nur dem Versicherungsnehmer als höchstpersönliches Recht zu". Damit ist die Möglichkeit einer Ausübung durch den Konkursverwalter auch des noch lebenden Versicherungsnehmers verneint, denn höchstpersönliche Rechte gehören nicht zur Konkursmasse.

erlischt mit dem Tode des Versicherungsnehmers und kann demnach weder von dessen Erben[18]) noch vom Verwalter des Nachlaßkonkurses[19]) ausgeübt werden.[20])

Im Wege der Anfechtung kann der Nachlaßkonkursverwalter die einem Dritten zugefallene Versicherungssumme für die Masse auch dann nicht erstreiten, wenn der Versicherungsnehmer die Prämien in der dem Versicherer bekannten Absicht der Gläubigerbenachteiligung bezahlt hat (KO. § 31). Solchenfalls kann der Verwalter nur Rückgewähr der vom Erblasser animo fraudandi bezahlten Prämien verlangen. Denn nur um diese ist das Vermögen des Versicherten vermindert worden, nicht um die Versicherungssumme, die ja gar nicht aus seinem Vermögen kam. Und selbst die Anfechtung der Prämienzahlung wird thatsächlich wohl immer an der Schwierigkeit des Beweises einer conscientia fraudis des Versicherers scheitern. Gegen den Dritten selbst richtet sich also die Anfechtung nicht — er ist nicht Empfänger der „anfechtbaren" Leistung (KO. §§ 37 II, 39), noch dessen Rechtsnachfolger (§ 40) —, insbesondere auch nicht nach § 32 Ziff. 2 gegen die Witwe des Erblassers als Drittempfängerin.[21])

4. Das Recht der Verfügung über das zur Konkursmasse gehörige erbschaftliche Vermögen übt der Konkursverwalter aus (KO. § 6 II), der insoweit als gesetzlicher Vertreter des Gemeinschuldner-Erben erscheint. Insbesondere ist der Verwalter in dieser seiner Vertretereigenschaft ermächtigt, Kündigungsrechte geltend zu machen, die dem Erben als solchem in Ansehung der vom Erblasser eingegangenen Rechtsverhältnisse nach Gesetz oder Übereinkommen zustehen. War z. B. der Erblasser Mieter oder Pächter, so kann der Nachlaßkonkursverwalter an Stelle des Erben nach BGB. §§ 569 und 581 II (vgl. § 596 II) das Miet- oder Pachtverhältnis unter Einhaltung der gesetzlichen Frist (§ 565) kündigen, ohne dadurch, wie durch eine nach KO. § 19 erklärte Kündigung, die Masse dem Vermieter oder Verpächter schadensersatzpflichtig zu machen.[22])

Zur Ausübung von Nachlaßrechten, die nicht in die Konkursmasse fallen, fehlt dem Konkursverwalter die Vertretungsmacht. Nur der Erbe[23]), nicht der Nachlaßkonkursverwalter, kann also z. B. eine nicht veröffentlichte Handschrift des Erblassers in Verlag geben. Ein zum Nachlasse gehöriges Handelsgeschäft kann der Konkursverwalter zwar veräußern (KO. §§ 134, 135), aber der Erwerber erlangt nur mit Zustimmung (BGB. §§ 182 ff.) des Erben das Recht, die bisherige Firma weiterzuführen: Geschäft und Firma können also nur durch Verwalter und Gemeinschuldner[24]) veräußert werden.[25])

Eine dem Erblasser von dritter Seite angefallene, aber noch nicht angenommene Erbschaft kann der Erbe (§ 1952) nach freiem Belieben annehmen

---

[18]) Planck aaO. S. 110.

[19]) RG. v. 21. III. 94 Bolze XVIII n. 507.

[20]) Vgl. zum Ganzen namentlich Dreyer i. d. Zeitschr. f. franz. Civilrecht XX S. 332 ff., 524 ff., Dernburg Preuß. Privatrecht II § 239 IV (5. Auflage — geändert! — S. 733), Cosack Handelsrecht 4. Auflage (1898) S. 749. Bei diesen Schriftstellern weitere Litteraturangaben.

[21]) Fuld in Baumgartners Handbuch des Versicherungswesens (1898) Bd. I S. 152 f., s. ferner RG. v. 18. XII. 91 bei Gruchot 36 S. 458, oberstes Landesgericht München v. 13. XII. 85 Entsch. Bd. XI S. 243 ff. (s. aber jetzt M IV S. 113—115). Vgl. auch Portugiesisches Handelsgesetzbuch v. 28. VI. 88 a. 460 (Borchardt Handelsgesetze Nachtrag I S. 127).

[22]) RG. v. 13. IV. 87 Bd. XVIII S. 271—273 (preußischer Rechtsfall).

[23]) Eine Mehrheit von Erben verfügt nur gemeinsam. BGB. § 2040 I. [Oben § 10 II.]

[24]) Oder dessen gesetzlichen Vertreter z. B. Nachlaßpfleger.

[25]) RG. v. 21. IV. 88 Bolze VI. n. 169, Staub a. 22 § 5. Vgl. HGB. § 23.

oder ausschlagen (KO. § 9). Seine Ausschlagung macht ihn, selbst wenn sie lediglich in fraudem creditorum erfolgt wäre, weder der Masse verantwortlich, noch unterliegt sie der paulianischen Anfechtung. Die Gläubiger sind dem Erben gegenüber eben nicht besser gestellt als gegenüber dem Erblasser.[26]) Gleiches gilt von der Ausschlagung eines zum Nachlasse gehörigen Vermächtnisses (§ 2180 III).[27])

II. **Die Sonderung der Masse vom Erbenvermögen.** Nachlaßkonkurs und Nachlaßverwaltung sondern Erbschaft und Erbenvermögen nach den oben [S. 6] bezeichneten Richtungen. Für den Fall des Nachlaßkonkurses ist noch weiter zu bemerken:

1. Die infolge des Erbfalls eingetretene confusio und consolidatio gilt als nicht erfolgt. Vielmehr leben die durch Vereinigung erloschenen Rechte und Nebenrechte (z. B. aus Bürgschaft, Verpfändung) ex tunc wieder auf, mag nun der Erbe beschränkt oder unbeschränkt haften (§ 1976, arg. e. c. § 2013).[28]) § 1976 BGB.

2. Durch **Aufrechnung** bewirkte Veränderungen im Umfang der Masse werden rückgängig nur nach Maßgabe des § 1977: § 1977 BGB.

   a) Die vor Konkurseröffnung erklärte (BGB. § 388) Aufrechnung zwischen einer zum Nachlasse gehörigen Forderung und einer persönlichen **Schuld des Erben** bleibt auch nach Konkurseröffnung wirksam, wenn der Erbe selbst die Erklärung abgegeben hat. Soweit dieser hiedurch von seiner Schuld befreit ist, wird er der Gantmasse ersatzpflichtig (BGB. § 1978, 2013). Der Aufrechnung durch den Erben steht die im Einvernehmen mit dem Erben erklärte Aufrechnung gleich. War dagegen vom Gläubiger des Erben ohne dessen Zustimmung aufgerechnet worden,[29]) so lebt mit Konkurseröffnung die zum Nachlasse gehörige Forderung wieder auf (§ 1977 II), sofern der Erbe die Möglichkeit der Haftungsbeschränkung nicht bereits im allgemeinen verwirkt hat (§ 2013). Letzternfalls bleibt es zwar bei der einmal erklärten Aufrechnung, doch ist der von seiner persönlichen Verbindlichkeit befreite Erbe nach § 812 der Konkursmasse ersatzpflichtig.[30])

   Die Gefahr der Zahlungsfähigkeit des ersatzpflichtigen Erben trägt — wie bei den sonstigen Verfügungen desselben vor Konkurseröffnung — die Masse,[31]) vorbehaltlich einer Anfechtung aus KO. § 30 Ziff. 2 und § 31 Ziff. 1; vgl. § 55 Ziff. 3. Zwar ist die Kompensation als Recht der Selbstbefriedigung für sich allein unanfechtbar,[32]) wenn die gesetzlichen Aufrechnungsbedingungen gegeben sind. Allein wie ein die Aufrechnungsmöglichkeit erst erzeugendes Parteiabkommen[33]) die Kompensation als solche der Anfechtung aussetzt, so unterliegt hier die Zustimmung (BGB. §§ 182 ff.) des

---

[26]) P. n. 392 IX S. 7931 gegen E I § 2112 Schlußsatz, M V S. 628 f. [S. unten bei § 18.]

[27]) Wegen der Anfechtungsbefugnis des Verwalters nach KO. § 222 siehe den Text unter III.

[28]) Vgl. M V S. 631.

[29]) Möglich erst nach „Annahme" der Erbschaft arg. § 1958.

[30]) S. M V S. 635; P. n. 393 V S. 7939 f. und n. 394 II S. 7979—7983. BGB. § 1977 II nimmt einen den M V S. 635 II entgegengesetzten Standpunkt ein, s. P. S. 7982. Vgl. Wendt S. 366, Strohal S. 140 III 2, Küntzel S. 835 f. n. 39, Kohler („die Aufrechnung nach dem BGB.") in der Zeitschr. f. d. Civilprozeß XXIV S. 21 f.

[31]) M. aaO.

[32]) Vgl. RG. v. 21. XII. 89 XXVI S. 81—85, v. 18. I. 95 Bolze XX n. 204.

[33]) RG. XXVI S. 83 und 84, Kohler Leitfaden des Konkursrechts S. 69.

Erben, wenn sie unter den Anzeichen des drohenden Nachlaßkonkurses (KO. § 30 Ziff. 2) oder in der dem Aufrechnenden bekannten Absicht des Erben[34]), die Nachlaßgläubiger zu schädigen (§ 31 Ziff. 1), abgegeben worden ist, der actio Pauliana. Denn ohne die Einwilligung oder Genehmigung des Erben schafft die Aufrechnung nur eine prekäre Rechtslage: der Gläubiger muß jederzeit eine resolutio der Aufrechnung durch Nachlaßverwaltung oder Nachlaßkonkurs gewärtigen.[35]) Erst die Zustimmung des Erben verleiht der Kompensation eine sichere Wirksamkeit und steht darum mit einem die rechtsbeständige Aufrechnung ermöglichenden Übereinkommen auf derselben Stufe.

b) Die **vor** Konkurseröffnung erklärte Aufrechnung zwischen einer Nachlaßverbindlichkeit und einer persönlichen **Forderung des Erben** gilt nur dann als nicht erfolgt, wenn der Nachlaßgläubiger die Aufrechnungserklärung ohne Zustimmung des Erben abgegeben, und letzterer die Möglichkeit der Haftungsbeschränkung nicht generell verwirkt hat. BGB. §§ 1977 I, 2013; vgl. 1979.

c) **Nach** Konkurseröffnung ist infolge der nunmehr eingetretenen Haftungssonderung die zur Aufrechnung erforderliche Gegenseitigkeit der Schuldverhältnisse (BGB. § 387 verb. „einander") grundsätzlich nur noch für Nachlaßverbindlichkeiten und Nachlaßforderungen, sowie für Erbenverbindlichkeiten und Erbenforderungen gegeben. Insbesondere hat der Erbe fortab mit der Verfügungsbefugnis hinsichtlich des Nachlasses (KO. § 6) auch das Recht verloren, Nachlaßforderungen gegen seine persönlichen Schulden aufzurechnen. Der Erbengläubiger aber kann mit einer Nachlaßforderung nicht mehr aufrechnen, weil ihm der Nachlaß gegenwärtig nicht haftet (arg. KO. § 226, BGB. § 1977 II). Der Nachlaßgläubiger endlich kann seine Forderung gegen eine persönliche Schuld an den Erben nicht mehr aufrechnen, sondern lediglich als Konkursgläubiger Befriedigung suchen, weil und wenn ihm der Erbe ausschließlich cum viribus hereditatis haftet (arg. §§ 1975, 1977 I). Dagegen steht einem Nachlaßgläubiger, dem der Erbe unbeschränkt haftet, auch nach Konkurseröffnung die Aufrechnung zwischen der Forderung gegen den Nachlaß und der Schuld an den Erben frei.[36]) Letzternfalls geht aber, wenn der Erbe die Möglichkeit der Haftungsbeschränkung nicht allgemein verwirkt hatte, die Forderung des compensando befriedigten Nachlaßgläubigers von Rechtswegen auf den Erben über. KO. § 225 II [s. unten § 14].

§ 185 BGB. 3. Eine infolge des Erbfalls eingetretene **Konvalescenz** wird durch Eröffnung des Nachlaßkonkurses nicht rückgängig:

a) Ist eine vom Erben vor dem Erbfall über einen Gegenstand des Erblassers getroffene Verfügung infolge der Beerbung („Erwerb des Gegenstandes durch den Verfügenden") wirksam geworden, so bleibt der Gegenstand ungeachtet der Konkurseröffnung dem Nachlasse verloren. Jedoch ist der Erbe der Konkursmasse nach § 1978 ersatzpflichtig. BGB. § 185.[37])

b) Eine vom Erblasser über einen Gegenstand des Erben getroffene Verfügung bleibt auch nach Eintritt des Erbfalls so lange unwirksam, als der Erbe die Möglichkeit der Haftungsbeschränkung nicht verwirkt hat. Steht

---

[34]) Als des „Gemeinschuldners", s. oben [§ 10].
[35]) P. S. 7982 f.
[36]) Vgl. M V aaO.
[37]) M V S. 631 f.

aber die Verwirkung fest, so bewendet es auch im Falle der Eröffnung des Nachlaßkonkurses bei der einmal eingetretenen Konvalescenz. BGB. § 185.[38])

III. Eine Mehrung kann die Nachlaßkonkursmasse durch das besondere **Anfechtungsrecht** des § 222 KO. erfahren: „Hat der Erbe vor der Eröffnung des Verfahrens aus dem Nachlasse Pflichtteilsansprüche, Vermächtnisse oder Auflagen erfüllt, so ist die Leistung in gleicher Weise anfechtbar wie eine unentgeltliche Verfügung des Erben.[39]) § 222 KO.

1. Pflichtteilsrechte (BGB. §§ 2303 ff.), Vermächtnisse (§§ 2147 ff.) und Auflagen (§§ 2192 ff.) dürfen ihrer Natur nach nur dann und nur insoweit zum Zuge kommen, wenn und inwieweit nach Befriedigung der Gläubiger des Erblassers und Erfüllung aller sonstigen Nachlaßverbindlichkeiten noch Nachlaßmittel übrig bleiben. Erst die Schulden, dann die Freigebigkeiten: nemo liberalis nisi liberatus! Dementsprechend verweist die Rangordnung des § 226 KO. jene Forderungen an letzte Stelle. Vgl. auch BGB. § 1973 I Satz 2.

Hat nun aber der Erbe vor Eröffnung des Nachlaßkonkurses Pflichtteilsansprüche, Vermächtnisse oder Auflagen unter Umständen erfüllt, die zur Annahme vollkommener Zulänglichkeit des Nachlasses berechtigten, so ist er, wenn die Leistung aus Nachlaßmitteln erfolgt war, der Konkursmasse gegenüber zu einer Erstattung nicht verpflichtet (BGB. §§ 1979 mit 1967 II, 2013, vgl. 1980) und darf für Aufwendungen aus seinem eigenen Vermögen im Nachlaßkonkurs als Massegläubiger Ersatz verlangen (KO. § 224 Ziff. 1). Wenn so der Erbe für die ohne sein Verschulden eingetretene Verkürzung der vollberechtigten Nachlaßgläubiger nicht aufzukommen hat, können diese vor ungerechtfertigten Verlusten nur dadurch geschützt werden, daß Pflichtteilsberechtigte, Vermächtnisnehmer und Auflagenempfänger zur Rückerstattung dessen angehalten werden, was sie zum Schaden der besser berechtigten Gläubiger erhalten haben. Hiezu bedurfte es einer ausdrücklichen Gesetzesvorschrift. Denn im Wege entsprechender Anwendung des § 32 Ziff. 1 KO. war nicht zu helfen, weil die in Rede stehenden Verpflichtungen für den Erben „Verbindlichkeiten“ (BGB. § 1967 II), nicht Akte der Freigebigkeit sind. Auch stand BGB. § 1979 solcher Analogie entgegen.[40])

Deshalb erklärt § 222 KO. die Erfüllung von Pflichtteilsansprüchen, Vermächtnissen und Auflagen seitens des Erben für ebenso anfechtbar, als die vom Erben selbst — dem Gemeinschuldner i. S. des § 32 — vor Eröffnung des Nachlaßkonkurses vorgenommenen **unentgeltlichen Verfügungen** in diesem Verfahren anfechtbar sind. Außerhalb des Konkurses greift die entsprechende Vorschrift des Anfechtungsgesetzes § 3a Platz.

2. Die Erfüllung von Pflichtteilsansprüchen, Vermächtnissen und Auflagen durch den Erben unterliegt also derselben Anfechtung wie eine Schenkung des Erben aus dem Nachlasse. Daraus folgt namentlich:

a) Der redliche Empfänger ist der Anfechtung nur hinsichtlich einer im letzten Jahre vor Eröffnung des Nachlaßkonkurses erhaltenen Leistung ausgesetzt (KO. § 32 Ziff. 1), also nicht etwa einer bloß durch die ordentliche Verjährung begrenzten Rückgabepflicht unterworfen.[41])

---

[38]) M V aaO., Planck BGB. § 185 5.

[39]) Materialien des § 222 KO.: P. n. 396 I S. 8049—8052, n. 426 II S. 8696, n. 456 XV 3 S. 9469 und 9472 RB. § 205 e, Begründung S. 42 f.

[40]) Vgl. P. S. 8051 und 8052.

[41]) Vgl. § L52 C. de iure delib. VI, 30 (condictio indebiti); P. S. 8051.

b) Frühere Leistungen des Erben **können vom Nachlaßkonkursverwalter** nur angefochten werden, wenn dieser dem Befriedigten die Kenntnis von einer Benachteiligungsabsicht des Erben nachzuweisen vermag. KO. § 31 Ziff. 1.

c) Der redliche Empfänger haftet nur auf die Bereicherung. KO. § 37 II.

d) Durch die Leistung des Erben muß eine Benachteiligung der Konkursgläubiger, eine Minderung der Masse eingetreten sein. Dies ist namentlich dann der Fall, wenn die Nachlaßgläubiger die Leistung des Erben nach Maßgabe des § 1979 BGB. als für Rechnung des Nachlasses erfolgt gelten lassen müssen. Allein auch dann, wenn der Erbe wegen unredlichen oder schuldhaften[42]) Verhaltens diesen Gläubigern erstattungspflichtig ist, kann die Benachteiligung insoferne gegeben sein, als nach der Vermögenslage des Erben die Erlangung eines vollen und sofortigen Ersatzes ausgeschlossen ist. Das Anfechtungsrecht beschränkt sich sonach nicht auf den Fall des § 1979 BGB.[43])

e) Das Anfechtungsrecht verjährt in einem Jahre seit Eröffnung des Nachlaßkonkurses. § 41 KO.

§ 221 KO. IV. **Beschränkung der Absonderung.** Die abgesonderte Befriedigung aus Gegenständen der Konkursmasse ist im Nachlaßkonkurse durch die besondere Vorschrift des § 221 KO. beschränkt:

„Auf Grund einer nach dem Eintritte des Erbfalls gegen den Nachlaß erfolgten Maßregel der Zwangsvollstreckung oder der Arrestvollziehung kann abgesonderte Befriedigung nicht verlangt werden.

Eine nach dem Eintritte des Erbfalls im Wege der einstweiligen Verfügung erlangte Vormerkung ist unwirksam.“[44])

1. Nach Eintritt des Erbfalls (BGB. §§ 1922, 18) können Nachlaßgläubiger jederzeit, nach Annahme der Erbschaft (BGB. § 1943) auch Erbengläubiger Maßregeln der Zwangsvollstreckung oder Arrestvollziehung **in den Nachlaß** erwirken. CPO. §§ 778 mit 928; vgl. BGB. § 1961. Kommt es nun hinterher infolge Anordnung einer Nachlaßverwaltung oder Eröffnung des Nachlaßkonkurses zur Gütersonderung, so handelt es sich zunächst darum, die Vollstreckungsmaßregeln der Erbengläubiger, deren Zugriff auf den Nachlaß nur bei fortdauernder Vereinigung des Nachlasses und Erbenvermögens sachlich gerechtfertigt erscheint, wiederum zu beseitigen. Für den Nachlaßkonkurs insbesondere aber muß aus Rücksichten der Billigkeit diejenige condicio creditorum wieder hergestellt werden, die zur Zeit des Erbfalls bestand. Denn es geht nicht an, daß ein Nachlaßgläubiger in der Zwischenzeit den übrigen den Rang abläuft und so auf deren Kosten Vollbefriedigung findet, wenn wegen Unzulänglichkeit der Haftungsmasse jeder nur auf Anteilsbefriedigung zu rechnen hat. Dementsprechend verordnet das Gesetz:

a) Vollstreckungsmaßregeln der Erbengläubiger in den Nachlaß sind im Falle der Nachlaßverwaltung auf Verlangen des Verwalters aufzuheben (CPO. § 784 II) und gewähren im Falle des Nachlaßkonkurses kein Absonderungsrecht (KO. § 221). Die letztere Gesetzesbestimmung trifft also —

---

[42]) Vgl. BGB. § 1980.

[43]) Begründung S. 43, anders L. Seuffert S. 510.

[44]) Materialien des § 221 KO.: E. I § 2110, M V S. 623–625. P. n. 392 VII S. 7927 ff. (vgl. n. 393 XI B S. 7955 f.), n. 393 XVIII A. S. 7967, n. 395 I C. 2 S. 8015 f. RV. § 205 d;. Begründung S. 42; Kommissionsbericht S. 1969.

was nicht übersehen werden sollte — zunächst die persönlichen Gläubiger[45]) des Erben im Interesse der Nachlaßgläubiger.[46])

b) Auch Vollstreckungsmaßregeln der Nachlaßgläubiger in den Nachlaß gewähren im Falle des Nachlaßkonkurses kein Absonderungsrecht (KO. ibid.), im Falle der Nachlaßverwaltung hingegen — bei der alle Nachlaßgläubiger voll befriedigt werden — bleiben sie wirksam (BGB. § 1984 II)[47])

2. Im Einzelnen ist hervorzuheben:

a) Maßregeln der Zwangsvollstreckung oder Arrestvollziehung, die nach Eintritt des Erbfalls gegen den Nachlaß erfolgten und zur Zeit der Konkurseröffnung noch bestehen, gewähren im Nachlaßkonkurse kein Absonderungsrecht (KO. §§ 4, 47 ff.): so nicht eine Pfändung, die Anordnung einer Zwangsversteigerung oder Zwangsverwaltung, die Eintragung einer Zwangs- oder Arresthypothek (CPO. §§ 866, 932). Insbesondere genügt es demnach bei der Zwangsvollstreckung in das unbewegliche Vermögen zur Erlangung des Rechtes auf abgesonderte Befriedigung im Nachlaßkonkurse (ZVG. §§ 10 I Ziff. 5, 162; KO. § 47) nicht, daß die Beschlagnahme noch vor der Konkurseröffnung wirksam geworden ist (ZVG. §§ 22, 27). Durch § 221 KO. erleidet sonach die Vorschrift des § 13, 2. Halbsatz eine Einschränkung. Selbstverständlich trifft aber § 221 nur die Vollstreckungsmaßregel für sich allein, nicht den Fall, daß ein schon anderweit — z. B. auf Grund eines Pfandrechts — zur Absonderung befugter Gläubiger nach dem Erbfalle die Vollstreckung in das bewegliche oder unbewegliche Nachlaßvermögen zur Realisierung seines Rechts erwirkt hat. Solchenfalls wird arg. § 4 II KO.[48]) das bereits eingeleitete Vollstreckungsverfahren durch die Konkurseröffnung nicht unterbrochen, aber das Beitreibungsrecht steht fortab neben[49]) dem Absonderungsgläubiger auch dem Konkursverwalter zu (KO. §§ 126, 127; ZVG. §§ 172—174).

b) Auf Grund solcher Maßregeln „kann abgesonderte Befriedigung nicht verlangt werden". Das Gesetz verordnet nicht — wie in CPO. § 784 — die Aufhebung der Vollstreckungsmaßregeln und erklärt diese keineswegs schlechthin für kraftlos. Sie äußern vielmehr nach Einstellung des Nachlaßkonkurses infolge Gantverzichts (KO. § 202) und nach Aufhebung des Verfahrens infolge Zwangsvergleichsschlusses (KO. § 190) — also nicht nur nach Rückgängigmachung der Konkurseröffnung gem. KO. § 116 — wiederum ihre volle Wirksamkeit und zwar auch in der Hand persönlicher Gläubiger des Erben. Vgl. aber CPO. § 784 II. Während der Dauer des Nachlaßkonkurses kann jedoch der persönliche, nicht bereits anderweit zur Absonderung berechtigte Gläubiger [s. oben a] die Vollstreckung nicht weiter betreiben: die Vollstreckung hat keinen Absonderungsanspruch begründet. Vielmehr ist

---

[45]) Sie hätten andernfalls, was recht wohl vorkommen kann (vgl. KO. § 64), ein Absonderungsrecht ohne Konkursforderung.

[46]) P. S. 7928 und 7967, anders E I § 2110, M V S. 624. Vgl. CPO. § 783.

[47]) Vollstreckungen der Nachlaßgläubiger in das Erbenvermögen stehen hier nicht in Frage. Vgl. hierüber BGB. §§ 1958, 2014, CPO. § 305, 782, 784 I [s. oben § 1 III].

[48]) CPO. § 240 trifft das Zwangsvollstreckungsverfahren nicht. Petersen-Kleinfeller KO. 3. Aufl. § 11 a. E., Petersen CPO. § 218, 6 (3. Aufl. S. 440).

[49]) RG. v. 18. III. 90 Jurist. Wochenschrift S. 151. KO. § 14 bezieht sich nur auf „Konkursgläubiger", also insbesondere nicht auf Absonderungsberechtigte. v. Wilmowski, KO. 5. Aufl. § 11, 2.

zur Veräußerung des Vollstreckungsgegenstandes fortan ausschließlich der Konkursverwalter ermächtigt (KO. §§ 6, 117) und dieser braucht ein bereits durch die Vollstreckung erzeugtes, außerhalb des Konkurses wirksames Recht des Gläubigers nicht zu berücksichtigen. So kann z. B. der Verwalter eine bewegliche Sache, an welcher der Gläubiger nach Eintritt des Erbfalls ein Pfändungspfandrecht erlangt hatte, gleichwohl freihändig verkaufen und zu diesem Behufe die Aushändigung der Pfandsache nach § 117 KO. ohne weiteres vom Gerichtsvollzieher verlangen oder von dem zur Herausgabe nicht bereiten Drittbesitzer im ordentlichen Rechtsstreit erzwingen. Nun pflegt der Konkursverwalter unbewegliche Massegegenstände, die mit Rechten dritter Personen belastet sind, aber nach Befriedigung der letzteren noch einen der Masse verbleibenden Übererlös erhoffen lassen, in den Formen der Zwangsvollstreckung zu verwerten, um eine einfache und zuverlässige Auseinandersetzung herbeizuführen[50]) (KO. § 126, ZVG. §§ 172—174). Entscheidet sich der Verwalter für diese Veräußerungsart, so bedarf es einer wiederholten Beantragung des Vollstreckungsverfahrens nicht — das hieße, zwecklos Zeit und Geld vergeuden! —, sondern einer bloßen Beitrittserklärung des Verwalters (ZVG. § 27), und das Verfahren nimmt für Rechnung der Konkursmasse seinen Fortgang, wie wenn der Beschlagnahmegläubiger seinen Vollstreckungsantrag zurückgezogen hätte.[51])

c) Aus der beschränkten Fassung des Gesetzes folgt ferner: Eine **bereits beendigte**[52]) **Zwangsvollstreckung wird nicht rückgängig** gemacht. Der Gläubiger behält vielmehr die im Vollstreckungsweg aus Nachlaßgegenständen erlangte Befriedigung — z. B. den ihm ausgehändigten Versteigerungserlös — mag er nun Nachlaßgläubiger oder Erbengläubiger sein. Mit Verwirklichung des durch die Vollstreckung erlangten Rechts ist der Schwebezustand beseitigt.[53]) Möglicherweise kann der Konkursverwalter im Wege der Anfechtung Rückgewähr des der Masse entgangenen Vermögenswertes erzwingen (KO. §§ 30, 31, 37). Ist aber die Vollstreckung unanfechtbar, so ist der **Nachlaß**gläubiger der Rückforderung nicht ausgesetzt, da er ebensowenig ungerechtfertigt bereichert erscheint als sonst ein Gläubiger, der sich vor dem Konkurse seines Schuldners durch unanfechtbare Exekution Befriedigung verschafft hat. In beiden Fällen erfolgt die erzwungene Vollbefriedigung „auf Kosten" der übrigen (nicht vollstreckenden) Gläubiger; aber es ist deren Schuld, wenn sie sich nicht rechtzeitig gerührt haben. Der § 812 BGB. ist sonach unanwendbar, da die Vollbefriedigung endgiltig mit rechtlichem Grund erlangt ist.[54]) Anders liegt die Sache, wenn ein persönlicher Gläubiger **des Erben** in Nachlaßgegenstände vollstreckt hat. Für diesen Gläubiger entfällt mit der Gütersonderung das Recht des Zugriffes auf den Nachlaß. Von nun ab erscheint er „auf Kosten" der Nachlaßgläubiger ohne „rechtlichen

---

[50]) Vgl. RG. v. 18. X. 95 Bd. XXXVI S. 358, sowie Denkschrift zu §§ 172ff. ZVG.

[51]) S. Motive der KO. S. 50f. und S. 347. Ähnlich liegt die Sache im Falle des § 178 II ZVG., nur daß dort der Konkursverwalter **von Rechtswegen** in die Rolle des Antragstellers eintritt und ein Verfahren fortsetzt, das **von vornherein** sachlich keine Zwangsvollstreckung war, namentlich ein Absonderungsrecht für den Antragsteller nicht begründete. [Oben S. 12].

[52]) Zeitpunkt der Beendigung: s. L. Seuffert CPO. § 686 N. 3d, 7. Auflage S. 872.

[53]) P. S. 7928.

[54]) Vgl. M V S. 625.

Grund" bereichert (BGB. § 812 I Satz 2) und ist dementsprechend auf Verlangen des Konkursverwalters zur Herausgabe (BGB. §§ 818, 819) verpflichtet. Unter Umständen findet die Konkursmasse ihre Deckung in der Verantwortlichkeit des Erben oder Nachlaßverwalters, wenn diese — obgleich sie zur Zeit der Vollstreckung die Nachlaßüberschuldung kannten oder kennen mußten — nicht unverzüglich die Eröffnung des Nachlaßkonkurses herbeigeführt und so der Vollstreckungsmaßregel ihre Wirksamkeit benommen haben (BGB. §§ 1980, 1985 II). Wie aber Erbe oder Nachlaßverwalter „berechtigt und verpflichtet" sein sollen, der Verwirklichung des im Vollstreckungsweg erlangten Rechts zu widersprechen — M V S. 625 —, ist schwer zu begreifen.

d) Ob der Erbe den Nachlaßgläubigern beschränkt oder unbeschränkt haftet, das begründet für die Anwendung des § 221 KO. keinen Unterschied, während § 784 II CPO. nur für den Fall der beschränkten Haftung gilt.[55]) Mag nun auch diese verschiedene Behandlung des Nachlaßkonkurses und der Nachlaßverwaltung theoretisch ungerechtfertigt erscheinen, so entspricht sie doch billiger Rücksichtnahme auf die Interessen der Nachlaßgläubiger. Es wäre eine unleugbare Härte, die Nachlaßgläubiger bei unbeschränkter Erbenhaftung im Nachlaßkonkurse gegenüber dem bereits erfolgten Zugriffe der Erbengläubiger auf den Nachlaß wehrlos zu stellen. Im Falle der Nachlaßverwaltung dürfen die Nachlaßgläubiger auf volle Befriedigung aus Mitteln des Nachlasses rechnen; sie erleiden also auch dann keinen Ausfall, wenn der Erbe persönlich vermögenslos ist. Im Nachlaßkonkurse dagegen, also bei Überschuldung des Nachlasses, wird die Konkurrenz der Erbengläubiger den Nachlaßgläubigern namentlich bei ungünstiger Vermögenslage des Erben gefährlich.[56])

e) Nur im Konkurs über den Nachlaß wird, wie Stellung und Zweck des § 221 ergeben, den nach dem Erbfall erwirkten Vollstreckungsmaßregeln die Kraft von Absonderungsrechten versagt. Kommt es zur Gütersonderung (Nachlaßkonkurs oder Nachlaßverwaltung) überhaupt nicht, sondern nur zum Konkurs über das in der Hand des Erben vereinigte Vermögen, so behalten Nachlaßgläubiger wie Erbengläubiger ihr Absonderungsrecht.[57])

3. Eine vor[58]) Konkurseröffnung im Grundbuch oder Schiffsregister eingetragene **Vormerkung** wirkt nach Maßgabe des § 24 KO. auch gegenüber der Konkursmasse und führt dementsprechend an sich auch im Nachlaßkonkurse zur Begründung von Aussonderungs- und Absonderungsrechten.[59])

War die Vormerkung auf Grund einer Bewilligung des Erben oder Erbenvertreters eingetragen (BGB. § 885, CPO. §§ 894, 895, GBO. §§ 19,

---

[55]) Das ergibt der Wortlaut des § 784 II („das gleiche Recht"), die Entstehungsgeschichte der Vorschrift (P. n. 395 I C S. 8014) und die analoge Behandlung der Aufrechnung (BGB. §§ 1977, 2013). Nur bei beschränkter Erbenhaftung kann sonach der Nachlaßverwalter die Aufhebung der zu Gunsten von Erbengläubigern in den Nachlaß erfolgten Vollstreckungsmaßregeln verlangen.

[56]) Vgl. P. S. 7928, Bericht der Reichstagskommission zu § 205 d der Konkursnovelle S. 1969. Das Schutzbedürfnis der Erbengläubiger ist thatsächlich minder wichtig als das der Nachlaßgläubiger. Siehe schon fr. 1 §§ 2 und 5 de separationibus 42, 6.

[57]) L. Seuffert S. 509.

[58]) Vgl. KO. § 14 II.

[59]) Vgl. BGB. §§ 883, 888, FGG. §§ 100, 123 mit GBO. § 18; CPO. §§ 894 f.

41) so behält sie — von der Frage der Anfechtung abgesehen und vorbehaltlich der persönlichen Verantwortlichkeit des Verfügenden gegenüber der Masse (BGB. §§ 1978, 1985) — auch im Nachlaßkonkurs ihre Wirksamkeit, mag nun der gesicherte Anspruch eine Nachlaßverbindlichkeit (also z. B. in einer Verfügung des Erblassers, des Nachlaßverwalters, des Testamentsvollstreckers begründet) oder eine persönliche Schuld des Erben sein (z. B. letzterer hat sich[60]) zur Einräumung des Eigentums an einem Nachlaßgrundstücke verpflichtet). Dagegen erklärt § 221 II KO. eine nach Eintritt des Erbfalls im Wege der einstweiligen Verfügung (BGB. § 885, vgl. CPO. §§ 935 ff., bes. 941, 942 II) erwirkte Vormerkung im Nachlaßkonkurs aus eben den Gründen für unwirksam, die für die Vorschrift des § 221 I maßgebend waren [oben 1]. Diese Unwirksamkeit trifft gleichfalls Erbengläubiger wie Nachlaßgläubiger.[61]).

§ 2016 II BGB. 4. Auf dem § 221 KO. beruht die Bestimmung des § 2016 II BGB. Danach sollen die „aufschiebenden Einreden“, die an sich den nichtausschließbaren Rechten des § 1971 gegenüber versagen, dem beschränkt haftenden Erben auch diesen Rechten gegenüber zustehen, wenn letztere erst nach dem Erbfall im Wege der Zwangsvollstreckung, Arrestvollziehung oder einstweiliger Verfügung erlangt sind und darum eine Aussonderung oder Absonderung im Nachlaßkonkurse nicht begründen. Die Vollstreckung in den Nachlaß bleibt also während der Schutzfristen der §§ 2014 f. soweit und nur soweit beschränkt, daß einer späteren konkursmäßigen Verteilung des Nachlasses nicht vorgegriffen wird.[62])

4. Die Schuldenmasse.

§ 12.

a. Die Konkursforderungen.

§§ 1967—1969 BGB. I. **Begriff der Nachlaßverbindlichkeiten.**[1]) Zu den Nachlaßverbindlichkeiten (BGB. §§ 1967—1969) gehören in erster Linie die bereits vom Erblasser herrührenden Schulden; sodann die den Erben als solchen treffenden Verpflichtungen; endlich die dem Erben selbst — nicht schon gegen den Erblasser, sondern — gegen den Nachlaß erwachsenen Ansprüche.

1. Zu den **Schulden des Erblassers** zählen vor allem seine Verbindlichkeiten aus Rechtsgeschäften, auch aus Freigebigkeiten unter Lebenden (KO. § 226 II Ziff. 3), mag hieraus der Erbe selbst (BGB. § 1976, KO. § 225) oder ein Dritter berechtigt sein. Ferner gehören in diese Klasse die Verpflichtungen des Erblassers aus unerlaubter Handlung (BGB. §§ 823 ff.) und die gegen ihn erkannten Geldstrafen (KO. § 226 II Ziff. 2), letztere aber nur dann, wenn das Urteil bereits bei Lebzeiten des Erblassers rechtskräftig geworden war (StGB. § 30). Auch die Strafkostenforderung der Gerichtskasse kann zufolge StPO. § 497 II nur unter der Voraussetzung der vor dem Erbfall eingetretenen Rechtskraft des Urteils im Nachlaßkonkurse verfolgt werden, aber im Gegensatz zur Geldstrafe als vollberechtigte Konkursforderung nach KO. § 61 Ziff. 6 (nicht Ziff. 2). Besondere Beachtung verdienen die unmittelbar aus dem

---

[60]) Vor oder nach dem Erbfall vgl. BGB. § 185 II.

[61]) P. S. 7928 f., Begründung S. 42. Im übrigen vgl. die Ausführungen unter 1 b—e; insbesondere besteht die Unwirksamkeit nur für den Konkursfall — kein Aussonderungs- oder Absonderungsrecht — und zwar nur für den Nachlaßkonkurs.

[62]) Vgl. M V S. 673.

[1]) Terminologie: M V S. 602—604.

Gesetz entspringenden Verbindlichkeiten des Erblassers. So dessen Schulden aus ungerechtfertigter Bereicherung (BGB. §§ 812 ff.), dessen Steuerschulden (KO. § 61 Ziff. 2) [Erbschaftssteuer s. unter 2], dessen Verbindlichkeit zum Unterhalte des geschiedenen (BGB. §§ 1578—1583) oder hinsichtlich der Unterhaltspflicht dem geschiedenen gleichbehandelten Ehegatten (§§ 1345 f., 1351, 1586), zum Unterhalt eines unehelichen Kindes (§§ 1708—1713), sowie als Erbe eines geschiedenen Ehegatten (§ 1582) oder eines unterhaltspflichtigen unehelichen Vaters (§ 1712). Diese Verbindlichkeiten erlöschen nicht mit dem Tode des Verpflichteten (§§ 1582 I, 1712 I), sondern gehen auf den Erben über und können darum nicht nur — nach näherer Maßgabe der §§ 1580 III mit 1613 einerseits und des § 1711 andrerseits — für die Vergangenheit, sondern auch für die Zukunft geltend gemacht werden (§§ 3 II, 226 I KO.)[2]). Dagegen haben die nichtgeschiedene Ehefrau des Erblassers und dessen ehelichen Abkömmlinge auch im Nachlaßkonkurse für die Zukunft ein Recht auf Unterhalt nicht (BGB. §§ 1360 III, 1615); sie sind der Gnade der Gläubigerschaft anheimgegeben (KO. §§ 58 Ziff. 3, 129 I, 132 I)[3]). Im Einzelnen ist hinsichtlich der Unterhaltsansprüche noch Folgendes hervorzuheben:

a) Der Unterhaltsanspruch des geschiedenen (§§ 1578—1583) oder dem geschiedenen gleichstehenden **Ehegatten** (§§ 1345 f, 1351, 1586) kann zwar nach § 1582 II vom Nachlaßkonkursverwalter auf die Hälfte der Einkünfte herabgesetzt werden, die der Erblasser zur Zeit seines Todes aus seinem Vermögen bezogen hat; aber der Anspruch hängt nicht davon ab, daß zur Zeit der Eröffnung des Nachlaßkonkurses genügende Einkünfte vorhanden sind und kann deshalb, wenn erst nach dem Erbfall Überschuldung eintritt, im Konkurse gleichwohl nach Maßgabe des Vermögensstandes zur Zeit des Erbfalls, mithin allerdings „auf Kosten der Nachlaßgläubiger“ (anders P. S. 9474) geltend gemacht werden. Die Forderung ist gewöhnliche (§ 61 Ziff. 6), aber vollberechtigte Konkursforderung [s. III].

b) Der Unterhaltsanspruch des **unehelichen Kindes** (§§ 1708—1713) ist unabhängig von der Höhe der Einkünfte, die der Erblasser zur Zeit seines Todes aus seinem Vermögen bezogen hat. Die Alimente sind in Gestalt einer Geldrente zu entrichten (§ 1710), die im Nachlaßkonkurse für die Vergangenheit unbeschränkt liquidiert werden kann (§ 1711), für die Zukunft aber an sich nach KO. § 69 zu einem Schätzungswert anzusetzen sein würde (BGB. § 1712 I, vgl. § 1708). So könnte es vorkommen, daß ein im Ehebruch erzeugtes Kind beträchtliche Unterhaltsansprüche für die Zukunft anmeldete, während ein eheliches regelmäßig leer ausgehen wird. Das widerstreitet der Billigkeit: dem unehelichen Kinde dürfen gegenüber dem Nachlasse seines Erzeugers nicht weitergehende Rechte zustehen als dem ehelichen. Ebendarum verleiht § 1712 II dem Erben die Befugnis, das uneheliche Kind wegen seines ferneren Unterhaltsanspruchs mit dem Betrag abzufinden, den dasselbe, wenn es ehelich wäre, als Pflichtteil erhalten würde. Im Nachlaßkonkurs übt diese Befugnis der Verwalter als Vertreter des Gemeinschuldner=Erben aus. Bei Berechnung der Abfindungssumme sind nun aber nach §§ 2311 bis 2313 vom Werte des Nachlasses die übrigen vom Erblasser herrührenden

---

[2]) Begründung S. 46; Bericht der Reichstagskommission zu § 2 der Konkursnovelle Seite 1948 f.

[3]) Vgl. M IV S. 902 ff.

Schulden in Abzug zu bringen. Verbleibt danach ein Aktivrest überhaupt nicht, so ist die Abfindungssumme gleich Null: das uneheliche Kind muß es sich arg. § 1712 II ganz ebenso wie das eheliche gefallen lassen, daß es vom überschuldeten Nachlasse nichts erhält. Durch Ausübung des Abfindungsrechtes weist somit der Konkursverwalter den Anspruch des unehelichen Kindes in die gebührenden Schranken und macht ihn vollkommen illusorisch, wenn nach Lage der Sache auch ein eheliches Kind leer ausgehen müßte. Hiegegen läßt sich nicht einwenden, es sei keine „Abfindung", wenn das uneheliche Kind überhaupt nichts erhalte; denn offenbar können die Ansprüche des letzteren bei Überschuldung des Nachlasses nicht größer sein als bei dessen Zulänglichkeit. Was endlich den Rang dieser Ansprüche betrifft, so gehören dieselben an sich zwar zu den vollberechtigten Konkursforderungen, durch die Abfindungserklärung des Verwalters aber werden sie unter die minderberechtigten Forderungen des § 226 II Ziff. 4 KO. verwiesen, da sie zwar nicht selbst Pflichtteilsansprüche, doch wie solche zu berechnen sind.[4]) Mit Pflichtteilsrechten stehen die Abfindungsansprüche des unehelichen Kindes also auf ein und derselben Stufe.

c) Die der Mutter des unehelichen Kindes nach § 1715 f. wegen der Wochenbettskosten zustehenden, ihrem Wesen nach den Unterhaltsansprüchen gleich zu erachtenden Rechte zählen als Verbindlichkeiten, die „vom Erblasser herrühren" oder bei Entstehung nach dessen Tod (vgl. § 1715 II) den Erben als solchen treffen [s. unter 2], gleichfalls zu den Nachlaßschulden und können im Nachlaßkonkurse auch für die Zukunft geltend gemacht werden (§§ 3 II, 226 I KO.). Sie haben den Rang gewöhnlicher Konkursforderungen nach § 61 Ziff. 6, nicht etwa das Vorrecht der Ziff. 4 daselbst, da Subjekt des Anspruches die uneheliche Mutter ist.

2. Die Verbindlichkeiten, die den **Erben als solchen** d. h. insofern treffen, als er Erbe ist, bilden die zweite Klasse der Nachlaßschulden (BGB. § 1967 II). Hier handelt es sich um Verpflichtungen, die erst mit dem Erbfall oder nach diesem entstanden sind, wie die in KO. § 224 Ziff. 2—6 als Masseschulden qualificierten Verbindlichkeiten, also z. B. um die Kosten einer standesmäßigen Beerdigung des Erblassers (BGB. § 1968), einer Todeserklärung nach CPO. § 971 („Nachlaß" = Erbe als solcher), um Verbindlichkeiten aus Rechtsgeschäften des Nachlaßpflegers, Nachlaßverwalters, Testamentsvollstreckers oder Nachlaßkonkursverwalters mit Dritten,[5]) um Ansprüche dieser Vertreter auf Honorar oder Auslagenersatz. Als Verbindlichkeit des Erben als solchen zählt ferner zu den Konkursforderungen des Nachlaßkonkurses und zwar nach § 61 Ziff. 2 als bevorrechtete die vom „Erben" zu tragende Erbschaftssteuer (Sterbfallgebühr). Die positive Vorschrift des § 1967 II hat auch in dieser Beziehung das bisherige Recht abgeändert.[6]) Der Einwand, es handle sich um eine erst in der Person des Erben begründete Schuld, kann nicht mehr in Betracht kommen; er träfe auch jede andere dem „Erben als solchem" obliegende (nicht schon „vom Erblasser herrührende") Verbindlichkeit. Da übrigens die Erschaftssteuer nach

[4]) Vgl. P. n. 315 V a. E. S. 6218.

[5]) M V S. 603.

[6]) Vgl. über letzteres namentlich Petersen-Kleinfeller S. 19, 275, 580, Dernburg Preuß. Privatr. III S. 588. — Wer der Erbschaftssteuerschuld den Charakter einer Nachlaßverbindlichkeit im Sinne des BGB. abspricht, muß u. a. dem Ärar die Befugnis zur Beantragung einer Nachlaßpflegschaft nach § 1961 und einer Nachlaßverwaltung nach § 1981 II versagen. Vgl. Wilke Haftung des Erben S. 5.

dem reinen Wert[7]) der Verlassenschaft zu berechnen und demnach nur bei Zulänglichkeit der letzteren zu erheben ist, kann diese Steuerschuld im Nachlaßkonkurse nur dann zum Zuge gelangen, wenn die Überschuldung erst nach dem für die Steuerberechnung maßgebenden Zeitpunkt eingetreten ist, z. B. weil hinterher Nachlaßgegenstände durch Zufall untergegangen sind.

Als Beispiele nennt das Gesetz (BGB. § 1967 II) ausdrücklich die Verbindlichkeiten aus Pflichtteilsrechten,[8]) Vermächtnissen und Auflagen.[9])

a) Was zunächst die Verbindlichkeiten „aus Pflichtteilsrechten" (so § 1967 II) oder „gegenüber Pflichtteilsberechtigten" (so KO. § 226 II Ziff. 4) betrifft, so ist zu beachten, daß im Bürgerlichen Gesetzbuche (§§ 2303 ff.) das Pflichtteilsrecht als Geldanspruch gegenüber dem eingesetzten Erben, nicht — wie besonders im code civil a. 913, 915 — als Erbrecht gestaltet, der Pflichtteilsberechtigte sonach nicht Miterbe (Miteigentümer u. s. w.), sondern Gläubiger des Erben ist.[10])

Da sich nun aber der Betrag des Pflichtteils nach dem Reinwerte des Nachlasses berechnet (BGB. §§ 2311—13),[11]) sind — von Vermächtnissen und Auflagen abgesehen (vgl. BGB. § 2318) — alle anderen Nachlaßverbindlichkeiten in Vorabzug zu bringen, demnach der Pflichtteil gleich Null, wenn die ihm vorgehenden Ansprüche bereits den Nachlaß erschöpfen. Nur wenn die Überschuldung lediglich auf Vermächtnissen und Auflagen beruht, gelangt ein Pflichtteilsanspruch im Nachlaßkonkurse zum Zuge [s. oben Seite 44]. Tritt die Überschuldung des Nachlasses erst nach dem Erbfall ein, so bleibt gleichwohl für die Berechnung des Pflichtteilsbetrages der Bestand und Wert des Nachlasses zur Zeit des Erbfalles maßgebend (BGB. § 2313).[12]) Solchenfalls verhütet die im § 226 II KO. festgelegte Rangordnung eine ungerechtfertigte Bevorzugung der Pflichtteilsansprüche.

Der Pflichtteilsanspruch richtet sich gegen den Erben als solchen und begründet nur insofern eine Nachlaßverbindlichkeit (§ 1967 II). Die ausnahmeweise gegen den dritten Beschenkten gerichtete Forderung auf Ergänzung des Pflichteils (§ 2329) kommt für den „Nachlaßkonkurs" nicht in Betracht. Dieser Anspruch kann „gewöhnliche Konkursforderung" [13]) nur im Konkurse des Dritten sein. Soweit der Erbe zur Pflichtteilsergänzung verbunden ist, trägt auch der außerordentliche Pflichtteilsanspruch den Charakter einer minderberechtigten Konkursforderung.

---

[7]) Eheberg Finanzwissenschaft 5. Auflage § 148, 1 f. S. 236. Anders nach der französischen, in Elsaß-Lothringen noch bis zum Gesetze vom 12. VI. 89 in Geltung gestandenen Enregistrementsgesetzgebung. Ihrzufolge ist die Sterbfallgebühr keine Bereicherungssteuer, sondern eine einfache, auch bei Nachlaßüberschuldung zu entrichtende Handänderungsabgabe. Auf diesem Systeme beruhen, was wohl beachtet werden muß, die von Petersen-Kleinfeller S. 275 Note 1 angeführten Urteile (Juristische Zeitschrift für Elsaß-Lothringen Bd. VII S. 181 ff., Bd. IX S. 61 ff., vgl. besonders S. 64). S. v. Mayr in v. Stengels Wörterbuch des deutschen Verwaltungsrechts Bd. I S. 309, 363; Bd. II S. 1017 f.

[8]) Behandlung der Pflichtteilslast als Erbschaftsschuld im bisherigen preußischen Recht s. Dernburg III § 207 S. 606, hinsichtlich der actio suppletoria des gemeinen Rechts Windscheid III § 584 N. 2.

[9]) Vgl. P. n. 393 S. 7949 f.

[10]) Vgl. § 2303 I, Denkschrift S. 303 f., Schiffner Pflichtteil § 4.

[11]) Schiffner § 9.

[12]) M V S. 406, bisheriges Recht daselbst in Note 1.

[13]) So M V S. 638, L. Seuffert S. 515 n. 52.

b) Vermächtnisnehmer konnten nach bisherigem Recht,[14]) wenn das Vermächtnis einen persönlichen Anspruch begründete, wegen KO. § 56 Ziff. 4 (jetzt § 63 Ziff. 4) als Konkursgläubiger im Nachlaßkonkurse nicht auftreten. Dinglich wirkende Vermächtnisse erzeugten in diesem Verfahren zwar an sich ein Aussonderungsrecht, doch war letzteres regelmäßig der Anfechtung ausgesetzt. Nach neuem Reichsrecht (BGB. §§ 1939, 2147 ff.) gibt es kein Vindicationslegat: durch das Vermächtnis wird für den Bedachten das Recht begründet, von dem Beschwerten die Leistung des vermachten Gegenstandes zu fordern. BGB. § 2174.[15]) Ist der Erbe mit solcher Verpflichtung beschwert, so ist die Schuld eine Nachlaßverbindlichkeit nach § 1967 II. Beschwerungen eines Vermächtnisnehmers (vgl. § 2147) kommen im Nachlaßkonkurse nicht in Betracht.

Der Erbe kann aber auch Gläubiger einer Vermächtnisforderung sein (Vorausvermächtnis § 2150) und ist als solcher nicht bloß gegenüber Miterben zu behandeln, sondern auch gegenüber andern Vermächtnisnehmern und besser berechtigten Nachlaßgläubigern. Das ist von Bedeutung einmal deshalb, weil der Erbe an sich — d. h. vom Falle des § 225 KO. abgesehen — im Nachlaßkonkurse nichts erhält: so rangiert er wenigstens unter den Vermächtnisnehmern. Ferner aber kommt ihm das Vorausvermächtnis zu statten, wenn sich ein Nachlaßgläubiger erst nach Ausschüttung der Konkursmasse meldet: von dem nach §§ 1989 mit 1973 II, 2013 herauszugebenden „Überschusse" geht erst noch das Vorausvermächtnis ab.[16])

Ein nach § 2307 den Pflichtteil ersetzendes Vermächtnis hat bis zum Pflichtteilsbetrag auch Pflichtteilsrang (§ 226 III KO.). Der mit einem Vermächtnisse bedachte Pflichtteilsberechtigte braucht also, um sich diesen Rang zu verschaffen, nicht erst nach § 2307 I Satz 1 das Vermächtnis auszuschlagen und statt dessen den Pflichtteil zu verlangen. Diese Vorschrift hat für den überaus häufigen Fall, daß der Erblasser einen Erben „auf den Pflichtteil beschränkt", besondere Bedeutung, weil nach § 2304 (vgl. § 1939) die Zuwendung des Pflichtteils im Zweifel als bloße Vermächtnisanordnung zu gelten hat.[17]) Soweit das den Pflichtteil ersetzende Vermächtnis den Pflichtteilsbetrag übersteigt, ist die Forderung des Bedachten reiner Vermächtnisanspruch.

Auf ein und derselben Stufe mit den ausdrücklich vom Erblasser angeordneten Vermächtnissen stehen im Nachlaßkonkurse die sog. gesetzlichen Vermächtnisse.[18]) Zu diesen zählt namentlich das Recht des Dreißigsten[19]) nach § 1969 und das Recht auf den ehelichen Voraus nach §§ 1932 f.[20]) Unterwirft aber das Gesetz eine Nachlaßschuld nicht ausdrücklich dem Vermächtnisrecht, so ist deren Einreihung in die Rangklasse der Vermächtnisse ausgeschlossen. So gehört der gesetzliche Unterhaltsanspruch der mit einem erbfähigen nasciturus Schwangeren nach § 1963 (vgl. §§ 1923 II, 2141)[21]) zu den gewöhnlichen, vollberechtigten Konkursforderungen. Er bildet eine

[14]) Jaeger Voraussetzungen S. 47—51.
[15]) M V S. 133 ff., 176.
[16]) S. P. n. 346 X S. 6884 f.
[17]) P. S. 7941 f., vgl. P. n. 372 V S. 7463 f.
[18]) Darüber namentlich die mehrerwähnte Abhandlung von Schiffner; hier weitere Litteratur.
[19]) Eine Verbindlichkeit „des Erben als solchen", s. Schiffner § 33.
[20]) Schiffner § 30; Begründung S. 47.
[21]) Schiffner § 34.

Forderung gegen den Erben als solchen im Sinne des § 1967 II, nämlich gegen denjenigen, der für die Dauer des während der Schwangerschaft bestehenden Schwebezustandes als Erbe gilt und auch Erbe bleibt, falls ein lebendes Kind nicht geboren wird.[22]) Ferner hat der Ausgleichungsanspruch der Abkömmlinge, der nach EI §§ 2117 Ziff. 5, 2164 I als eine der Vermächtnisschuld ähnliche, wenn auch im Nachlaßkonkurs hinter den Vermächtnissen rangierende Nachlaßverbindlichkeit gelten sollte[23]), nach dem Bürgerlichen Gesetzbuch (§§ 2050 ff.) diesen Charakter nicht mehr. Die Ausgleichungspflicht ist vielmehr eine Verbindlichkeit der Abkömmlinge unter einander (§ 2050 I), die nur bei oder nach der Aufteilung eines nach Tilgung sämtlicher Nachlaßverbindlichkeiten verbliebenen reinen Überschusses geltend gemacht werden kann, also im Nachlaßkonkurs überhaupt nicht zum Zuge gelangt. BGB. §§ 2046, 2055, 2056.[24])

Gesetzliche Vorzugsrechte einzelner Vermächtnisse z. B. der Legate zu frommen Zwecken erkennt das Bürgerliche Gesetzbuch nicht an.[25])

c) Verbindlichkeiten aus den vom Erblasser angeordneten Auflagen (BGB. §§ 1940, 2192 ff.) gehören nach § 1967 II zu den Nachlaßschulden, falls der Erbe als solcher — nicht ein Vermächtnisnehmer (§§ 2186 ff.) — zur Leistung verpflichtet ist. Auflagen, mit denen der Erblasser selbst bereits zur Zeit seines Todes beschwert war (vgl. auch §§ 525 ff.), begründen im Nachlaßkonkurse gewöhnliche Konkursforderungen.

Die Auflage bezweckt durchaus nicht immer den Vorteil eines einzelnen Privaten. Möglicherweise dient sie den Interessen einer unbestimmten Vielheit von Personen (den Armen einer Stadt, den Studierenden einer Fakultät), möglicherweise ist ein begünstigter Dritter überhaupt nicht vorhanden (Auflage der Denkmalserrichtung, Namensannahme, Eheschließung). Allein auch dann, wenn die Auflage einem bestimmten Dritten zum Nutzen gereicht, verleiht sie — im Unterschiede vom Vermächtnisse[26]) — dem Bedachten ein Gläubigerrecht nicht: der Begünstigte selbst ist also zur Anmeldung im Nachlaßkonkurse sowie zur Beteiligung am Verfahren nicht befugt, er ist nicht Konkursgläubiger. Gewisse andere Personen können die Vollziehung der Auflage fordern (§§ 2194, 2203, 2223)[27]) und die Verbindlichkeit hieraus zum Nachlaßkonkurs anmelden. Ein eigener mittelbarer Vorteil (Interesse am Wegfall des Beschwerten) oder eine Amtspflicht (so bei der „zuständigen Behörde", beim Testamentsvollstrecker) treibt diese Personen zur Geltendmachung. Wer die Vollziehung der Auflage fordern kann, hat im Nachlaßkonkurse die Stellung eines Konkursgläubigers, wenn auch zunächst in fremdem Interesse.[28]) Es

[22]) Vgl. Dernburg Preuß. Privatrecht III § 217, 2 u. 3; Förster-Eccius IV § 267 Schlußabsatz.

[23]) Schiffner § 28, M V S. 709.

[24]) P. S. 8160, Reichstagskomm.-Bericht S. 2102. Vgl. Dernburg Preuß. Privatrecht III § 241 III (4. Aufl. S. 713).

[25]) S. M V S. 638 mit Verweisungen.

[26]) M V S. 10 u. 11. Weiter ist die Auflage zu scheiden von der Bedingung (ibid. S. 11) und der Voraussetzung des § 2078 II (ibid. S. 212), sowie vom bloßen nichtverbindlichen Rat oder Wunsch. Fischer-Henle BGB. § 525, 1.

[27]) M V S. 215.

[28]) Ähnliche Rechtslage: Forderung aus dem Versprechen zu Gunsten eines Dritten im Konkurse des Verpflichteten, wenn nur der Versprechensempfänger die Leistung zu fordern berechtigt ist. Vgl. M II S. 265 ff., BGB. §§ 328, 335.

ist also ungenau, den „Auflage-Empfänger" — das kann nur der Bedachte sein — Konkursgläubiger zu nennen.

3. Ansprüche **des Erben** gegenüber der Nachlaßgantmasse: s. §§ 224 Ziff. 1, 225 KO. [darüber unten § 14]. Diese Ansprüche bilden dann, wenn sie nicht schon unter 1 (Ansprüche gegen den Erblasser) oder 2 (z. B. Vorausvermächtnisse) fallen, eine eigene Klasse von Nachlaßschulden. Die Gütersonderung ermöglicht auch den Abschluß von Rechtsgeschäften zwischen dem Erben und dem Nachlaßkonkursverwalter (vgl. KO. § 59 Ziff. 1).

§ 226 KO. II. **Der Grundsatz des § 226 KO.**[29]) Nach den für das regelmäßige Konkursverfahren geltenden Bestimmungen wären nicht alle Nachlaßgläubiger (BGB. §§ 1967—1969) auch Nachlaß*konkurs*gläubiger. Insbesondere könnten zufolge KO. § 63 Ziff. 4 Forderungen aus einer Freigebigkeit des Erblassers unter Lebenden oder von Todeswegen im Nachlaßkonkurse keine Berücksichtigung finden. Und doch zählen nach § 1967 II auch die Verbindlichkeiten aus Vermächtnissen und Auflagen wie die Pflichtteilsrechte zu den Schulden des Nachlasses und werden dementsprechend bei Bemessung seiner Zulänglichkeit mit in Ansatz gebracht[30]) [oben S. 37]. Da nun aber im Falle der Nachlaßüberschuldung die Herbeiführung des Nachlaßkonkurses für den Erben das normale Mittel der Haftungsbeschränkung bildet (BGB. § 1975), läge bei Anwendung der regelmäßigen Konkursvorschriften die Möglichkeit nahe, daß nach Vollbefriedigung aller Konkursgläubiger im Sinne der §§ 3, 63 KO. noch Nachlaßwerte übrig blieben, die den im Konkurse nicht zugelassenen Nachlaßgläubigern zukommen müßten. Die Verteilung dieses Überschusses der Willkür der Erben anheim zu stellen, wäre ungerecht. Es bliebe sonach nur noch die Wahl entweder einen besonderen Nachlaßkonkurs hinsichtlich des Überschusses vorzuschreiben oder dessen Verteilung[31]) dem Erben nach fester Rangordnung zur Pflicht zu machen: das erste Mittel wäre umständlich und kostspielig, das zweite unbequem für den Erben und unsicher für die Gläubiger[32]). Dabei ist zu beachten, daß außer Pflichtteilsansprüchen, Vermächtnissen und Auflagen hier namentlich die Rechte der nach §§ 1973 u. 1974 BGB. ausgeschlossenen Gläubiger zu wahren sind, die nicht schlechthin ihre Forderungen eingebüßt, sondern in der Hauptsache nur einen Rangverlust erlitten haben.

Bei dieser Sachlage war es am zweckmäßigsten, von den Vorschriften des Regelkonkurses abzuweichen und im *Nachlaßkonkurs eine Berücksichtigung* **aller** *Nachlaßgläubiger zu ermöglichen*, indem grundsätzlich sämtlichen „Nachlaßverbindlichkeiten" die Teilnahme am Konkurse verstattet (Abs. I), zugleich aber eine feste, den verschiedenartigen Entstehungsgründen der einzelnen Ansprüche Rechnung tragende Rangordnung normiert wurde (Abs. II—IV).[33])

---

[29]) *Materialien des* § 226 KO.: E I § 2117 M V S. 605, 636—640; § 2128 M V S. 651 f., P. n. 393 VI S. 7940—7943, n. 393 XV S. 7964 f., n. 400 XVI S. 8160, n. 456 XV 3 S. 9471—9474. Reichstagskommissionsbericht z. BGB. S. 2100 f. Reichstagsvorlage § 205 i, Begründung S. 45—47. Die Fassung der Absätze II u. IV beruht auf Bundesratsbeschluß.

[30]) Eine lediglich auf Vermächtnissen und Auflagen beruhende Unzulänglichkeit des Nachlasses nicht als Überschuldung i. S. des § 215 KO. gelten und somit nicht als Konkursgrund genügen zu lassen, hätte weder den Interessen des Erben noch denen der Nachlaßgläubiger entsprochen. Vgl. M V S. 655.

[31]) Unter *alle* von der regelmäßigen Konkursliquidation ausgeschlossenen Nachlaßgläubiger. Vgl. BGB. § 1991 IV, P. n. 394 V A S. 7994 f.

[32]) Siehe ferner M V S. 654 f.

[33]) M V S. 630 f., Begründung S. 45 f.

III. **Rangordnung.** Nicht alle Nachlaßverbindlichkeiten haben im Nachlaßkonkurse gleichen Rang. Das Gesetz scheidet vielmehr zwei große Gruppen von Nachlaßschulden: die regelmäßigen, auch im sonstigen Verfahren zu berücksichtigenden (KO. §§ 3, 63) und die nur ausnahmeweise im Nachlaßkonkurse zugelassenen Verbindlichkeiten (§ 226 II). Letztere sollen nur dann Befriedigung finden, wenn die Masse nach Deckung aller regelmäßigen Konkursforderungen einen Überschuß ergeben hat, und nur darum, weil es angezeigt erscheint, diesen Überschuß konkursmäßig zur Verteilung zu bringen [oben II]. Demnach unterscheiden wir vollberechtigte und minderberechtigte Nachlaßverbindlichkeiten. Innerhalb einer jeden Klasse ergibt sich wieder eine besondere Stufenleiter. § 226 KO.

A. Die **vollberechtigten** Nachlaßverbindlichkeiten rangieren unter einander nach den für den Regelkonkurs geltenden und durch KO. § 224 ergänzten Vorschriften. Zuerst sind also die Massegläubiger zu befriedigen (KO. §§ 57—60, 224), dann folgen die bevorrechteten Konkursforderungen des § 61 Ziff. 1—5, zuletzt die einfachen Konkursforderungen der Ziff. 6 daselbst. Vgl. KO. §§ 62—70.

B. Nur wenn nach Deckung aller vollberechtigten Nachlaßverbindlichkeiten noch Masse vorhanden ist, kommen die **minderberechtigten** Gläubiger (§ 226 II—IV) zum Zug und zwar in folgender Rangordnung, bei Gleichrang pro parte:

1. (Ziffer 1.) Die seit Eröffnung des Nachlaßkonkurses laufenden Zinsen vollberechtigter[34]) Konkursforderungen (KO. § 61 Ziff. 1—6). An sich wären diese Zinsen nach KO. § 63 Ziff. 1 von der Geltendmachung im Konkursverfahren ausgeschlossen; aber ihrer Natur nach müssen sie den Forderungen des § 226 II Ziff. 2—5 immer noch vorgehen.[35]) Bis zur Konkurseröffnung aufgelaufene Zinsen von Konkursforderungen werden mit dem Kapital an ein und derselben Stelle angesetzt (KO. § 62 Ziff. 3). Da sich die Ausnahme des § 63 Ziff. 1 nur auf „Konkursforderungen" bezieht, muß es hinsichtlich der Zinsen aus Masseschulden (§§ 59, 224) bei der Regel bewenden: das Nebenrecht genießt, auch soweit Zinsen erst nach Konkurseröffnung fällig geworden sind, den Rang der Hauptforderung, die möglicherweise selbst erst nach Konkurseröffnung entstanden ist.
2. (Ziffer 2.) Die noch bei Lebzeiten des Erblassers rechtskräftig gegen ihn erkannten Geldstrafen (StGB. § 30) mit Zinsen (KO. § 227). Ausnahme von § 63 Ziff. 3 KO. Ist also z. B. der Erblasser wegen Körperverletzung zu einer Geldstrafe und außerdem zur Zahlung einer Schadensersatzsumme an den Verletzten verurteilt worden, so gehört der Ersatzanspruch des Verletzten und desgleichen die Kostenforderung der Gerichtskasse (StPO. § 497 II) zu den einfachen, vollberechtigten (KO. § 61 Ziff. 6), die Geldstrafe zur 2. Klasse der minderberechtigten Konkursforderungen. Vgl. oben [unter I 1].
3. (Ziffer 3.) Die Verbindlichkeiten aus einer Freigebigkeit des Erblassers unter Lebenden nebst den Zinsen hieraus (KO. § 227). Ausnahme von § 63 Ziff. 4 KO. Freigebigkeiten von Todeswegen (Vermächtnisse, Auflagen) werden im Nachlaßkonkurs erst an fünfter und sechster Stelle der minderberechtigten Schulden berücksichtigt. Als Freigebigkeit ist insbesondere das Versprechen einer Ausstattung nur insoweit anzusehen, als die Ausstattung

[34]) Zinsen minderberechtigter Nachlaßverbindlichkeiten § 227 KO. [unten S. 71 f.].
[35]) M V S. 637.

das den Umständen, namentlich den Vermögensverhältnissen des Verpflichteten, entsprechende Maß übersteigt (BGB. § 1624).[36])

4. (Absatz IV). Die vierte Rangstufe der minderberechtigten Nachlaßverbindlichkeiten nehmen diejenigen Gläubiger ein, die im Wege des Aufgebotsverfahrens nach BGB. §§ 1970—1973 ausgeschlossen sind oder einem so ausgeschlossenen Gläubiger nach § 1974 gleichstehen, letztere [37]) mit Ausnahme der Pflichtteilsrechte, Vermächtnisse und Auflagen, die nach versäumter Ausschlußfrist erst hinter den rechtzeitig bekannt gewordenen Pflichtteilsrechten, Vermächtnissen und Auflagen, also unter 5 und 6 Berücksichtigung finden. Vgl. noch KO. §§ 227—229 [S. 71 ff.]. Diese Stellung der durch Urteil oder Frist ausgeschlossenen Nachlaßgläubiger ergibt sich unmittelbar aus der in den §§ 1973, 1974 BGB. (vgl. CPO. § 995) festgelegten Wirkung des Ausschlusses. Denn einerseits zählen unter die nach § 1973 I Satz 1 im Voraus zu berichtigenden Nachlaßschulden auch die nichtausgeschlossenen Geldstrafen und Schenkungsverbindlichkeiten des Erblassers: ausgeschlossene Gläubiger können somit im Nachlaßkonkurs erst hinter den Verpflichtungen aus einer Freigebigkeit (Ziff. 3) rangieren. Andrerseits aber gehen nach § 1973 I Satz 2 ausgeschlossene Nachlaßverbindlichkeiten, die nicht selbst auf Pflichtteilsrechten, Vermächtnissen oder Auflagen beruhen, nichtausgeschlossenen Pflichtteilsrechten, Vermächtnissen und Auflagen vor: jene müssen also im Nachlaßkonkurse vor den Verbindlichkeiten der Ziff. 4 berücksichtigt werden.

Soweit hienach die ausgeschlossenen Nachlaßverbindlichkeiten zur vierten Klasse gehören, rangieren sie untereinander nach den für nichtausgeschlossene maßgebenden Regeln. Das besagt der Schlußsatz des § 226: „Im Übrigen wird durch die Beschränkungen an der Rangordnung nichts geändert". Es stehen also die ausgeschlossenen Verbindlichkeiten unter sich keineswegs schlechthin gleich.

Beispiel. Ausgeschlossen seien: a) die Kurkostenforderung eines Arztes für Behandlung des Erblassers im letzten Jahre vor Konkurseröffnung, b) die Forderung aus einem dem Erblasser gewährten Darlehen, c) die Forderung aus einem Schenkungsversprechen des Erblassers unter Lebenden. Hier findet nicht etwa anteilsmäßige Berichtigung sämtlicher Ansprüche statt, sondern Reihenbefriedigung nach KO. §§ 61 Ziff. 4, Ziff. 6 und 226 II Ziff. 3. Der Darlehnsgläubiger kommt also erst nach Vollbefriedigung des Arztes,[38]) der Beschenkte erst nach Vollbefriedigung des Darlehnsgläubigers zum Zuge.[39])

---

[36]) Vgl. M V S. 637 f.

[37]) Vom Ausschlußurteile werden Pflichtteilsrechte, Vermächtnisse und Auflagen nicht betroffen (§ 1972), wohl aber — arg. e contr. § 1974 III — von der Ausschlußfrist. [S. oben S. 13.]

[38]) Das Vorrecht des Arztes (§ 61 Ziff. 4) erstreckt sich nicht auf Kurkosten aus dem letzten Jahre vor dem Ableben des Erblassers und geht somit verloren, wenn letzterer vor Konkurseröffnung gestorben, die Nachlaßüberschuldung aber nicht binnen eines Jahres seit der ärztlichen Behandlung festzustellen ist. Dagegen erfährt das Vorrecht der Dienstbezüge (§ 61 Ziff. 1) für den Fall des Nachlaßkonkurses eine Erweiterung, insofern es nicht bloß die im letzten Jahre vor Konkurseröffnung, sondern — wenn der Dienstherr früher verstarb — alle in der Zeit vom letzten Jahre vor dem Erbfall bis zur Konkurseröffnung entstandenen Lohnforderungen deckt. Petersen-Kleinfeller § 54 II 1 S. 272; v. Wilmowski § 54, 2 S. 248;

5. (Ziffer 4.) Die Verbindlichkeiten gegenüber Pflichtteilsberechtigten. Vgl. KO. §§ 227, 228. Gleichen Rang genießt bis zur Höhe des Pflichtteils das nach § 2307 den Pflichtteil ersetzende Vermächtnis [oben S. 66]. Ausgeschlossene Pflichtteilsansprüche werden erst nach nichtausgeschlossenen Pflichtteilsansprüchen, aber immer noch vor nichtausgeschlossenen Vermächtnissen und Auflagen (Ziff. 5) berichtigt. § 226 IV.

6. (Ziffer 5.) Die letzte Stufe nehmen die Verbindlichkeiten aus den vom Erblasser angeordneten Vermächtnissen und Auflagen ein. Vgl. KO. §§ 227, 228. [S. oben I 2.] Die Verbindlichkeiten müssen im Nachlaßkonkurse den Pflichtteilsrechten nachstehen, weil der Erbe nach § 2318 Vermächtnisse und Auflagen zum Zwecke der Deckung des Pflichtteils kürzen darf, also der Pflichtteil auch außerhalb des Konkurses vorgeht. Unter einander stehen Vermächtnisse und Auflagen im Range gleich, sind also anteilsmäßig zu berichtigen, wenn der Masserest zur Vollbefriedigung nicht ausreicht. Der Erblasser kann jedoch durch Verfügung von Todeswegen für Vermächtnisse und Auflagen eine Rangordnung festlegen, die nach § 226 III Satz 2 auch für den Nachlaßkonkurs maßgebend bleibt. BGB. § 2189.[40]) Nichtausgeschlossene Vermächtnisse oder Auflagen gehen den ausgeschlossenen vor. § 226 IV.

Die unter 5 und 6 dargelegte Rangordnung kommt nach BGB. §§ 1974 II und 1991 IV auch außerhalb des Konkurses in Betracht. [S. 13.]

IV. Die minderberechtigten Konkursforderungen insbesondere.

1. Auch die minderberechtigten Verbindlichkeiten begründen „Konkursforderungen"; auch sie sind also den im 8. Titel des ersten Buches der Konkursordnung getroffenen Bestimmungen unterstellt (§§ 62, 64—70). In Ermanglung einer entgegenstehenden Vorschrift nehmen darum auch die in § 226 II Ziff. 1—5 und in Abs. IV aufgeführten Verbindlichkeiten zum vollen Nennbetrag an den Abstimmungen der Gesamtgläubigerschaft (KO. §§ 94—97) Teil. Nur beim Abschluß eines Zwangsvergleichs ist den minderberechtigten Gläubigern — von § 226 II Ziff. 1 ibid. abgesehen — durch die positive Ausnahme des § 230 II das Mitstimmen verwehrt, obwohl auch sie an den Beschränkungen und Rechten des Zwangsvergleichs Anteil nehmen [unten § 16]. Durch Anmeldung im Nachlaßkonkurse wird auch die Verjährung minderberechtigter Konkursforderungen unterbrochen (BGB. §§ 209 II Ziff. 2, 214, vgl. 207, 218).

2. Nachdem das Gesetz die in § 226 II Ziff. 2—5 und in Abs. IV bezeichneten Nachlaßverbindlichkeiten für Konkursforderungen, wenn auch für minderberechtigte, erklärt hat, versteht es sich nach § 62 Ziff. 3 von selbst, daß mit der Hauptforderung die bis zur Eröffnung des Nachlaßkonkurses aufgelaufenen Zinsen an derselben Stelle anzusetzen sind. Ebenso ergibt sich ohne weiteres aus der ratio des § 226 II — möglichst vollständige Vereinigung aller Nach- § 227 KO.

---

v. Sarwey-Bossert § 54, 4 S. 521. Warum nicht auch dem Vorrecht der Ziff. 4 ein gleicher Schutz für den Fall langwieriger Nachlaßregelung gewährt wird, ist kaum einzusehen.

[39]) Nach E I § 2128, M V S. 651 f., sowie nach der in Anlage II der Denkschrift zum EBGB. enthaltenen Fassung des § 205 i KO. sollte den ausgeschlossenen Nachlaßgläubigern die Teilnahme am Nachlaßkonkurs überhaupt verwehrt sein. Die von der Reichstagskommission vorgenommene Änderung des (jetzigen) § 1973 BGB. — Aufnahme des Satzes 2 in Abs. I — machte auch für den Nachlaßkonkurs die Berücksichtigung der ausgeschlossenen Verbindlichkeiten vor Pflichtteilsrechten, Vermächtnissen und Auflagen notwendig. Reichst.-Komm.-Bericht S. 2100 f.

[40]) S. M V S. 638, Begründung S. 47.

laßverbindlichkeiten im Nachlaßkonkurse — die Anwendbarkeit der Ziff. 1 auf die in Ziff. 2—5 und in Abs. IV daselbst bezeichneten Nachlaßschulden, die ja auch unter § 61, nämlich unter dessen Ziffer 6, fallen (arg. § 226 Abs. I verb.: „jede" Nachlaßverbindlichkeit). Sonach hat die Vorschrift des § 227 KO.[41]) lediglich deklarative Bedeutung: sie will eine Folgerung aus dem Satze, daß auch die minderberechtigten Nachlaßverbindlichkeiten Konkursforderungen begründen, außer Zweifel stellen.[42]) Ein arg. e contrario gegen die Anwendbarkeit des § 62 Ziff. 1 u. 2 kann daher aus § 227 nicht abgeleitet werden, vielmehr dürfen auch Konkursgläubiger minderen Rechtes die ihnen vor Konkurseröffnung erwachsenen Kosten und die Vertragsstrafen im Nachlaßkonkurse zugleich mit der Hauptforderung geltend machen.

§ 228 I KO. 3. „Was in Folge der Anfechtung einer von dem Erblasser oder ihm gegenüber vorgenommenen Rechtshandlung zur Konkursmasse zurückgewährt wird, darf nicht zur Berichtigung der im § 226 Abs. II Nr. 4, 5 bezeichneten Verbindlichkeiten verwendet werden." § 228 I KO.[43])

a) Außerhalb des Konkursverfahrens können nur Gläubiger des Erblassers oder deren Rechtsnachfolger, nicht aber auch Gläubiger des Erben als solchen die vom Erblasser oder diesem gegenüber vorgenommenen Rechtshandlungen anfechten (Anfechtungsgesetz §§ 1 u. 2).[44]) Führt ein Gläubiger des Erblassers die Anfechtung erfolgreich durch, so gereicht das Ergebnis anderen Nachlaßgläubigern schon deshalb nicht zum Nutzen, weil die Anfechtung außerhalb des Konkurses nach § 1 l. c. überhaupt nur individuelle Wirkung äußert.[45]) Im Nachlaßkonkurse dagegen übt der Konkursverwalter das Anfechtungsrecht zu Gunsten aller Konkursgläubiger aus (KO. §§ 29, 36), zu den „Konkursgläubigern" aber zählen in diesem Verfahren auch die Gläubiger des Erben als solche (BGB. § 1967 II, KO. § 226). Sonach käme an sich die Durchführung der Anfechtung im Nachlaßkonkurs auch den Verbindlichkeiten aus Pflichtteilsrechten, Vermächtnissen und Auflagen zu statten. Dieses Ergebnis ginge jedoch über den Zweck des Anfechtungsrechtes[46]) — Schutz der (gegenwärtigen und künftigen) „Gläubiger" gegen nachteilige

---

[41]) Materialien des § 227 KO.: E I § 2117 III, M V S. 638; P. (§ 205e KO.) n. 393 VI S, 7940—7943, n. 456 XV 3 S. 9471 f.; RV. § 205k, Begründung S. 47.

[42]) Ob die Zinspflicht auf Gesetz oder Rechtsgeschäft beruht, ist belanglos. Gesetzlicher Zinsfuß: BGB. § 246, vgl. § 247, HGB. § 352. WO. a. 51 u. 52; Verzugszinsen: BGB. §§ 288 f., 522; Prozeßzinsen: BGB. § 291; Zinseszinsen: BGB. §§ 248, 289, HGB. §§ 353 Satz 2, 355 I, 687 II.

[43]) Materialien des § 228 KO.: E I § 2117 IV Satz 1, M V S. 638 f.; P. („§ 205 m" KO.) n. 393 VI S. 7940—43, n. 426 II 3 S. 8696, n. 426 III S. 8706 f., n. 456 XV 3 S. 9472. RV. § 205 l, Begründung S. 48. Die in P. S. 9472 und in Anlage II der Denkschrift z. BGB. vorgeschlagene Fassung des § 205 m KO. enthielt noch eine weitere Vorschrift, die im Einklange mit der wohlbegründeten Kritik von L. Seuffert S. 516 f. bereits in der Bundesratsvorlage fortgelassen wurde. Abs. II ist vom Bundesrat eingefügt.

[44]) Anfechtungsgesetz § 11 I (entsprechend KO. § 40 I) richtet sich wider den Erben des Anfechtungsgegners, des Empfängers der anfechtbaren Leistung, nicht wider den Erben des Gebers. Dort handelt es sich also um einen ganz anderen Fall. S. v. Wilmowski KO. § 33, 1 (5. Aufl.) S. 168.

[45]) RG. v. 7. X. 89 Bd. XXIV S. 92 ff.

[46]) Der Anspruch auf Wahrung des Pflichtteils hat mit dem hier in Rede stehenden Anfechtungsrechte nichts zu schaffen.

Rechtshandlungen des „Schuldners" — hinaus und wäre mit Rücksicht auf die Natur der Verbindlichkeiten aus Vermächtnissen und Auflagen innerlich nicht gerechtfertigt.

Darum verordnet § 228 I: Die infolge der Anfechtung einer vom Erblasser oder ihm gegenüber vorgenommenen Rechtshandlung der Masse zurückgewonnenen Vermögenswerte dürfen zur Berichtigung von Verbindlichkeiten aus Pflichtteilsrechten, Vermächtnissen und Auflagen nicht verwendet werden.[47]) Daß diesen Verbindlichkeiten die Anfechtung wenigstens mittelbar zum Vorteile gereicht, wird sich freilich nicht immer vermeiden lassen. So z. B. wenn nach vorschriftsmäßiger Verwendung des Anfechtungsergebnisses unerwartet Nachlaßausstände eingehen oder Nachlaßgegenstände ermittelt werden, deren Wert lediglich deshalb den Verbindlichkeiten aus Pflichtteilsrechten, Vermächtnissen und Auflagen zu statten kommt, weil die Nachlaßschulden besseren Ranges bereits ganz oder teilweise durch das Anfechtungsergebnis gedeckt sind.

Die Anfechtung einer Rechtshandlung, die vom Erben in seiner Eigenschaft als Erbe oder ihm gegenüber vorgenommen worden ist, steht hier nicht in Frage. Solche Anfechtung ist auch für Pflichtteilsrechte, Vermächtnisse und Auflagen von unmittelbarem Nutzen. Wegen des Erfordernisses der „Zahlungseinstellung" s. oben [S. 36 f.].

b) Aus der Vorschrift des 228 I schließt L. Seuffert (S. 515): „Folglich ist dem Anfechtungsgegner zurückzuerstatten, was nach Befriedigung der anderen Gläubiger in der Masse übrig bleibt." Dieser Folgerung wird man nicht schlechthin beitreten dürfen. Vielmehr frägt es sich, ob der Anfechtungsgegner überhaupt einen Anspruch gegen die Masse oder den Gemeinschuldner erheben kann, und diese Frage entscheidet sich im Nachlaßkonkurse ganz nach den nämlichen Grundsätzen wie im sonstigen Konkursverfahren. Siehe namentlich KO. §§ 38, 39. Hienach hat der Anfechtungsgegner möglicherweise die Stellung eines Masse- oder Konkursgläubigers. Einen Anspruch auf Entschädigung oder Gewährleistung oder auf Herausgabe eines nach Befriedigung aller Anfechtungsinteressenten in der Masse verbliebenen Überschusses der von ihm zurückgewährten Leistung kann der Anfechtungsgegner jedenfalls dann nicht erheben, wenn er selber fraudis conscius war. Aus seinem eignen dolus kann er keine Ansprüche ableiten. Vgl. BGB. §§ 134, 138. In solchen Fällen verbleibt der Überschuß nach Konkursbeendigung dem Erben als Masserest und kommt vielleicht nach BGB. § 1989 später auftauchenden Nachlaßgläubigern zu Gute. Dagegen kann der redliche Empfänger einer angefochtenen Schenkung den nach Befriedigung aller Anfechtungsinteressenten verbliebenen Rest des zur Masse zurückgewährten Betrages vom Erben unter dem Gesichtspunkt ungerechtfertigter Bereicherung (BGB. § 812) condicieren.

c) Reicht die vorhandene Masse zur Deckung aller den Pflichtteilsrechten, Vermächtnissen und Auflagen im Range vorgehenden Nachlaßschulden aus, so fehlt das rechtliche Interesse für die Anfechtung einer vom Erblasser oder ihm gegenüber vorgenommenen Rechtshandlung.[48]) Diese Thatsache kann der Anfechtungsbeklagte im Wege der Einrede (exceptio doli, BGB

---

[47]) M V S. 638 f., Begründung S. 48.

[48]) Vgl. Endemann Konkursrecht S. 258.

§ 226) geltend machen. An ihm also ist es, den schwierigen Beweis des mangelnden Anfechtungsinteresses zu führen, — schwierig, weil dargethan werden muß, daß die Masse zur Befriedigung aller, auch der nichtangemeldeten Konkursforderungen (ausschließlich der drei genannten Klassen) und zwar zur sofortigen und vollständigen Befriedigung ausreicht. Nicht aber hat der Konkursverwalter zur Begründung der Anfechtungsklage die Unzulänglichkeit zu beweisen, ebenso wenig als er bei Anfechtungen im sonstigen Konkursverfahren darthun muß, daß ein besonderes Interesse an der Anfechtung wegen Überschuldung besteht.[49])

§ 228 II KO. 4. Der im allgemeinen beschränkt haftende Erbe ist den Nachlaßgläubigern nach Eröffnung des Nachlaßkonkurses für seine bisherige Vermögensverwaltung nach näherer Maßgabe der §§ 1978—1980, 2013 wie ein Beauftragter oder wie ein unbeauftragter Geschäftsführer verantwortlich und namentlich im Falle versäumter Konkursbeantragung zum Schadensersatze verpflichtet [oben S. 45]. Außerhalb des Konkurses haftet der Erbe einer bestimmten Klasse von Nachlaßgläubigern, den nach §§ 1970—1974 ausgeschlossenen, nur in einem viel begrenzteren Umfange, nämlich nur unter dem Gesichtspunkt ungerechtfertigter Bereicherung. BGB. §§ 1973 II Satz 1, 2013. Soweit der Erbe nicht mehr bereichert ist, kann er hienach von ausgeschlossenen Nachlaßgläubigern auch nicht in Anspruch genommen werden. § 818 III. Es besteht nun aber kein Anlaß, ausgeschlossene Gläubiger im Konkurse durch Steigerung der Erbenhaftung günstiger zu stellen als sonst. Praktisch wird diese Frage, wenn im Nachlaßkonkurs ein ausgeschlossener Gläubiger die letzte Rangstelle einnimmt. Kommen nach ihm noch nichtausgeschlossene Verbindlichkeiten aus Pflichtteilsrechten, Vermächtnissen oder Auflagen in Betracht (KO. § 226), so muß die Ersatzpflicht des Erben nach §§ 1978—1980 schon mit Rücksicht auf diese Nachlaßschulden verwirklicht werden: der ausgeschlossene Gläubiger zieht also kraft seines Vorranges notwendig zunächst den Vorteil aus dieser Haftung. Folgen hingegen auf den ausgeschlossenen Gläubiger andere Konkursforderungen nicht, so ist dem Erben die seine Bereicherung übersteigende Ersatzleistung zurückzuerstatten. Der ausgeschlossene Gläubiger muß sich an dem genügen lassen, was er außerhalb des Konkurses zu beanspruchen hätte. § 228 II KO.[50])

§ 229 KO. 5. „Die in dem Aufgebotsverfahren zum Zwecke der Ausschließung von Nachlaßgläubigern angemeldeten und nicht ausgeschlossenen Forderungen gelten als auch im Nachlaßkonkurs angemeldet, sofern das Aufgebot von dem Gerichte, bei welchem der Konkurs anhängig wird, erlassen und das Verfahren nicht vor der Eröffnung des Konkursverfahrens ohne Erlassung des Ausschlußurteils erledigt ist.“ KO. § 229.[51])

a) **Zweck** der Vorschrift: den Nachlaßgläubigern, die in einem nach BGB. §§ 1970 ff., CPO. §§ 989 ff. eingeleiteten Aufgebotsverfahren ihre Forderungen nach Gegenstand und Grund (CPO. § 996) bereits angemeldet haben,

---

[49]) Andrer Meinung L. Seuffert aaO. Vgl. indessen Motive der KO. S. 109, v. Wilmowski KO. S. 111 f., v. Völderndorff KO. I S. 342 n. 11, Fitting Reichskonkursrecht § 15, 1, Grützmann Anfechtung S. 101, auch Cosack Anfechtung § 15, 3.

[50]) Begründung S. 48.

[51]) Materialien des § 229 KO.: E I EG. a 13 § 205 a, M hiezu S. 118 (Preuß. KO. v. 8. V 1855 § 360 III u. IV). P. (§ 205 n KO.) n. 456 XVI S. 9474. RB. § 205 m. Begründung S. 49.

soll in einem später eröffneten Nachlaßkonkurse die nochmalige Anmeldung gleichen Inhalts (KO. § 139) aus Rücksichten der Billigkeit erspart werden.

b) Die **Voraussetzungen** dieser Erleichterung sind:

α) Aufgebot und Konkurs müssen von ein und demselben Gericht ausgehen. Regelmäßig ist das für das Aufgebotsverfahren zuständige Amtsgericht (CPO. § 990, FGG. §§ 72, 73) auch Konkursgericht (KO. § 214), da sowohl für die Obliegenheiten des Nachlaßgerichtes als für die Eröffnung des Nachlaßkonkurses dasjenige Amtsgericht zuständig ist, in dessen Bezirk der Erblasser zur Zeit seines Todes seinen Wohnsitz oder in Ermanglung eines inländischen Wohnsitzes seinen Aufenthalt hatte. Ausnahmen können sich namentlich dann ergeben, wenn im Augenblick des Erbfalls ein mehrfacher Wohnsitz des Erblassers und demgemäß ein forum hereditatis an verschiedenen Orten begründet ist [oben S. 47].[52])

β) Das Aufgebotsverfahren muß zur Zeit der Konkurseröffnung entweder noch anhängig (vgl. CPO. § 993 II) oder aber durch Ausschlußurteil erledigt sein. Ist das Aufgebot vor Konkurseröffnung rückgängig gemacht worden, so hat hiemit auch die in diesem Verfahren erfolgte Anmeldung ihre Wirksamkeit verloren. Dies ist z. B. der Fall, wenn das Gericht erst nach Erlassung des Aufgebots seine Unzuständigkeit oder den Mangel der Legitimation des Antragstellers erkannt und dementsprechend die Zurückweisung des Antrags auf Erlassung des Ausschlußurteils beschlossen hat (CPO. § 952 IV).

γ) Die Anmeldung im Aufgebotsverfahren muß ordnungsmäßig erfolgt sein (CPO. § 996). Forderungen, deren Anmeldung den gesetzlichen Vorschriften nicht genügt, verfallen wie nichtangemeldete dem Ausschlusse (CPO. § 995). Solche Ansprüche können im Nachlaßkonkurse zwar als Konkursforderungen minderen Rechtes (KO. § 226 IV) noch zum Zuge gelangen, aber nur auf Grund einer neuen und ordnungsmäßigen Anmeldung (KO. §§ 138 ff.).

c) **Wirkung.** Die Anmeldung im Aufgebotsverfahren **erübrigt** die Anmeldung zum Konkurse. Der Ersatz kann jedoch nur soweit reichen, als sich die wesentlichen Erfordernisse beider Anmeldungen decken (CPO. § 996, KO. § 139): nur die nochmalige Angabe des Betrages (Gegenstandes) und Grundes der Forderung bleibt dem Gläubiger erspart. Beansprucht er ein Vorrecht im Konkurse nach § 61 Ziff. 1—5, so bedarf es einer besonderen und genau bestimmten Anmeldung.[53]) Auch kann das Erfordernis des § 69 — bestimmte, in Reichswährung ausgedrückte Geldsumme —, sowie der Umstand, daß nach der Aufgebotsmeldung Zinsen oder Vertragsstrafen verfallen oder besondere Kosten erwachsen sind (vgl. § 62), eine neue Anmeldung erforderlich machen.

§ 13.

b. Die Masseschulden.

„Masseschulden sind außer den im § 59 bezeichneten Verbindlichkeiten:

1. die dem Erben nach den §§ 1978, 1979 des Bürgerlichen Gesetzbuchs aus dem Nachlasse zu ersetzenden Aufwendungen; § 224 KO.
2. die Kosten der standesmäßigen Beerdigung des Erblassers;

[52]) M z. EG. S. 118.

[53]) M aaO., vgl. RG. v. 24. VI. 90 Bolze X n. 885.

3. die im Falle der Todeserklärung des Erblassers dem Nachlasse zur Last fallenden Kosten des Verfahrens;
4. die Kosten der Eröffnung einer Verfügung des Erblassers von Todeswegen, der gerichtlichen Sicherung des Nachlasses, einer Nachlaßpflegschaft, des Aufgebots der Nachlaßgläubiger und der Inventarerrichtung;
5. die Verbindlichkeiten aus den von einem Nachlaßpfleger oder einem Testamentsvollstrecker vorgenommenen Rechtsgeschäften;
6. die Verbindlichkeiten, welche für den Erben gegenüber einem Nachlaßpfleger, einem Testamentsvollstrecker oder einem Erben, der die Erbschaft ausgeschlagen hat, aus der Geschäftsführung dieser Personen entstanden sind, soweit die Nachlaßgläubiger verpflichtet sein würden, wenn die bezeichneten Personen die Geschäfte für sie zu besorgen gehabt hätten." KO. § 224.[1])

I. Nach römischem Recht war mit vorschriftsmäßiger Inventarerrichtung unter anderm die Wirkung verknüpft, daß notwendige Erbschaftsausgaben von den Nachlaßaktiven im Voraus abgerechnet werden durften: in computatione patrimonii damus ei (sc. heredi) excipere et retinere, quidquid in funus expendit vel in testamenti insinuationem vel inventarii confectionem vel in alias necessarias causas hereditatis approbaverit sese persolvisse. C. 22 § 9 de iure deliberandi VI 30.[2]) Im neuen Reichsrecht ist das beneficium inventarii für den Fall der Überschuldung des Nachlasses ersetzt durch den Nachlaßkonkurs, und auch hier wird Ansprüchen wegen der im Interesse der Erbschaft gemachten Aufwendungen eine bevorzugte Befriedigung eingeräumt, indem diese Ansprüche der Zahl der Masseschulden (KO. § 59) einverleibt werden.

II. Im Einzelnen werden den Masseschulden des § 59[3]) folgende Verbindlichkeiten für den Fall des Nachlaßkonkurses eingereiht:

Ziffer 1. Der Erstattungsanspruch des — im allgemeinen — beschränkt haftenden **Erben** für Aufwendungen zu Nachlaßzwecken, insbesondere für die Berichtigung von Nachlaßverbindlichkeiten aus eigenen Mitteln (actio mandati oder negotiorum gestorum contraria): BGB. §§ 1978 III, 1979, 2013 vb. m. 670, 683, vgl. §§ 256, 257. Aus den für Rechnung des Nachlasses vorgenommenen Rechtshandlungen des Erben entspringen also unter den Voraussetzungen der genannten Gesetzesstellen Masseschulden wie aus den Rechtshandlungen des Konkursverwalters (KO. § 59 Ziff. 1). Wäre dem Erben dieser Anspruch auf Vorzugsbefriedigung versagt, so müßte er gewärtig sein, für die ihm bei Besorgung von Nachlaßangelegenheiten erwachsenden Auslagen nur teilweise Ersatz zu finden — eine Gefahr, die jeden vorsichtigen Erben bei zweifelhaftem Stande des nachgelassenen Vermögens davon abschrecken müßte, sich um dessen Angelegenheiten zu kümmern. Den Schaden hätten die Nachlaßgläubiger zu tragen. Die Vorschrift der Ziff. 1 entspricht also mittelbar auch ihren Interessen.[4])

Daß und warum dem Erben wegen der hier in Rede stehenden Ansprüche ein Zurückbehaltungsrecht nicht zukommt, wird im folgenden Paragraphen erörtert.

---

[1]) Materialien des § 224 KO.: E. I §§ 18, 2113; M. I S. 45f., V S. 629—631. P. n. 5 II S. 39—41, n. 393 II S. 7937f., n. 456 XV 3 S. 9470 und 9472. RV. § 205g; Begründung S. 44.

[2]) Windscheid Pandekten III § 606 Ziff. 3, J. A. und E. A. Seuffert Pandekten § 572 N. 13. Vgl. Dernburg Preuß. Priv. R. III § 224 Ziff. 4.

[3]) Vgl. auch noch KO. §§ 27, 28.

[4]) Vgl. M V S. 629 und 630.

Ziffer 2. Die Kosten standesmäßiger **Beerdigung** des Erblassers, nicht seiner Angehörigen, nicht des Erben. Die Nachlaßverbindlichkeit der Begräbniskosten (BGB. § 1968, vgl. § 2022) wird damit für den Nachlaßkonkurs, nicht auch für den persönlichen Konkurs des verpflichteten Erben, zur Masseschuld erhoben. Ob der Erblasser vor oder (was denkbar ist) nach Konkurseröffnung „beerdigt" wird, begründet keinen Unterschied, denn lex non distinguit. Auch im letzteren Falle werden sonach die Aufwendungen eines standesmäßigen d. h. eines der Lebensstellung des Verstorbenen entsprechenden Begräbnisses (BGB. §§ 1610 I, M V S. 535f. und 631), nicht nur „die mit der Beerdigung unvermeidlich verbundenen Auslagen"[5]) den Masseschulden zugezählt.

Massegläubiger nach Ziff. 2 ist diejenige physische oder juristische Person, welche die noch ausstehenden Leichenkosten — für Lieferung des Sarges, Arbeiten an der Grabstätte, Vornahme des Begräbnisses, Grabgeläute, Gottesdienst u. s. w. — zu beanspruchen hat. Falls der Erbe die hiefür erforderlichen Beträge vor Konkurseröffnung bereits ausgelegt hat, kann er mit seiner Ersatzforderung unter den Voraussetzungen der Ziff. 1 als Massegläubiger auftreten und rückt im Falle des § 225 II in die Stelle des befriedigten Nachlaßgläubigers ein. Einem Dritten hingegen — z. B. einem Freund des Erblassers, einem Armenverbande — steht auf Grund des Vorschießens oder nachträglicher Zahlung der Beerdigungskosten ein Anspruch gegen die Masse nach Ziff. 2 nur dann zu, wenn ihm die Kostenforderung durch ausdrückliche oder nach Lage der Sache anzunehmende stillschweigende Abtretung übertragen worden ist (BGB. § 398, vgl. § 401 II). Kraft des Gesetzes geht die Kostenforderung auf den befriedigenden Dritten nicht über.[6])

Trauerkleider für vermögenslose Angehörige und das Gesinde des Erblassers gehören zu den Kosten der Ziff. 2 nur, soweit die Lebensstellung des Verstorbenen und das Herkommen am Orte der Bestattung eine Trauerkleidung erforderlich machen. Ist also z. B. die Teilnahme der Witwe am Leichenbegängnisse Brauch, so gehört auch — wofern nur die Witwe selber mittellos ist — die Anschaffung der zu dieser Teilnahme notwendigen standesgemäßen Trauerkleider zum Aufwande der „Beerdigung."[7])

Das Vorrecht der Leichenkosten entspricht der Überlieferung[8]) und der Sitte. Nach gemeinem Konkursrecht waren die Kosten „notdürftiger" Bestattung eines bei

---

[5]) So österr. KO. § 43 Ziff. 1 (Konkursforderung ersten Ranges) für den Fall, daß der Gemeinschuldner nach Konkurseröffnung gestorben ist. Starb der Schuldner vor Konkurseröffnung, so sind die Kosten eines dem Gebrauch des Ortes, dem Stand und Vermögen des Verstorbenen angemessenen Leichenbegängnisses Konkursforderung ersten Ranges (KO. ibid., ö. BGB. § 549). Pollack Österr. Konkursrecht (1897) S. 179. Vgl. ferner Dänemark § 31 II a: „die zu einer bescheidenen, aber doch schicklichen Beerdigung des Schuldners aufgewandten Kosten" (ohne Unterscheidung); Ungarn § 49 Ziff. 4: „Massekosten sind die notwendigsten Krankheits- und Beerdigungskosten des in völliger Armut nach der Konkurseröffnung verstorbenen Gemeinschuldners." Nach deutschem Recht fallen die Krankheitskosten unter § 61 Ziff. 4 KO.

[6]) Anders z. B. Dabelow „Lehre vom Konkurse der Gläubiger" (1801) S. 596 für das gemeine, Zachariä-Crome II S. 18 N. 4 für das französische, Pollack S. 179 N. 9 für das österreichische Recht.

[7]) S. dagegen v. Völderndorff KO. (2. Aufl.) Bd. I S. 604 N. 31, für das gemeine Recht Dabelow S. 596f. und Schweppe „System des Konkurses der Gläubiger" 3. Aufl. (1829) S. 76. Vgl. indessen Zachariä-Crome II S. 19 und Litteratur in Note 7, ferner Pelletier II S. 147: la quotité des frais funéraires est évaluée suivant la condition et la fortune du défunt, y compris le deuil de la femme et des domestiques (Caen, 15. VII. 1836).

[8]) „Quilibet de suo funerandus". Vgl. fr. 26 und 45 de religiosis XI 7. Nach fr. 14 § 1 eod. gehen die Leichenkosten sogar Pfandrechten vor (Dabelow S. 185 N. 5). S. ferner code civil a. 2101 Z. 2, Zachariä-Crome II S. 18 und 19, sowie — außer den bereits [Note 5]

Konkurseröffnung noch unbeerdigten oder während des Verfahrens verstorbenen Schuldners aus der Masse zu bestreiten.[9]) Mit diesem Standpunkt hatte die Reichskonkursordnung gebrochen und jegliche Bevorzugung der Begräbniskosten verworfen: sie sollten weder Massekosten oder Masseschulden noch bevorrechtete Konkursforderungen sein.[10]) Vergeblich bemühten sich die Motive (S. 244, 256 f.) den Rückschritt, den diese Neuerung bedeutete, zu bemänteln, und mit Fug hat die Novelle, freilich ohne des schroffen Gegensatzes zum geltenden Recht auch nur mit einem Worte zu gedenken, wieder in die alten Bahnen eingelenkt. Öffentliches Interesse und Volksanschauung gebieten — so bemerkt die Begründung S. 44 lakonisch genug — die Einreihung der Kosten standesgemäßer Beerdigung unter die Masseschulden. Es mag dahingestellt bleiben, ob die Reaktion in diesem noch über den gemeinrechtlichen Standpunkt hinausgehenden Umfange gut geheißen werden darf, desgleichen, ob es sich nicht empfohlen hätte, die Leichenkosten unter § 58 Ziff. 3 KO. zu stellen. Nur eins sei hervorgehoben: wer bestreitet, daß der Konkurs einer Person mit deren Tod in einen Nachlaßkonkurs übergeht, muß zugeben, daß einerseits die Kosten „standesmäßiger" Bestattung des vor Konkurseröffnung verstorbenen Schuldners im Nachlaßkonkurs eine Masseschuld begründen, während andrerseits die Masse für Beerdigung des nach Gantausbruch verstorbenen Gemeinschuldners nicht einmal notdürftig zu sorgen verpflichtet ist, ja daß letzternfalls die Leichenkosten arg. § 3 KO. auch nicht zu den einfachen Konkursforderungen zählen. Von unserm Standpunkt aus [S. 30] sind im Falle des Ablebens eines Gemeinschuldners auf die weitere Durchführung des schwebenden Verfahrens die Regeln des Nachlaßkonkurses insoweit anzuwenden, als sie nach Lage der Sache überhaupt angewandt werden können. So wird der bezeichnete Widerspruch vermieden.

Ziffer 3. Die Kosten **der Todeserklärung** des Erblassers. Ist dieser im Wege des Aufgebotsverfahrens für tot erklärt worden (BGB. §§ 13—19, CPO. §§ 960 ff.), so muß aus Rücksichten der Billigkeit der Nachlaß die dem Antragsteller erwachsenen, zur zweckentsprechenden Durchführung des Verfahrens notwendig gewordenen Kosten tragen (CPO. § 971) und zwar mit der Maßgabe, daß der Erstattungsanspruch des Antragstellers im Nachlaßkonkurse zu den Masseschulden zählt.[11]) Meldet sich der Verschollene nach erfolgter Todeserklärung und Eröffnung des Nachlaßkonkurses, so bleiben die Kosten der Todeserklärung gleichwohl auf seinem Vermögen lasten und behalten, soferne das Konkursverfahren überhaupt durchgeführt wird, in

genannten fremden Rechten — Schweiz a. 219 mit 146 II, Brasilien a. 67 b. Auch in England „rangieren die Ansprüche des Mobiliarnachlaßrepräsentanten wegen der Begräbniskosten vor allen andern Konkursforderungen", Inhulsen bei Leske und Löwenfeld, Rechtsverfolgung im internationalen Verkehr, II S. 917. Vgl. hiezu Motive der KO. S. 257.]

[9]) S. namentlich Dabelow S. 184—191, 596 und 597; Schweppe § 40 S. 76. Gegenansichten: Motive der KO. S. 244 N. 2.

[10]) Daß ein von der Gläubigerschaft der Familie des verstorbenen Gemeinschuldners aus freien Stücken bewilligter Unterstützungsbetrag (§ 58 Ziff. 3) zu Beerdigungszwecken verwandt werden kann, ist selbstverständlich; aber damit gewinnen — wie Petersen-Kleinfeller S. 261 mit Recht ausführen — die Begräbniskosten noch nicht den Charakter von Rechtsansprüchen gegen die Masse. Vgl. neuerdings auch Wolff, die Massegläubiger im Konkurse, Zeitschrift f. deutsch. Civilprozeß Bd. XXII S. 304 und 305. Doch fehlt für die Behauptung dieses Schriftstellers, der Verwalter müsse einen bei Konkurseröffnung noch unbestatteten Schuldner für Rechnung der Masse (KO. § 59 Ziff. 1) beerdigen lassen, jeder positive Anhalt. Bestände aber eine solche Verpflichtung des Verwalters, so müßte sie sich doch wohl auch auf die Beerdigung des erst nach Konkurseröffnung verstorbenen Gemeinschuldners beziehen.

[11]) E I § 18, M I S. 45 f., daselbst das bisherige Recht.

demselben die Eigenschaft einer Masseschuld. Gleiches gilt für den Fall, daß im Anfechtungsweg ein anderer als der im Ausschlußurteil angenommene Todestag festgestellt wird (CPO. §§ 970 II, 973). Beidemal wird selbstverständlich ein dem Verschollenen gegen den Antragsteller auf Grund widerrechtlichen Handelns (BGB. § 823) zustehender Ersatzanspruch nicht berührt.[12])

Ziffer 4:

a) Kosten **der Eröffnung** einer Verfügung des Erblassers von Todeswegen (BGB. §§ 2259 ff., 2273, 2300). Hiezu bemerken die Motive V S. 630: „Bedenken kann die Aufnahme der Kosten für die Eröffnung einer Verfügung von Todeswegen hervorrufen. Es kann als eine gewisse Härte für die Nachlaßgläubiger bezeichnet werden, daß sie zu diesen Kosten beitragen sollen, obschon sie an sich durch die Errichtung einer Verfügung von Todeswegen seitens des Erblassers nicht berührt werden. Allein die Eröffnung der Verfügung von Todeswegen dient zur Klarstellung der Gesamtrechtsnachfolge, und erfolgt daher in einem gewissen Sinne auch im Interesse der Gläubiger. Die Vorschrift entspricht dem gemeinen Rechte, C. 22 § 9 de iure delib. VI 30, dem sächs. GB. § 2329 und wohl auch dem preußischen Rechte."

b) Kosten der **gerichtlichen Sicherung** des Nachlasses (BGB. § 1960, E. G. z. B. BGB. a. 140). Vgl. code civil a. 810. Hieher gehören z. B. die Kosten einer Siegelanlage, sowie der Hinterlegung nachgelassener Wertgegenstände (BGB. § 1960 II).

c) Kosten einer **Nachlaßpflegschaft** (BGB. §§ 1960—1962), die auch während des Konkurses noch fortdauern kann [oben S. 33], und einer Nachlaßverwaltung insbesondere (BGB. §§ 1975, 1981 ff.), die nach § 1988 I mit Konkurseröffnung ihr Ende erreicht.[13])

d) Kosten des Aufgebotsverfahrens zum Zwecke der **Ausschließung von Nachlaßgläubigern** auf Grund des § 1970 BGB. (CPO. §§ 989 ff.). Das Gläubigeraufgebot soll nicht erlassen werden, wenn der Nachlaßkonkurs beantragt ist, und wird durch dessen Eröffnung beendigt, da der Konkurs sein eigenes Aufgebot hat (CPO. § 993, s. KO. §§ 138 ff.). Ist aber das Aufgebot einmal erlassen worden, so kann der Antragsteller (CPO. § 991) in einem später eröffneten Nachlaßkonkurs Erstattung der ihm erwachsenen Kosten als Massegläubiger fordern.

e) Kosten der **Inventarerrichtung** (BGB. §§ 1993 ff., 1960 II).[14]) Der Erbe fordert Kostenerstattung als Massegläubiger, mag er nun selbst unter amtlicher Mitwirkung inventarisiert (§ 2002) oder die Inventur beim Nachlaßgerichte beantragt haben (§ 2003).[15])

Ziffer 5. Verbindlichkeiten aus Rechtsgeschäften eines **Nachlaßpflegers** (BGB. §§ 1960 ff., 1981 ff.) oder **Testamentsvollstreckers** (BGB. §§ 2197 ff., bes. 2206—2208). Massegläubiger ist derjenige Dritte, mit welchem Nachlaßpfleger, Nachlaßverwalter oder Testamentsvollstrecker in ihrer Eigenschaft als Vertreter des

---

[12]) M I S. 46.

[13]) Anders der österr. oberste Gerichtshof v. 24. VI. 91 Z. 7513 und v. 16. XI. 77 Z. 7439.

[14]) Vgl. code civil a. 810; anders oberster Gerichtshof Wien vom 16. IX. 77 Z. 7439, wofern nicht das Konkursinventar auf der Nachlaßaufzeichnung beruht: 3. XII. 84 Z. 13552.

[15]) S. M V S. 630.

Erben kontrahiert haben. Die aus solchen Rechtsgeschäften erwachsenen Verpflichtungen treffen den Erben als Erben und zählen darum zu den Nachlaßverbindlichkeiten (BGB. § 1967 II).[16]) Ihr Vorrang im Nachlaßkonkurse beruht darauf, daß es sich um Geschäftsbesorgungen für den Nachlaß handelt: wäre der Dritte auf die Konkursdividende angewiesen, so würde auf seine Kosten die Gläubigerschaft ungerechtfertigt bereichert.[17]) Ganz ebenso sind die Verbindlichkeiten aus Handlungen des Nachlaßkonkursverwalters, Nachlaßverbindlichkeiten (BGB .§ 1967 II) und Masseschulden (KO. § 59 Ziff. 1).

Ziffer 6. Ansprüche, die einem **Nachlaßpfleger, Testamentsvollstrecker** oder **ausschlagenden Erben** als Kosten ihrer Geschäftsführung gegen den endgiltig annehmenden Erben (BGB. § 1943) zustehen, soweit die Nachlaßgläubiger verpflichtet sein würden, wenn jene Personen unmittelbar für sie zu handeln gehabt hätten, m. a. W. soweit die Geschäftsführung den Nachlaßgläubigern gegenüber gerechtfertigt war.[18]) Massegläubiger ist also nach Ziff. 6 der Nachlaßpfleger und Nachlaßverwalter, der Testamentsvollstrecker sowie der ausschlagende Erbe (Gegensatz Ziff. 5). Den heres cum pleno iure treffen auch diese Schulden in seiner Eigenschaft als Erben, auch sie gehören somit nach BGB. § 1967 II zu den Nachlaßverbindlichkeiten und zählen im Nachlaßkonkurse zu den Masseschulden, weil und insoweit sie auf Geschäftsbesorgungen im Interesse des Nachlasses und (sonach mittelbar im Interesse) der Nachlaßgläubiger beruhen. Hieher sind namentlich die Ansprüche auf Ersatz von Aufwendungen zu rechnen, die dem Nachlaßpfleger, Nachlaßverwalter und Testamentsvollstrecker nach den für den Auftrag (BGB. § 670) geltenden Vorschriften (§§ 1960 II und 1975 mit 1835, 1915, 2218), dem ausschlagenden Erben nach den Grundsätzen der Geschäftsführung ohne Auftrag (§§ 1959 I, 683) vom endgiltig Erbenden zu ersetzen sind. Außerdem fallen aber auch die Honoraransprüche des Nachlaßpflegers (§§ 1836, 1915), Nachlaßverwalters (§ 1987) und Testamentsvollstreckers (§ 2221) unter die Masseschulden der Ziffer 6. Hat der im allgemeinen beschränkt haftende Erbe solche Nachlaßverbindlichkeiten aus eignen Mitteln berichtigt, so kann er unter den Voraussetzungen der Ziff. 1 einen selbständigen Ersatzanspruch als Massegläubiger erheben und tritt im Falle des § 225 II KO. an die Stelle des befriedigten Massegläubigers. Im Ergebnis bleibt es sich ganz gleich,[19]) unter welchem Gesichtspunkt der Erbe Ersatz fordert, denn nach Ziff. 6 haftet die Masse gerade soweit, als sie nach Ziff. 1 dem Erben für die von ihm ausgelegten Kosten der Geschäftsführung aufzukommen hat. War letztere also gegen das Interesse des Nachlasses, aber mit Zustimmung des Erben unternommen, so haftet zwar der Erbe, aber aus der Nachlaßkonkursmasse können die Kosten weder nach Ziff. 6 noch nach Ziff. 1 gefordert werden.[20])

III. Die Masseschulden der Ziffern 1—6 stehen sämtlich mit denjenigen des § 59 KO. auf der nämlichen Rangstufe und sind deshalb, wenn der Nachlaß zur Deckung aller Masseschulden nicht hinreichen sollte, unter Ausschluß der Massekosten (§ 58) anteilsmäßig — nicht etwa nach der Ziffernfolge — zu befriedigen (§ 60).

---

[16]) E I § 2092, M V S. 603.

[17]) S. M V S. 630. Vgl. BGB. § 278 (auch der Testamentsvollstrecker ist „gesetzlicher" Vertreter des Erben, M V S. 236).

[18]) P. S. 9472.

[19]) Wenigstens bei Vollbefriedigung des Gläubigers s. unten [§ 14].

[20]) P. aaO.

§ 14.

c. Die Ansprüche des Erben insbesondere.

Der § 225 KO.[1]) verordnet:

„Der Erbe kann die ihm gegen den Erblasser zustehenden Ansprüche geltend machen.

Hat der Erbe eine Nachlaßverbindlichkeit berichtigt, so tritt er, soweit nicht die Berichtigung nach § 1979 des Bürgerlichen Gesetzbuchs als für Rechnung des Nachlasses erfolgt gilt, an die Stelle des Gläubigers, es sei denn, daß er für die Nachlaßverbindlichkeiten unbeschränkt haftet.

Haftet der Erbe einem einzelnen Gläubiger gegenüber unbeschränkt, so kann er dessen Forderung für den Fall geltend machen, daß der Gläubiger sie nicht geltend macht."

I. **Grundsatz.** Mit Eröffnung des Nachlaßkonkurses wird die zwischen dem § 225 I KO. Nachlaß und dem sonstigen Vermögen des Erben eingetretene Vereinigung wieder rückgängig: confusio und consolidatio gelten als nicht erfolgt (BGB. § 1976). Die Gütertrennung ermöglicht das Bestehen selbständiger rechtlicher Beziehungen zwischen dem Sondergute (Nachlaß) und dem übrigen Vermögen des Erben, obschon dieser Subjekt beider Massen bleibt (vgl. peculium, Vermögen der offenen Handelsgesellschaft, Schiffsvermögen). Danach versteht es sich von selbst, daß der Erbe die ihm gegen den Erblasser erwachsenen persönlichen und dinglichen Ansprüche gegenüber der Nachlaßkonkursmasse verfolgen kann. Ist er auch als Gemeinschuldner im Nachlaßkonkurse zu betrachten, so ist er doch nur als Herr eines Sondergutes, nicht eo ipso in Ansehung seines übrigen Vermögens vergantet. Insoweit der Erbe Ansprüche gegen die Konkursmasse hat, ist er eben hier — und gleiches gilt in jedem andern Sonderkonkurse — nicht Gemeinschuldner. Die Vorschrift des § 225 I ist sonach überflüssig und — wie M V S. 633, Begründung S. 45 betonen — lediglich zur Ausschließung eines Zweifels aufgenommen worden.

Demgemäß kann der Erbe im Nachlaßkonkurs als Konkursgläubiger auftreten mit Forderungen, die ihm z. B. aus Rechtsgeschäften (Kauf, Miete, Darlehen) mit dem Erblasser erwachsen sind. Seine Ansprüche gegen den letzteren im Sinne des § 225 I können aber auch Aussonderungs- und Absonderungsrechte begründen: so, wenn dem Erben bereits gegen den Erblasser eine rei vindicatio (BGB. § 985) zustand, wenn letzterer dem Erben einen nunmehr zur Konkursmasse gehörigen Gegenstand verpfändet hatte. Auch Massegläubiger kann der Erbe im Nachlaßkonkurse sein und zwar nicht bloß mit Ansprüchen, die erst nach dem Erbfall entstanden sind (KO. § 224), sondern auch auf Grund eines bereits mit dem Erblasser geschlossenen zweiseitigen Vertrages (KO. § 59 Ziff. 2). Ein bereits gegen den Erblasser — nicht erst gegen die Nachlaßkonkursmasse — entstandener Anspruch des Erben aus ungerechtfertigter Bereicherung (BGB. § 812) hat jedoch die Natur einer gewöhnlichen Konkursforderung, nicht die einer Masseschuld nach KO. § 59 Ziff. 3.

Ob der Erbe den Nachlaßgläubigern beschränkt oder unbeschränkt haftet, begründet für die Anwendbarkeit des § 225 I keinen Unterschied, da BGB. § 1976

---

[1]) Materialien des § 225 KO.: E I § 2115, M V S. 633f. P. n. 392 IX S. 7930f. n. 393 IV S. 7938f., n. 393 XI A 3 S. 7955, n. 456 XV 3 S. 9470ff., bes. S. 9473. RV. § 205 h Begründung S. 44 und 45.

auch bei allgemeiner oder partieller Verwirkung des Haftungsbeschränkungsrechtes gilt (arg. e contr. § 2013).[2])

§. 225 II KO. II. **Berichtigung von Nachlaßverbindlichkeiten.**

1. Aufwendungen, die der Erbe zur Berichtigung von Nachlaßverbindlichkeiten gemacht hat oder noch machen muß (vgl. BGB. § 257), gelten als für Rechnung des Nachlasses erfolgt, wenn der Erbe den Umständen nach annehmen durfte, daß der Nachlaß zur Deckung aller Schulden ausreichen werde (BGB. § 1979). In diesem Fall ist der Erbe mit seiner Ersatzforderung (§ 1978 III) Massegläubiger nach KO. § 224 Ziff. 1. Hat er aber eine Nachlaßverbindlichkeit erfüllt, obgleich er die Überschuldung des Nachlasses kannte oder hätte kennen sollen (§ 1980 II), so muß er, wenn die Leistung aus Nachlaßmitteln erfolgt war, nach § 1978 I, II Ersatz zur Konkursmasse leisten und hat wegen einer aus seinem eigenen Vermögen gewährten Befriedigung einen Erstattungsanspruch aus § 1978 III nicht. So besteht die Gefahr, daß nach dem Ausscheiden des befriedigten Nachlaßgläubigers die ihm gleich- oder nachstehenden Konkursgläubiger auf Kosten des Erben um den Betrag bereichert werden, der bei Beteiligung des Ausgeschiedenen am Konkurse als Dividende auf seine Forderung entfallen wäre. Um dieser Unbilligkeit vorzubeugen, verordnet § 225 II: der Erbe tritt an die Stelle des von ihm befriedigten Nachlaßgläubigers, kann also die berichtigte Forderung im Nachlaßkonkurse für sich geltend machen und erhält so wenigstens einen Teilersatz, nämlich das, was der fortgefallene Gläubiger selbst im Konkurse erhalten haben würde.

2. Die ratio legis des § 225 II ist sonach die: es soll verhütet werden, daß die dem Befriedigten gleich- oder nachstehenden Gläubiger sich auf Kosten des Erben bereichern.

   a) Hat der Erbe die Möglichkeit der Haftungsbeschränkung im Allgemeinen verwirkt (BGB. § 2013 I), so ist die bei beschränkter Haftung bestehende Gefahr, daß sich Konkursgläubiger zu seinem Nachteile bereichern nicht begründet. Denn für den Konkursausfall hat ja der unbeschränkt haftende Erbe mit seinem eigenen Vermögen einzustehen. Darum rückt der letztere nicht an die Stelle des von ihm befriedigten Gläubigers ein. Diese Konsequenz ist im Gesetz ausdrücklich gezogen worden, nachdem die Kommission für die zweite Lesung des EBGB. einen dahinlautenden Antrag mit der gewiß ungerechtfertigten Bemerkung abgethan hatte: eine Schädigung der Konkursgläubiger sei bei Anwendbarkeit des Abs. II (und III) zu Gunsten eines unbeschränkt haftenden Erben umdeswillen nicht zu besorgen, weil die Konkursgläubiger die hienach dem Erben zustehenden Ansprüche zu pfänden in der Lage seien.[3]) Eine solche Verweisung der Gläubiger auf die Pfändung der Erbenansprüche wäre ebenso unzweckmäßig als folgewidrig gewesen.

   b) Haftet der Erbe nur einzelnen Nachlaßgläubigern gegenüber unbeschränkt (BGB. §§ 2013 II, 2006 II), so findet § 225 II Anwendung und zwar auch dann, wenn der Erbe einen Gläubiger befriedigte, demgegenüber er das Recht der Haftungsbeschränkung verwirkt hatte. Denn hier würden sich allerdings die übrigen — zur Vollstreckung in das eigene Vermögen des Erben nicht befugten — Gläubiger auf Kosten des letzteren bereichern, wenn dieser aus

[2]) Begründung S. 45.
[3]) P. S. 9473.

der Masse die Konkursdividende für die von ihm berichtigte Nachlaßschuld nicht fordern dürfte. Diese Folgerung ist in den Gesetzesworten „es sei denn, daß er für die Nachlaßverbindlichkeiten unbeschränkt haftet“[4]) mit genügender Klarheit zum Ausdruck gelangt. [Vgl. auch III.]

3. Der Erbe tritt kraft einer cessio legis an die Stelle des von ihm befriedigten Nachlaßgläubigers und erlangt mithin dessen Forderungsrecht so, wie es dem Befriedigten selbst zustand z. B. als Masseschuld oder zugleich mit einem im Nachlaßkonkurse wirksamen Absonderungs- oder Vorzugsrecht (BGB. §§ 401, 412). Mehr als der Gläubiger im Nachlaßkonkurs erhalten hätte, kann auch der Erbe nicht erlangen; insbesondere begründet die Erfüllung einer ausgeschlossenen (BGB. §§ 1973, 1974) Nachlaßverbindlichkeit für den Erben nur eine Konkursforderung minderen Ranges nach KO. § 226 IV.[5]) Möglicherweise aber bekommt der Erbe im Nachlaßkonkurse mehr, als der Gläubiger von ihm erhalten hat. Der Erbe darf nämlich eine nach § 225 II erworbene Forderung auch dann zum vollen Nennbetrage geltend machen, wenn sich der Gläubiger mit einer geringeren Zahlung für abgefunden erklärt hat. Denn es handelt sich, wie betont, um eine gesetzliche Forderungsübertragung, nicht — wie im Falle des § 1979 BGB. — um Ersatz von „Aufwendungen“. Hätte die Berichtigung der Nachlaßverbindlichkeit gemäß § 1979 als für Rechnung des Nachlasses erfolgt zu gelten, so würde sich der Anspruch des Erben allerdings als Ersatzforderung nach § 1978 III qualifizieren, und dann könnte der Erbe den Nachlaßgläubigern nur soviel — wenn auch als Masseschuld (KO. § 224 Ziff. 1) — in Rechnung stellen, als er thatsächlich ausgelegt hat.[6]) Es ist sonach im Falle der Abfindung eines Nachlaßgläubigers durch den Erben nicht ausgeschlossen, daß dieser mit einer bloßen Konkursforderung aus § 225 II besser fährt wie als Massegläubiger nach § 224 Ziff. 1.[7])

Hat der Erbe eine Teilzahlung als Teilzahlung — nicht zur Abfindung — geleistet, so geht nach § 225 II die Forderung auch nur zum berichtigten Teilbetrag auf ihn über. Zum Restbetrage bleibt der Nachlaßgläubiger Konkursgläubiger und zwar mit gleichen Rechten wie der Erbe. Nach vorbehaltloser Teilzahlung steht dem Erben gegen den Befriedigten eine condictio ob causam ebenso wenig zu als nach vorbehaltloser Vollzahlung.[8])

III. Hat der Erbe die Möglichkeit der Haftungsbeschränkung nicht im Allgemeinen, sondern nur einem einzelnen Gläubiger gegenüber verwirkt (BGB. § 2006 III)[9]), so kann er auf Grund einer vor Konkurseröffnung erfolgten Befriedigung dieses Gläubigers im Nachlaßkonkurs entweder als Massegläubiger mit einem Ersatzanspruch nach § 224 Ziff. 1 oder als gesetzlicher Cessionar des Befriedigten nach § 225 II auftreten, je nachdem die Leistung unter Umständen erfolgt war, die zur Annahme der Zulänglichkeit des Nachlasses berechtigten oder nicht (BGB. § 1979). Der gesetzliche Forderungsübergang nach § 225 II vollzieht sich aber auch dann, wenn der Erbe jenen Gläubiger erst nach Konkurseröffnung befriedigt.[10]) Denn das Gesetz § 225 III KO.

[4]) Vgl. Fassung des § 2013 I und II BGB.
[5]) M V S. 652.
[6]) Vgl. die vortreffliche Bemerkung von Eccius IV § 270 N. 58.
[7]) Vgl. M V S. 634.
[8]) Vgl. M aaO., L. Seuffert S. 512. (BGB. § 812 I Satz 2, zweite Hälfte.)
[9]) Vgl. P. S. 7913—7916.
[10]) Compensatio solutionis vicem obtinet. [Oben S. 56.]

unterscheidet nicht, und der Erbe hat ein wohlbegründetes Interesse daran, sich durch Einrücken in das Forderungsrecht seines Gläubigers die Konkursdividende zu retten, wenn letzterer im Vertrauen auf die persönliche Haftung des Erben am Nachlaßkonkurse gar nicht teilnimmt oder seine Anmeldung zurückzieht. Das Gesetz geht aber noch einen Schritt weiter und gestattet dem nur gegenüber einem einzelnen Gläubiger unbeschränkt haftenden Erben, selbst **ohne** vorgängige Befriedigung dieses Gläubigers dessen Forderung im Nachlaßkonkurse geltend zu machen, falls sie der Gläubiger in diesem Verfahren nicht selbst verfolgt. So ist für den Fall des Nachlaßkonkurses die — nur partiell unbeschränkte — Haftung des Erben im Ergebnisse zur bloßen Ausfallhaftung abgeschwächt. Nach allgemeiner Verwirkung der Haftungsbeschränkungsmacht hingegen ist § 225 III, wie seine Fassung außer Zweifel stellt, unanwendbar. Solchenfalls rückt der Erbe in die Forderung eines von ihm befriedigten und somit aus dem Verfahren ausscheidenden Nachlaßgläubigers nicht ein.

IV. „Dem Erben steht wegen der ihm nach den §§ 1978, 1979 des Bürgerlichen Gesetzbuchs aus dem Nachlasse zu ersetzenden Aufwendungen ein **Zurückbehaltungsrecht** nicht zu" KO. § 223.[11])

§ 223 KO. 1. Übereinstimmend mit L. Seuffert S. 510f. macht die Begründung S. 43 geltend: „Zufolge der Bestimmung des § 1978 Abs. 1 des Bürgerlichen Gesetzbuchs ist der Erbe den Nachlaßgläubigern für die bisherige Verwaltung des Nachlasses und zwar, was die Zeit vor der Annahme der Erbschaft betrifft, nach Maßgabe der Vorschriften über die Geschäftsführung ohne Auftrag §§ 677 ff. BGB.), von der Annahme ab jedoch nach Maßgabe der Vorschriften über den Auftrag (§§ 662 ff.) verantwortlich. Andererseits sind ihm gemäß § 1978 Abs. 3 aus dem Nachlasse seine Aufwendungen zu ersetzen, soweit er nach jenen Vorschriften Ersatz verlangen könnte. Wegen solcher Aufwendungen steht ihm vermöge der Vorschrift des § 273 BGB. im allgemeinen auch das Recht zu, die Herausgabe des Nachlasses zu verweigern, bis ihm die Aufwendungen ersetzt sind. Durch die Ausübung des Zurückbehaltungsrechts gegenüber dem Konkursverwalter könnte jedoch die Verwertung der Masse erheblich verzögert und der Verwalter unter Umständen genötigt werden, zum Zwecke der Berichtigung der Ersatzforderungen des Erben Geld auf den Kredit der Masse aufzunehmen. Andererseits ist der Erbe dadurch, daß sein Ersatzanspruch zu den Masseschulden gehört (§ 205 g n. 1 des Entwurfs[12]) genügend gesichert. Demgemäß schließt der § 205f[13]) das Zurückbehaltungsrecht des Erben für den Fall des Nachlaßkonkurses aus."

Nun ist zwar gewiß, daß die Rechtsordnung unter keinen Umständen dem Erben das in Rede stehende Zurückbehaltungsrecht zuerkennen darf. Fraglich aber erscheint, ob es zur Ausschließung dieser Befugnis einer besonderen Gesetzesbestimmung bedurfte und ob für eine solche die Konkursordnung der geeignete Platz war. In dieser Hinsicht ist zu bemerken:

Der Erbe wird als **Gemeinschuldner** des Nachlaßkonkurses wie jeder andere Gemeinschuldner unmittelbar durch das Gesetz (KO. §§ 6, 117) gezwungen, dem Konkursverwalter das gesamte zur Masse gehörige Ver-

---

[11]) Materialien des § 223 KO.: E. I § 2112 Satz 3, M V S. 628. P. n. 392 IX S. 7929—7931, n. 393 I S. 7933—7936, n. 456 XV 3 S. 9469 und 9472. RV. § 205f., Begründung S. 43 und 44.

[12]) Gesetz § 224 n. 1.

[13]) Gesetz § 223.

mögen — dessen Besitz nach BGB. § 857 durch den Erbfall von Rechtswegen auf den Erben übergegangen ist — auszuliefern. Diese Herausgabepflicht beruht also keineswegs auf einem fingierten Mandat oder einer fingierten negotiorum gestio (BGB. §§ 667, 681 mit 1978). Vielmehr finden die Grundsätze dieser Rechtsverhältnisse nur auf die Verantwortlichkeit des Erben „aus den von ihm besorgten erbschaftlichen Geschäften" (BGB. § 1978 I) entsprechende Anwendung. Gründet sich aber die Herausgabepflicht nicht auf die Sätze des Auftrags oder der auftraglosen Geschäftsführung, sondern auf KO. § 117, so beruht sie nicht „auf demselben rechtlichen Verhältnis", aus dem nach BGB. § 1978 III der Ersatzanspruch des Erben wegen seiner Aufwendungen herrührt: die Voraussetzung des BGB. § 273 I liegen also gar nicht vor. Wer das in Abrede stellt, muß folgerichtigerweise zugeben:

a) daß der die Herausgabe des Nachlasses verweigernde Erbe vom Konkursverwalter erst mit einer besonderen actio mandati oder negotiorum gestorum directa aus BGB. §§ 1978, 667, 681 auf Auslieferung verklagt werden muß;

b) daß das im § 223 KO. verneinte Zurückbehaltungsrecht dem Nachlaßverwalter gegenüber besteht (vgl. BGB. §§ 1984, 1985), denn als Ausnahmevorschrift wäre diese Gesetzesbestimmung stricte auszulegen, nicht analog anzuwenden.

Beide Folgerungen sind unerträglich. Man wird also sagen müssen: daß der Erbe die Herausgabe des Nachlasses nicht bis zum Ersatze seiner Aufwendungen verweigern kann, ergibt sich zwar aus BGB. § 273 vb. m. KO. § 117, ist aber zur Vermeidung jedes Zweifels vom Gesetz noch ausdrücklich hervorgehoben. Jedenfalls hätte § 223, wenn man nicht überhaupt darauf verzichten wollte, seinen Platz richtiger im Bürgerlichen Gesetzbuch und unter Ausdehnung auf die in zweiter Lesung aufgenommene Nachlaßverwaltung gefunden.[14])

2. Was der Erbe **als Erbe** (BGB. § 857) besitzt, darf er als Gemeinschuldner nicht zurückbehalten — weder alle noch einzelne Nachlaßgegenstände. Was er aber unabhängig von seiner Erbeneigenschaft auf Grund eines besonderen Rechtsverhältnisses, etwa eines Vertrags mit dem Erblasser, in Händen hat, darf er nach Maßgabe des BGB. § 273 und zwar im Nachlaßkonkurse als Absonderungsberechtigter nach KO. § 49 Ziff. 3 retinieren. So steht dem Erben im Nachlaßkonkurse z. B. dann ein Zurückbehaltungsrecht zu, wenn er noch vom Erblasser selbst eine Sache zur Aufbewahrung erhalten und zu diesem Zwecke notwendige Aufwendungen gemacht hat. Hier beruhen Anspruch (BGB. § 693) und Herausgabepflicht auf demselben Rechtsverhältnis. Vgl. BGB. § 1976.

5. Die Beendigung des Nachlaßkonkurses.

§ 15.

a. Im Allgemeinen.

I. Gleich jedem andern Konkursverfahren wird nach deutschem Recht auch der Nachlaßkonkurs eröffnet und beendigt stets durch Gerichtsbeschluß. Dieser spricht entweder die Aufhebung oder die Einstellung des Verfahrens aus: erstere nach Ausschüttung

[14]) Vgl. E I § 2112.

der Masse (§ 163) oder Abschluß eines Zwangsvergleichs (§ 190), letztere nach allgemeinem Gantverzicht der Konkursgläubiger (§ 202) oder wegen Unzulänglichkeit des Nachlasses zur Kostendeckung (§ 204). Hinsichtlich der nach Aufhebung oder Einstellung verbliebenen Masse erhält der Erbe das Recht freier Verfügung zurück (§§ 192, 206).

II. Besondere Beachtung erheischt die Frage, welchen Einfluß die einzelnen Konkursbeendigungsgründe auf die Haftung des Erben ausüben. In dieser Beziehung mag zunächst daran erinnert werden, daß die nach rechtskräftiger Aufhebung des Eröffnungsbeschlusses erfolgende „Aufhebung des Verfahrens" (§ 116) als Rückgängigmachung der Konkurseröffnung deren Folgen von Rechtswegen wiederum beseitigt: eine Beschränkung der Erbenhaftung auf den Nachlaß (BGB. § 1975) gilt als nicht eingetreten.

Im Übrigen ist zu bemerken:

1. Für den Fall der Aufhebung des Konkursverfahrens nach Ausschüttung der Masse oder Abschluß eines Zwangsvergleichs geben die §§ 1989 (2013), 2000 Satz 3 und 2060 Ziff. 3 BGB. ausdrückliche Vorschriften. Vom Zwangsvergleich ist im folgenden Paragraphen besonders zu handeln, hier also nur der erstbezeichnete Aufhebungsfall zu erörtern.

§ 1989 BGB. Ist der Nachlaßkonkurs durch Verteilung der Masse beendigt, so kann der Erbe, dem das Recht der Haftungsbeschränkung noch zusteht, die im Nachlaßkonkurse nicht zum Zuge gelangten Nachlaßgläubiger auf den ihm ausgehändigten Masseüberschuß verweisen. Diesen muß der Erbe herausgeben, aber nur soweit er gegenwärtig noch daraus bereichert ist und nur an einen Gläubiger mit vollstreckbarem Schuldtitel. Besteht der Überschuß in Bargeld, so kann ihn der Erbe ohne Risiko dem Gläubiger auch zur unmittelbaren Befriedigung herausgeben; der Vollstreckungsformen bedarf es solchenfalls nicht. Sollten dagegen dem Erben noch Nachlaßgegenstände anderer Art ausgehändigt worden sein, so kann er deren Veräußerung im Wege der Zwangsvollstreckung verlangen, aber auch durch Zahlung ihres Wertes die Herausgabe in natura abwenden. Unter mehreren noch unbefriedigten Gläubigern geht derjenige vor, der zuerst eine rechtskräftige Verurteilung des Erben erstritten hat. Konkursmäßige Verteilung des Überschusses wird dem Erben nicht zugemutet. BGB. §§ 1973, 1989, 2013.[1])

Die nach § 1989 in Betracht kommenden Gläubiger sind teils solche, die ihre Ansprüche im Nachlaßkonkurs überhaupt nicht angemeldet oder die Anmeldung zurückgenommen haben; teils solche, die ihre im Prüfungstermine bestrittenen Forderungen nicht in einer die konkursmäßige Berücksichtigung ermöglichenden Weise verfolgten (KO. § 152); teils solche, die abgesonderte Befriedigung beansprucht und nicht rechtzeitig Verzicht oder Ausfall nachgewiesen haben (§§ 153, 156); teils Gläubiger mit aufschiebend bedingten Forderungen, die bei der Schlußverteilung deshalb unberücksichtigt bleiben mußten, weil die Möglichkeit des Eintritts der Bedingung allzu ferne lag (§§ 154, 156); endlich aber auch alle im Nachlaßkonkurse zum Zuge gelangten Gläubiger mit den Ansprüchen auf Erstattung der ihnen durch Teilnahme am Verfahren erwachsenen Kosten z. B. der Anwaltsgebühren (§ 63 Ziff. 2, vgl. § 226 II).[2])

---

[1]) Näheres oben [S. 10 ff.].
[2]) Vgl. M V S. 640, P. n. 393 VII S. 7946 f.

Ist der Nachlaßkonkurs durch Verteilung der Masse beendigt, so büßt der Erbe künftig durch Inventarverstöße die Möglichkeit der Haftungsbeschränkung nicht mehr ein. § 2000 Satz 3.[3]) Auch ist in diesem Falle die Haftung einer Mehrheit von Erben bloße Teilhaftung nach § 2060 Ziff. 3.[4])

2. Bei **Einstellung** des Nachlaßkonkurses ist zu unterscheiden:
   a) Gantverzicht hebt, da er auf einem Einverständnisse zwischen Schuldner und Gläubiger beruht (KO. § 202), die Wirkung des § 1975 BGB. wieder auf. Der Erbe haftet wie vor Konkurseröffnung.
   b) Für den Fall der Unzulänglichkeit der Masse zur Kostendeckung (KO. § 204) steht dem Erben, der die Möglichkeit der Haftungsbeschränkung nicht verwirkt hat, das Recht der Abzugseinrede zu (§ 1990f., 2013).[5])

§ 16.

b. Der Zwangsvergleich.[1])

I. Der Vergleichsvorschlag.

1. Entsprechend der allgemeinen Vorschrift des § 173 KO. kann auch im Nachlaßkonkurs ein Zwangsvergleich nur auf Vorschlag des Gemeinschuldners, also nur auf Vorschlag des Erben, geschlossen werden. Mehrere Miterben bilden nach § 2032 ff. BGB. eine Gemeinschaft zur gesamten Hand, können über den Nachlaß nur gemeinsam verfügen und dementsprechend einen Zwangsvergleich nur in ihrer Gesamtheit und nur unter einheitlichen [2]) Vergleichsbedingungen vorschlagen (KO. § 174). Am Widerspruch und Widerruf (§ 176) eines einzigen Miterben scheitert die Vergleichsabsicht aller übrigen. Desgleichen ist der Zwangsvergleich unzulässig (§ 175), zu verwerfen (§§ 186 f.), anfechtbar (§ 196) oder von Rechtswegen der Aufhebung unterworfen (§ 197), wenn das Verhalten eines einzigen Miterben pflichtwidrig erscheint. So hebt z. B. die rechtskräftige Verurteilung eines Miterben wegen betrügerischen, in Bezug auf den Nachlaß[3]) begangenen Bankbruches den Zwangserlaß nach § 197 für alle Gläubiger auf. § 230 I KO.

2. Den Vorschlag des Erben ersetzt der Vorschlag seines Vertreters. Im bisherigen § 206 KO. war ausdrücklich bestimmt: „Ein Zwangsvergleich kann nur auf den Vorschlag aller Erben oder Nachlaßvertreter geschlossen werden." Diese Fassung mußte geändert werden, einmal, weil „Nachlaß"-Vertreter im strengen Sinne des Wortes nach BGB. §§ 1922, 1944 nicht mehr vorkommen, zum andern, weil nach den Vorschriften der §§ 1915 mit 1797 zu beurteilen ist, ob mehrere Nachlaßpfleger einzeln oder nur gemeinschaftlich handeln können. Keineswegs aber hat die Novelle das Vorschlagsrecht der gesetzlichen Vertreter des Erben schlechthin beseitigen wollen. Unter diesen kommt auch dem zur Verwaltung des Nachlasses berufenen Testamentsvollstrecker, einer Mehrheit im Zweifel gemeinschaftlich (§ 2224 I), das Recht zu, einen Zwangsvergleich im

---

[3]) Darüber oben [S. 18].

[4]) Oben [S. 27].

[5]) Oben [S. 6 ff.].

[1]) Materialien des § 230 KO.: Motive der KO. S. 456; E I § 2117 IV Satz 2, M V S. 639 f.; P. n. 393 VI c S. 7941—7943, n. 456 XVII S. 9474; RV. § 206, Begründung S. 49 u. 50.

[2]) Vgl. Kleinfeller i. d. Deutschen Juristenzeitung 1896 S. 478.

[3]) Nicht lediglich in Bezug auf das persönliche Vermögen des Thäters. Damit dürfte sich das Bedenken von v. Sarwey-Bossert KO. § 206 n. 2 a erledigen.

Nachlaßkonkurse vorzuschlagen. Der Abschluß eines Akkordes liegt zweifellos im Rahmen der Vertretungsmacht eines solchen Testamentsvollstreckers, da dieser — von den Konkursbeschränkungen abgesehen — über sämtliche Nachlaßgegenstände verfügen und den Nachlaß verpflichten kann (BGB. §§ 2205—2207).[4])

3. Stirbt der Gemeinschuldner während des Konkursverfahrens, so verwandelt sich der Regelkonkurs in einen Nachlaßkonkurs [S. 30]; § 230 findet also unmittelbare Anwendung. Ein noch vom Erblasser selbst ausgegangener Vergleichsvorschlag bleibt nach BGB. § 153 im Zweifel wirksam. Der Erbe ist jedoch als Gemeinschuldner ebenso zum einseitigen Widerruf des Antrags berechtigt, wie es der Erblasser selbst gewesen wäre, d. h. bis zur Annahme des Vorschlags durch die Gläubigerversammlung (arg. § 176 KO.), nicht aber etwa bis zur gerichtlichen Vergleichsbestätigung. Hat der Verstorbene mehrere Erben hinterlassen, so kann arg. § 230 jeder einzelne den nicht bereits angenommenen Vergleichsvorschlag zurückziehen: mindestens noch im Vergleichstermine muß ein vom übereinstimmenden Willen sämtlicher Miterben getragenes Vergleichsanerbieten vorliegen.[5])

§ 230 II KO. II. **Der Abschluß** des Zwangsvergleichs erfolgt zwischen dem Gemeinschuldner und den nichtbevorrechtigten Konkursgläubigern (KO. § 173). Zu letzteren gehören aber im Nachlaßkonkurs auch die in § 226 II u. IV genannten Gläubiger minderen Rechts. Diese finden nur ausnahmeweise, nämlich nur dann Berücksichtigung, wenn nach vollständiger Deckung aller andern Nachlaßschulden noch ein Überschuß verbleibt. Sonst, also im Regelfalle, kann es den minderberechtigten Gläubigern ganz gleichgiltig sein, wie das Verfahren endet, da sie — bei beschränkter Erbenhaftung — doch nichts zu erhoffen haben. Solche Gläubiger an der Schließung des Zwangsvergleichs teilnehmen lassen, hieße die vollberechtigten Konkursgläubiger der Willkür der minderberechtigten ausliefern. Darum wollte bereits E I § 2117 IV Satz 2 die nun in KO. § 226 II Ziff. 2—5 u. Abs. IV bezeichneten Nachlaßverbindlichkeiten von der Mitwirkung bei der Vergleichsabstimmung ausschließen, ihnen aber dafür ganz allgemein die Befugnis beilegen, durch ihren Widerspruch die gerichtliche Vergleichsbestätigung unmöglich zu machen.[6]) So wäre zwar das Stimmrecht, nicht aber — wenigstens nicht bei wortgetreuer Auslegung der Vorschrift — auch die Gefahr einer Chikane beseitigt gewesen. Die vollberechtigten Konkursgläubiger hätten sich durch „billige Abfindung"[7]) das Einverständnis der minderberechtigten erkaufen müssen. Die Kommission zweiter Lesung[8]) hat deshalb mit Fug das Widerspruchsrecht auf den Fall eingeschränkt, daß der Widersprechende die Verletzung seines berechtigten Interesses durch den Zwangsvergleich glaubhaft zu machen im Stande ist.

Das berechtigte Interesse, dessen Schutz § 230 II bezweckt, ist die begründete Aussicht des Gläubigers, bei normaler Abwickelung des Konkursverfahrens in demselben noch Berücksichtigung zu finden. Daß diese Aussicht durch den Zwangsvergleich gefährdet wird, muß also der Gläubiger glaubhaft machen und dementsprechend zunächst darthun, daß die Masse durch Vollbefriedigung aller ihm vorgehenden Ansprüche

[4]) Anders L. Seuffert S. 517. Vgl. für das bisherige preußische Recht namentlich v. Wilmowski KO. § 206 (5. Aufl.) S. 516.

[5]) Siehe Petersen-Kleinfeller § 161, 3; Felix Wach der Zwangsvergleich (Leipzig 1896) S. 16.

[6]) M V S. 638 f.

[7]) M aaO.

[8]) P. S. 7941—7943.

noch nicht erschöpft wird. Der Fall ist selten. Kommt er aber vor, dann haben die vollberechtigten Gläubiger schwerlich Veranlassung, einen Vergleich im Sinne eines Erlasses abzuschließen, und wenn sie sich hiezu herbeilassen, fragt es sich immer noch, ob der Vergleich das Interesse der nichtstimmberechtigten Gläubiger auch wirklich verletzt [s. unter III].

Sonach hat das Widerspruchsrecht eine höchst problematische Bedeutung. Angenommen aber, die Glaubhaftmachung gelingt, so ist der Vergleich zu verwerfen (vgl. KO. § 188). Gegen den Bestätigungsbeschluß steht dem Gläubiger, der die Verwerfung beantragt hatte,[9]) die sofortige Beschwerde des § 189 zu. Um die Ausübung des Widerspruchsrechtes zu sichern, ist vorgeschrieben, daß die Gläubiger ohne Stimmrecht vor der Vergleichsbestätigung zu hören sind d. h. es muß ihnen Gelegenheit zur mündlichen oder schriftlichen Äußerung geboten werden.

Übrigens folgt aus § 230 II per arg. e contr., daß den stimmberechtigten Forderungen auch die seit Eröffnung des Nachlaßkonkurses laufenden Zinsen zugezählt werden (§ 226 II Ziff. 1).

III. **Die Wirkungen** des Zwangsvergleichs.

1. Diese bestimmen sich nach den Vereinbarungen des einzelnen Falles. Normalerweise wird der Erbe die freie Verfügung über die Masse zurückerlangen und sich dafür verpflichten, einen bestimmten Bruchteil der nichtbevorrechtigten Konkursforderungen zu berichtigen, während im übrigen die Schulden erlassen werden. Da nun aber der Zwangsvergleich nicht bloß die angemeldeten, sondern alle überhaupt anmeldbaren Konkursforderungen trifft (§§ 193, 226) und allen gleiche Rechte gewähren muß (§ 181), frägt es sich, welche Nachlaßverbindlichkeiten noch für die Anwendung des § 1989 (vgl. auch §§ 2000, 2060 Ziff. 3) BGB. übrig bleiben. Hat sich der Erbe gegen Aushändigung des Nachlasses persönlich verpflichtet, einen Bruchteil der nichtbevorrechtigten Konkursforderungen zu bezahlen, so gibt es keinen dem § 1973 II entsprechenden Überschuß und keine Gläubiger, die sich die Verweisung auf ein Restaktivum gefallen lassen müßten: für die Anwendung des § 1989 ist also kein Raum. Nur wenn etwa die Gläubigerschaft den Nachlaß in die freie Verfügung des Erben zurückgegeben und sich gleichwohl mit einer beschränkten Haftung — cum oder pro viribus hereditatis — zufrieden erklärt hat, ist eine Berufung des Erben auf § 1989 denkbar.[10]) § 1989 BGB.

---

[9]) Nicht jedem, der zu diesem Antrage berechtigt war; anders § 189 I KO.

[10]) Nach L. Seuffert (S. 518) regelt § 1989 die Haftung des Erben gegenüber den minderberechtigten Konkursgläubigern des § 226 II Ziff. 2—5, die nach der Ansicht dieses Schriftstellers von den Wirkungen des Zwangsvergleichs nicht betroffen werden. Siehe dagegen den Text [S. 90]. Eine dritte, schon um ihrer Selbständigkeit willen beachtenswerte Ansicht vertritt Fleck („Versuch einer Erklärung des § 1989 BGB.") im Archiv für bürg. Recht Bd. 14 S. 62 ff. Hienach haftet der Erbe aus § 1989 einerseits den nicht eingetragenen, andrerseits den stimmunfähigen Konkursgläubigern persönlich für die Vergleichsrate (S. 72 u. 73). Der § 1989 soll also eine persönliche Haftung des Erben **begründen.** Das ist doch wohl mit der Stellung dieser Bestimmung im Systeme des Gesetzes — „Beschränkung der Haftung des Erben" — und mit der Vorschrift des § 2013 I, dessen Verweisung auf § 1989 nach der Fleck'schen Auslegung jeder Bedeutung im Falle des Zwangsvergleichs ermangelte, nicht zu vereinigen. Auch die thatsächliche Voraussetzung, von der dieser Erklärungsversuch ausgeht, ist nicht unbedenklich. Fleck nimmt an, daß der Erbe „gewöhnlich" weniger verspricht, als in der Masse liegt (S. 64). Die Aussicht, „schnell und ohne Unbequemlichkeiten eine wenn auch geringere Summe zu erhalten", treibe die Gläubiger zum Teilverzicht (S. 68). Denkbar ist auch ein Akkord aus solchem Beweggrund, aber die Regel wird er nicht bilden. Beim Nachlaßkonkurs ist der Zwangsvergleich thatsächlich so selten,

Beispiel: Die angemeldeten einfachen Konkursforderungen betragen 100 000, der gegenwärtige Verkaufswert des Nachlasses 60 000 Mk. Hievon entfallen 10 000 auf Masse- und Vorrechtsgläubiger. Den einfachen Konkursforderungen droht also ein Ausfall zu 50%. Nun haben die Nachlaßgegenstände für den Erben persönlich einen weit höheren Wert und er verpflichtet sich daher im Vergleichswege 70 000 Mk. gegen Freigabe des Nachlasses und Verzicht auf die Restforderungen bar auszubezahlen. Tauchen nach Entrichtung dieser Summe noch Nachlaßgläubiger auf, so darf ihnen der Erbe entgegenhalten: der Nachlaß ist erschöpft. Keineswegs aber haben die Nachzügler, wenn in der Zwischenzeit der Wert der Nachlaßgegenstände auf 80 000 gestiegen ist, noch einen Anspruch auf 10 000 gegen den Erben. Denn dieser hat den Nutzen einer nach Abfindung eintretenden Wertsteigerung. BGB. 1973 II Satz 2.

2. Hat der Erbe die Möglichkeit der Haftungsbeschränkung verwirkt, so findet § 1989 keine Anwendung (§ 2013 I). Auch in diesem Fall ist eine Beendigung des Nachlaßkonkurses durch Zwangsvergleich begrifflich nicht ausgeschlossen. Sollte eine ausdrückliche Bestimmung über die persönliche Haftung des Erben im Akkorde nicht getroffen sein, so muß angenommen werden, daß letzterer zugleich den Umfang der Haftung des Erben mit seinem eigenen Vermögen begrenzt. Denn die Nachlaßverbindlichkeiten sind unmittelbare Schulden des Erben, nicht Schulden eines andern Rechtssubjektes, neben dem der Erbe als Mitschuldner im Sinne des § 193 Satz 2 KO. verhaftet wäre. Vgl. KO. § 211 II.

3. Der Zwangsvergleich trifft auch die Konkursgläubiger ohne Stimmrecht.[11]) Die Frage ist zweifelhaft und ihre Bejahung stößt auf mancherlei Bedenken. Allein das Gesetz geht offenbar von der hier vertretenen Ansicht aus, sonst könnte es das Widerspruchsrecht nicht an die Glaubhaftmachung knüpfen, daß „der" — nicht „ein" — Zwangsvergleich das berechtigte Interesse der widersprechenden Gläubiger „verletzt". Wirkt der Vergleich wider diese creditores minoris iuris überhaupt nicht, so kann er ihre Aussicht auf Befriedigung auch nicht beeinträchtigen: der „Überschuß" würde ihnen ja immer verbleiben (§§ 1989, 1973) und nach Abschluß eines Zwangsvergleichs nur umso rascher in ihre Hände gelangen. Mit der Billigkeit ist dieses Ergebnis auch wohl vereinbar. Denn abgesehen davon, daß es in der Praxis bei der in § 230 II KO. vorausgesetzten Glanzlage des Massevermögens kaum jemals zum Akkorde kommen wird [s. oben unter II], verleiht der Gesetzgeber ja den stimmunfähigen Gläubigern die Macht, einen für sie schädlichen Vergleich zu vereiteln. Auch darf man nicht übersehen, daß nach KO. § 193 von den Wirkungen des Zwangsvergleichs auch solche Gläubiger betroffen werden, die an der Abstimmung nicht teilnehmen konnten z. B. solche, die für eine aufschiebend bedingte Forderung ein Stimmrecht nicht erlangt hatten (§ 96).

---

daß der Behauptung, der Gemeinschuldner des Nachlaßkonkurses biete im Gegensatz zum sonstigen Verfahren „gewöhnlich" weniger als den Massewert, wohl die Bedeutung eines Erfahrungssatzes abgesprochen werden darf. Der Zwangsvergleich muß über Art und Umfang der Erbenhaftung Aufschluß geben und so eine feste Grundlage für die Vollstreckung aus dem Vergleiche (KO. § 194) liefern. Dann können die von Fleck S. 70 f. geäußerten Bedenken kaum praktisch werden.

[11]) Andrer Meinung L. Seuffert S. 518. Die in P. S. 9474 und in Anlage II der Denkschrift zum EBGB. vorgeschlagene Fassung sagte deutlicher: „die Gläubiger . . . . . nehmen an der Schließung des Zwangsvergleichs nicht Teil". Die Änderung spricht gegen unsere Ansicht.

IV. Eine **Aufhebung** des rechtskräftig bestätigten Zwangsvergleichs erfolgt nach KO. § 197 von Rechtswegen und mit Wirkung für alle Gläubiger, jedoch unbeschadet der ihnen durch den Akkord eingeräumten Rechte, wenn der Erbe und im Falle einer Erbenmehrheit nur einer der Miterben wegen betrügerischen, in Bezug auf den Nachlaß begangenen Bankbruches rechtskräftig verurteilt wird. Auch der — lediglich ope actionis und individuell wirkende — Aufhebungsgrund des § 196 ist schon dann gegeben, wenn der Vergleich durch den Betrug eines einzigen Miterben, also z. B. dadurch zu Stande gebracht worden ist, daß dieser Miterbe Nachlaßgegenstände verheimlicht oder beiseite geschafft, Nachlaßschulden erdichtet oder heimlich mit einzelnen Nachlaßgläubigern Begünstigungsverträge abgeschlossen hat.[12])

V. De lege ferenda unterliegt die Zulassung eines Zwangsvergleichs im Nachlaßkonkurse schwerwiegenden Bedenken. Die diesbezüglichen Ausführungen der Motive zur Konkursordnung (S. 456) haben nur den Wert einer geschichtlichen Notiz.[13]) Entscheidend ist allein die Rücksichtnahme auf das Interesse der Nachlaßgläubiger, denen das Gesetz nicht zum offenbaren Schaden die Weiterungen und Kosten einer Durchführung des Verfahrens aufzwingen darf.[14])

6. Der Erbenkonkurs.

§ 17.

a. Begriff und Bedeutung.

I. Erbenkonkurs[1]) nennen wir den Konkurs über das nicht zum Nachlasse gehörige Vermögen des Erben. Dieses Verfahren steht im Gegensatz einmal zum Nachlaßkonkurse selbst, dann aber auch zur einheitlichen Gant über die infolge des Erbfalls vereinigten und nicht wieder gesonderten Vermögensmassen. Das letztere Verfahren, ein Erbenkonkurs im weiteren Sinne des Wortes, bietet keine Besonderheiten: die Nachlaßgläubiger konkurrieren mit den Erbengläubigern nach den für den Regelkonkurs geltenden Grundsätzen, und zwar nehmen auch die auf letztwilliger Verfügung des Erblassers beruhenden Verbindlichkeiten als vollberechtigte Konkursforderungen am Verfahren Teil, weil sie nicht in einer „Freigebigkeit des Gemeinschuldners“ (§ 63 Ziff. 4 KO.) begründet sind.[2]) Ein derartiger Konkurs konnte nach bisherigem

---

[12]) Vgl. RG. v. 25. III. 1897 Bd. XXXIX S. 23 f.

[13]) In Rom war der Zwangserlaß nur als Präventivakkord und nur zu dem besonderen Zwecke zugelassen, die Annahme einer überschuldeten Erbschaft zu ermöglichen. Vgl. besonders Fuchs Konkursverfahren S. 80 ff., Kohler Lehrbuch S. 445 ff. Aus dieser Thatsache lassen sich für den nicht zur Abwendung, sondern zur Beendigung des Konkurses dienenden Zwangsvergleich keine Schlüsse ziehen.

[14]) M V S. 639.

[1]) Es empfiehlt sich, die einzelnen, von einander zu scheidenden Verfahrensarten durch Schlagwörter zu bezeichnen. Darum nennen wir den Konkurs über das nicht zum Nachlasse gehörige (persönliche) Vermögen des Erben „Erbenkonkurs“, wie wir die nicht zu den Nachlaßgläubigern zählenden (persönlichen) Gläubiger des Erben „Erbengläubiger“ genannt haben. Da auch der Nachlaß Vermögen des Erben, auch der Nachlaßgläubiger Gläubiger des Erben ist, sind die Ausdrücke in einem engeren Sinne des Wortes zu verstehen.

[2]) Anders v. Völderndorff KO. Bd. I (2. Aufl.) S. 653; dagegen die gemeine Lehre: v. Sarwey-Bossert § 56 N. 5, Petersen-Kleinfeller § 56 II 3 (3. Aufl.) S. 286, v. Wilmowski § 56 a. E., Dernburg Preuß. Privatrecht Bd. III § 145, 2 (4. Aufl.) S. 432.

Recht vorkommen, wenn die Nachlaßgläubiger das ihnen nach dem früheren § 43 KO.[3]) zustehende Absonderungsrecht gegenüber den sonstigen Gläubigern des vorbehaltlosen Erben nicht ausübten, sei es, daß sie die Rechtswohlthat der Gütersonderung (z. B. infolge Fristversäumnis) verloren hatten, sei es, daß die Geltendmachung dieses Rechts[4]) ihren Interessen widersprach (z. B. weil damit die persönliche, im Einzelfalle noch wertvolle Haftung des Erben erlosch). [5]). Künftig findet das einheitliche Konkursverfahren über Nachlaß und sonstiges Vermögen des Erben namentlich dann statt, wenn die Nachlaßgläubiger die Anordnung einer Nachlaßverwaltung wegen Ablaufes der zweijährigen Antragsfrist (§ 1981 II) nicht mehr verlangen können, die Eröffnung des Nachlaßkonkurses aber wegen Zulänglichkeit des Nachlasses ausgeschlossen ist (KO. § 215).

II. Der „Erbenkonkurs" kann sich neben oder nach dem Nachlaßkonkurs oder der Nachlaßverwaltung abwickeln. In jedem Falle sind Nachlaßgläubiger, denen der Erbe nur mit dem Nachlasse haftet, von der Teilnahme am Erbenkonkurs ausgeschlossen; Nachlaßgläubiger hingegen, denen der Erbe unbeschränkt haftet, können nach näherer Maßgabe des § 234 KO. auch im Erbenkonkurse Befriedigung suchen. Hierüber unten [§ 19 II, III].

Häufig werden bei Gleichzeitigkeit der Konkurse Rechtsbeziehungen der Massen unter einander zum Austrag kommen. So kann der Grundsatz des § 1976 — Rückgängigmachung der infolge des Erbfalls eingetretenen confusio und consolidatio — dahin führen, daß der Verwalter des einen Konkurses im andern Forderungen anmeldet, Aussonderungs- und Absonderungsrechte geltend macht. Vgl. KO. § 225 I. Dies gilt arg. § 2013 auch dann, wenn der Erbe das Recht der Haftungsbeschränkung im Allgemeinen oder teilweise verwirkt hat, und gerade beim Zusammentreffen von Nachlaßkonkurs und Erbenkonkurs zeigt es sich, daß jene Rückgängigmachung auch bei unbeschränkter Erbenhaftung ihren praktischen Wert hat. Weiterhin können, aber nur falls der Erbe die Möglichkeit der Haftungsbeschränkung nicht allgemein verwirkt hat, Verbindlichkeiten der einen Masse gegen die andere auf Grund der vom Erben geführten Verwaltung des Nachlasses als einfache Konkursschulden oder als Masseschulden verfolgt werden (BGB. §§ 1978—1980, 2013; KO. §§ 224 Ziff. 1, 225 II). Endlich ist der Erbenkonkurs-Verwalter befugt, wenn der Erbe einem einzelnen Gläubiger gegenüber unbeschränkt haftet, dessen Forderung im Nachlaßkonkurse geltend zu machen, falls sie der Gläubiger in diesem Verfahren nicht selbst verfolgt (KO. § 225 III).

III. Ist im Augenblick der Konkurseröffnung über das Vermögen des Erben der Erbschaftserwerb noch nicht endgiltig vollzogen, so frägt es sich, wem die Entscheidung über Annahme oder Ausschlagung der Erbschaft zukommt. Diese Frage wird im § 9 KO. ausdrücklich und zwar in einem der bisherigen Meinung zuwiderlaufenden Sinne gelöst. Hieraus ergeben sich eine Reihe wichtiger Folgerungen, die vor der Erörterung des § 234 KO. klargestellt werden müssen. [§ 18].

---

[3]) Siehe hierüber die gründlichen Ausführungen bei v. Sarwey-Bossert S. 443 ff. und Wolff Absonderungsrecht S. 488 ff. Zur Streichung des § 43 vergleiche: P. n. 391 Anl. II S. 7903, n. 395 IV S. 8038, n. 456 IV S. 9456, Begründung S. 25; s. auch E I z. EG. a. 13 § 43, M hiezu S. 114, sowie M V S. 682. Über den Ersatz unten [bei § 19].

[4]) Keine Verpflichtung: RG. v. 15. VI/10. VII. 89 bei Bolze VIII n. 1045.

[5]) So nach der herrschenden gemeinrechtlichen Lehre (s. Koeppen Lehrbuch § 35 S. 219 f. gegen Windscheid III § 607 N. 10), anders nach preußischem (Dernburg Preuß. Privatr. III § 233 II e S. 691) und französischem Recht (Zachariä-Crome IV S. 118 N. 17).

§ 18.

b. Das Recht der Erbschaftsannahme im Konkurse des Erben.[1])

I. **Das bisherige Recht.** Dem Grundsatze des § 1 KO. zufolge fallen Erbschaften und Vermächtnisse nur dann in die Konkursmasse, wenn sie nach bürgerlichem Recht bereits zur Zeit der Konkurseröffnung ein dem Gemeinschuldner gehöriges Vermögen darstellen.

1. Vollzieht sich der Erwerb kraft Rechtens mit dem Anfalle,[2]) so gehören alle zur Zeit der Konkurseröffnung bereits angefallenen Erbschaften und Vermächtnisse zur Konkursmasse und können dementsprechend der letzteren durch eine Verfügung des Gemeinschuldners (Ausschlagung) nicht mehr entzogen werden. Der Konkursverwalter kann auf den bereits vollendeten Erwerb verzichten, aber lediglich mit Wirkung für die Masse (§§ 5, 6, 122 Ziff. 2 der früh. Fassung), so daß hinsichtlich des freigegebenen Rechts die Verfügungsbefugnis des Gemeinschuldners wieder auflebt. Zu einer über die Grenzen des Konkurses hinausreichenden absoluten Ausschlagung, die den Erwerb dem Nächstberufenen eröffnete, fehlt dem Konkursverwalter jegliche Vertretungsmacht.[3])
2. Fallen jedoch Delation und Acquisition auseinander,[4]) so gehören Erbschaft und Vermächtnis nur dann zur Konkursmasse, wenn der Gemeinschuldner selbst schon zur Zeit der Konkurseröffnung rechtswirksam erworben hatte. Ein bei Konkurseröffnung bloß angetragener Erwerb ist nicht Bestandteil der Masse und wird, wenn der Gemeinschuldner von seinem — zumeist höchst persönlichen — Entscheidungsrecht im Sinne der Antretung (Einweisung) Gebrauch macht, nach deutschem Konkursrecht als Erwerb nach Konkurseröffnung ganzfreies Gut.[5])
3. Mit der nämlichen Unterscheidung zwischen dem Erwerbe kraft Gesetzes und dem Erwerbe durch Willenserklärung ist die Frage nach der Anfechtbarkeit eines vor Konkurseröffnung ausgesprochenen Verzichtes auf Erbschaft oder Vermächtnis zu lösen. Bewirkt der Anfall ipso iure den Erwerb, so unterliegt die Entsagung — ein Rückgängigmachen des Erwerbs — der Anfechtung nach §§ 24 Ziff. 1, 25 KO.[6]) Hingegen ist die Ablehnung des nur angetragenen Erwerbs, das Nichtbenutzen der eröffneten Erwerbsmöglichkeit, unanfechtbar.[7])

---

[1]) Materialien des § 9 KO.: Motive der KO. S. 21f., 223, 355; M IV S. 242f., M V S. 685f., P. n. 382 X S. 7690—7693, n. 392 IX S. 7931, n. 424 IV S. 8644f., XXI f., S. 8659f., n. 455 IV 6 S. 9441f. („§ 5 III"); RB. § 7a, Begründung S. 10ff. und 33.

[2]) So nach ALR. I 9 §§ 367—369, 868; I 12 § 288; so bei den héritiers légitimes des a. 724 code civil und dem nicht mit Vorbehaltserben zusammentreffenden Universalvermächtnisnehmer nach a. 1006 c. c.; so auch bei den sui et necessarii heredes sowie den Legataren des gemeinen Rechts.

[3]) Andrer Ansicht v. Sarwey=Bossert S. 92f. und (Förster=) Eccius Bd. IV § 551 N. 23; s. dagegen die treffenden Ausführungen von Kohler Lehrbuch S. 281f.

[4]) Wie bei den successeurs irreguliers und den Vermächtnisnehmern [Ausnahme in Note 2] des französischen, beim heres voluntarius des gemeinen Rechts.

[5]) v. Wilmowski S. 40 (5. Aufl.) und Litteratur daselbst, ferner Mandry=Geib der civilrechtl. Inhalt der Reichsgesetze (4. Aufl.) S. 339f.

[6]) Bisheriger Numerierung. Vgl. namentlich für das rheinische Recht RG. v. 16. X. 85 in der Zeitschrift f. franz. Civilr. XVI S. 547f. und v. 29. XII. 91. Bd. XXVIII S. 136.

[7]) RG. v. 22. V. 90 JW. S. 237f. n. 12 und Litteratur daselbst. — So die herrschende, aber vielbestrittene Lehre. Vgl. hiezu Motive der KO. S. 21f., 116f. Zu gegenteiligen Ergebnissen gelangt in höchst beachtenswerten Ausführungen Koeppen: „Das Wahlrecht des suus bewirkt, daß für ihn die erworbene Erbschaft, wie für den extraneus

II. **Der Standpunkt des Bürgerlichen Gesetzbuchs.** Erbschaft und Vermächtnisforderung — ein Vindikationslegat gibt es nicht (§ 2174) — werden ipso iure mit dem Erbfall erworben. §§ 1922, 1942, 2176. Folgerichtig müßten die zur Zeit der Konkurseröffnung angefallenen Erbschaften und Vermächtnisse Massebestandteile, der Verfügung des Gemeinschuldners entzogen und im Fall einer vor Konkurseröffnung erklärten Ausschlagung im Anfechtungswege wieder zu gewinnen sein. Allein in allen diesen Punkten steht das neue Reichsrecht auf dem entgegengesetzten Standpunkt und zwar deshalb, weil es dem kraft Gesetzes eingetretenen Erwerb eine **lediglich formale** Bedeutung beilegt. Dieser Satz ist zunächst näher zu begründen.

Den Vorschriften der §§ 1942, 2176 liegt eine Fiktion zu Grunde d. h. obgleich der Berufene thatsächlich noch nicht sofort erworben hat, wird er aus Gründen der Zweckmäßigkeit rechtlich so behandelt, als ob er sofort erworben hätte.[8]) Allein der Umstand, daß thatsächlich ein Erwerb noch nicht erfolgt ist, durchbricht das formale Prinzip des Gesetzes nach verschiedenen Richtungen:

a) Der Erwerb gilt auch rechtlich nur als vorläufiger. Schlägt ihn der Berufene aus, so wird der Anfall als überhaupt nicht erfolgt betrachtet (§§ 1943, 1953, 2180). Eine zweite Fiktion hebt die erste auf.[9])

b) Erst der „angenommene" Erwerb ist endgiltig (§ 1943). Erst nach Annahme können die Nachlaßgläubiger ihre Ansprüche gerichtlich gegen den Erben geltend machen;[10]) vorher dürfen Nachlaßgläubiger nur in den Nachlaß, Erbengläubiger nur in das eigene Vermögen des Erben vollstrecken.[11]) So ist für die Gläubiger der vorläufige Erwerb noch kein Erwerb, nicht aktiv und nicht passiv. Insbesondere haben die Gläubiger des Berufenen durch den vorläufigen Erwerb noch keine Mehrung ihrer Sicherheit, keine Erweiterung der Haftungsmasse gewonnen.[12])

---

die erworbene Erbberechtigung noch kein Vermögens-Erwerb ist: dieser Erwerb gewährt ihm auch nur eine facultas acquirendi. Deshalb zählt er ebenfalls zu den res quae extra nostrum patrimonium habentur, welche kein Befriedigungsobjekt für die Gläubiger bilden, und auf welche die Rechtsvorschriften, die ausschließlich dem Vermögensrecht angehören, keine Anwendung finden (Lehrbuch S. 196f.), so z. B. nicht die actio Pauliana (S. 85). Insbesondere für das Reichsrecht s. daselbst Nachträge II ad S. 85 N. 6 und III ad S. 197 N. 1: „der heres suus sollte nach l 89 D. de leg. 30 durch das beneficium abstinendi dem heres extraneus gleichgestellt werden. Nur die mit dem Anspruch auf in integrum restitutio erworbene Erbschaft ist bereits ein Vermögenserwerb, der als solcher zur Konkursmasse gehört." Auch Fitting (S. 138 und Note 7 daselbst) erklärt die Ausschlagung des ipso iure vollzogenen Erwerbes für unanfechtbar, es sei denn, daß der Verzicht „eine Umgehung des Gesetzes" (?) darstelle. Kohler (Lehrbuch S. 218) will wenigstens die tendenziöse Unterlassung eines Annahmeaktes der Anfechtung unterwerfen, während Cosack (Anfechtungsrecht § 16 bes. S. 72f.) behauptet, „das Recht aus der Delation sei nicht höchstpersönlich, und deshalb die Verzichtleistung auf dasselbe der Anfechtung unterworfen", und Dernburg (Pr. Privatr. II 5. Aufl. S. 331 N. 3) ganz kategorisch erklärt: „Die Anfechtung erstreckt sich schlechthin auch auf die Zurückweisung angebotenen Erwerbs". Hervorzuheben ist schließlich noch die von Petersen-Kleinfeller S. 11 vertretene, von Hullmann KO. S. 51 und Brachmann (Rechtsgeschäfte des Gemeinschuldners, Leipzig 1883) S. 11 geteilte Ansicht, daß auch eine erst durch „Antretung" nach Konkurseröffnung erworbene, aber früher „deferierte" Erbschaft in die Masse falle, weil der Antretung rückwirkende Kraft beiwohne.

[8]) M V S. 486 und 487.

[9]) Vgl. übrigens § 1959 II—III.

[10]) §§ 1958, 207 BGB., § 239 V CPO. Vgl. M. V. S. 539 f.

[11]) CPO. § 778 und Begründung hiezu S. 118 (ad § 692 b der Novelle), P. n. 384 VI S. 7739—7745 und n. 453 XXIX S. 9371.

[12]) Vgl. auch noch CPO. § 991 III, ZVG. § 175 I.

c) Auch auf familienrechtlichem Gebiete wird der noch nicht angenommene Erwerb als Vermögensmehrung nicht betrachtet. Darum bedarf die Ehefrau, wo sie in der Verfügung über ihr Vermögen an die Einwilligung des Mannes gebunden ist, zur Ausschlagung einer Erbschaft oder eines Vermächtnisses der eheherrlichen Zustimmung nicht.[13]) §§ 1406 Ziff. 1, 1453 mit 1519, 1549.

d) Demgemäß wird endlich in § 517 die Ausschlagung einer Erbschaft oder eines Vermächtnisses mit dem Unterlassen eines Vermögenserwerbes auf eine Stufe gestellt: beidemal, sagt das Gesetz, „liegt eine Schenkung nicht vor." Dem Grundsatze des ipso iure-Erwerbes entgegen wird jene Ausschlagung nicht als Vermögensminderung oder Veräußerung behandelt.[14])

III. **Das neue Konkursrecht** zieht demnach im § 9 lediglich eine Folgerung aus dem das bürgerliche Recht beherrschenden Gedanken, daß der vorläufige Erwerb der §§ 1942, 2176 noch keine „wirkliche" Vermögensmehrung bedeutet.[15]) Diese Lösung der Streitfrage entspricht durchaus der Billigkeit. Ganz abgesehen nämlich von der mit dem Erbschaftserwerbe verbundenen Haftungsübernahme, die niemandem aufgezwungen werden darf, spricht die Erwägung, daß es sich beim Erbewerden keineswegs nur um finanzielle Gesichtspunkte handelt, entschieden für die Wahrung der vollen persönlichen Freiheit des Berufenen. Dieser braucht es nicht zu dulden, daß man ihn wider Willen zum Erben eines Verbrechers macht und übler Nachrede preisgibt. Auch steht zu besorgen, daß die Befugnis der Entscheidung über Annahme und Ausschlagung von gewissenlosen Gläubigern dazu mißbraucht werde, dem Schuldner die Übernahme unlauterer Verpflichtungen abzunötigen.[16]) § 9 KO.

Im Einzelnen besagt die Vorschrift:

1. Die Entscheidung über Annahme oder Ausschlagung von Erbschaften und Vermächtnissen, die **vor** Konkurseröffnung bereits angefallen sind, steht einzig und allein beim Gemeinschuldner. Sein Wahlrecht ist rein persönlicher Natur d. h. jeglicher Beeinflussung durch den Konkursverwalter oder die Gläubigerschaft entrückt.[17]) Es kann insbesondere keine Rede davon sein, daß der Verwalter die vom Gemeinschuldner angenommene Erbschaft (wegen Überschuldung) „für die Masse" aufgeben und so die Nachlaßgläubiger einfach abschütteln darf. Denn die Befugnis der Freigabe von Massegegenständen erstreckt sich nur auf einzelne Rechte und kann, nachdem die Neufassung des Gesetzes die bisher

---

[13]) Denn — heißt es in M IV S. 243 — „sieht man auf das Wesen der Sache, so hat der Erwerb der Erbschaft kraft des Gesetzes, so lange das Recht der Ausschlagung noch nicht weggefallen ist (BGB. §§ 1942 ff.), nur eine formelle Bedeutung, indem die Ausschlagung bewirkt, daß es so angesehen wird, wie wenn der Ausschlagende niemals Erbe geworden wäre (BGB. § 1953). Materiell hat die Ausschlagung hier also dieselbe Bedeutung, wie nach denjenigen Rechten, nach welchen die Erbschaft durch Antretung erworben wird, d. h. materiell betrachtet, charakterisiert sie sich nicht als das Aufgeben eines bereits erworbenen, sondern als die Nichtannahme eines angetragenen Rechtes." . . . . „Schlägt die Ehefrau eine gehoffte Erbschaft aus, so wird das Ehegut nicht vermindert, sondern nur nicht vermehrt." Siehe namentlich noch Planck (Unzner) BGB. § 1406, 2.

[14]) M II S. 290 und 291.

[15]) Begründung S. 11.

[16]) P. n. 382 X S. 9690—9693, Kohler Lehrbuch S. 279 und 280, s. daselbst auch Note 2.

[17]) Anders ausgedrückt: die Wahlbefugnis ist kein Vermögensrecht. Vererblich kann sie darum doch sein. BGB. § 1952.

(§ 122 Ziff. 2) unter besonderen Kautelen zugelassene Aufgabe von Erbschaften und Vermächtnissen für die Masse unerwähnt läßt,[18]) nun nicht etwa ohne diese Sicherungsmaßregeln — Genehmigung des Gläubigerausschusses oder der Gläubigerversammlung — hinsichtlich eines ganzen Nachlasses mit Wirkung „für die Masse" ausgeübt werden. Gegenüber der Annahme einer verschuldeten Erbschaft durch den Cridar hat der Verwalter nur die unter 2 bezeichneten Rechte.

2. Nimmt der Gemeinschuldner an, so fließen Erbschaft und Vermächtnis — sofern sie noch vor Konkurseröffnung angefallen sind — zur Masse,[19]) da sie als unmittelbar mit dem Anfall erworben gelten. Eine solche Erweiterung der Konkursmasse steht also in der Hand des Gemeinschuldners, aber dieser verliert im Augenblick der Annahme die Verfügungsmacht hinsichtlich der erworbenen Rechte. Übrigens bürdet sein Annahmeakt der Masse auch Passiva auf, insoferne beim Erbschaftserwerb die Nachlaßgläubiger, beim Vermächtniserwerb der nach § 2186 Bedachte als Konkursgläubiger erscheinen. Insbesondere bilden nach § 1967 II die Verbindlichkeiten aus Pflichtteilsrechten, Vermächtnissen und Auflagen Konkursforderungen im Konkurse des Erben, da sie nicht auf einer Freigebigkeit des belasteten Gemeinschuldners beruhen.[20]) Bei Überschuldung der angenommenen Erbschaft ist der Verwalter berechtigt (KO. § 6 II) und verpflichtet (KO. § 82; vgl. BGB. 1980), die Erbenhaftung auf den Nachlaß zu beschränken, indem er — nötigenfalls nach Gläubigeraufgebot und rechtzeitiger, getreuer Nachlaßinventur — bei zweifelloser Überschuldung die Eröffnung des Nachlaßkonkurses (KO. § 217 I), bei Unsicherheit des erbschaftlichen Vermögensstandes die Anordnung einer Nachlaßverwaltung beantragt. § 1975. Desgleichen macht der Verwalter als Vertreter des Gemeinschuldner-Erben die Einreden der Unzulänglichkeit (§§ 1990—1992) und des Ausschlusses (§§ 1973, 1974), sowie die aufschiebenden Einreden der §§ 2014 ff. geltend. Durch Pflichtwidrigkeit des Verwalters (§§ 1994 I, 2005, 2006) büßt auch der von ihm vertretene Gemeinschuldner die Möglichkeit der Haftungsbeschränkung ein (§§ 2013, 2016).[21]) Andrerseits schützen sich die Nachlaßgläubiger, wenn der Nachlaß minder verschuldet ist als das Erbenvermögen, dadurch vor der Konkurrenz der Erbengläubiger, daß sie ihrerseits eine Gütersonderung im Wege der Nachlaßverwaltung (§ 1981 II) oder des Nachlaßkonkurses (KO. § 217 I) herbeiführen.

3. Schlägt der Gemeinschuldner aus (§§ 1942 ff., 2180), so gilt der Anfall an ihn als nicht erfolgt. Erbschaft und Vermächtnis fallen demjenigen an, der berufen gewesen wäre, wenn der Gemeinschuldner zur Zeit des Erbfalls nicht gelebt hätte (§§ 1953 I—II, 2180 III). Hat der Gemeinschuldner als einstweiliger Erbe vor der Ausschlagung erbschaftliche Geschäfte besorgt, so ist er nach § 1959 I dem endgiltigen Erben gegenüber wie ein negotiorum gestor berechtigt (z. B. auf Ersatz seiner Auslagen) und verpflichtet (z. B. zur Heraus-

[18]) Begründung S. 33.

[19]) Ist der Gemeinschuldner nur Vorerbe, so darf sein Konkursverwalter Erbschaftsgegenstände lediglich insoweit veräußern, als die Verfügung nach BGB. § 2115 dem Nacherben gegenüber wirksam ist. KO. § 128, s. CPO. § 773. Vgl. BGB. §§ 2113, 2114, 2136, 2137, GBO. § 52. Mit dem Nachlaßkonkurs hat die Vorschrift des § 128 KO. nichts zu schaffen.

[20]) Siehe oben [Seite 91].

[21]) Siehe oben [Seite 19].

gabe von Einnahmen). Zur Masse gehören aber solche Rechte (KO. § 1) und Verbindlichkeiten (KO. § 3) nur, sofern sie bereits vor Konkurseröffnung begründet waren.[22]) Wechselproteste, Mahnungen, Kündigungen, die gegenüber dem Gemeinschuldner als Erben vorgenommen werden mußten, behalten trotz Konkurseröffnung und trotz Ausschlagung ihre Kraft (§ 1959 III). Ihre Erklärung gegenüber dem Konkursverwalter wäre wirkungslos.

4. Ein erst während des Konkurses erfolgter Anfall berührt nach deutschem Konkursrecht die Masse nicht, mag sich nun der Berufene für Annahme oder für Ausschlagung entscheiden. Bei Annahme fällt der Erwerb nicht in die Teilungsmasse, die auf ihm lastende Verbindlichkeit nicht in die Schuldenmasse.

5. Die Anfechtung einer vor Konkurseröffnung erklärten Ausschlagung ist ohne Rücksicht auf den Beweggrund unstatthaft. Sie ist also namentlich auch dann ausgeschlossen, wenn sie in der offenkundigen Absicht der Gläubigerbenachteiligung erklärt wurde. Denn einerseits ist nach der dem bürgerlichen Recht zu Grunde liegenden Auffassung die Ausschlagung jeder Korrektur durch den Willen dritter Personen entzogen; zum andern gilt der lediglich vorläufige Erwerb den Gläubigern gegenüber überhaupt noch nicht als Vermögensmehrung, so daß von einer Benachteiligung durch Ausschlagung keine Rede sein kann. Daß eine Anfechtung unter dem Gesichtspunkte der Schenkungspauliana (KO. § 32) unmöglich ist, ergibt sich ohne weiteres aus dem die Vorschrift des § 517 BGB. tragenden Grundsatz.[23]) Aber selbst die Deliktspauliana (KO. § 24) kann aus den angeführten Erwägungen nicht in Frage kommen. Es wäre auch in der Thal ein unerträglicher Widerspruch, wenn eine Ausschlagung nach Eröffnung des Verfahrens schlechthin erlaubt, vor Eröffnung aber unerlaubt wäre, und somit der Berufene nach Konkursausbruch weitergehende Befugnisse hätte als vorher.[24])

Selbstverständlich ist auch das ererbte Ausschlagungsrecht (§ 1952) der Beeinflussung durch die Gläubiger entzogen. Seine Natur ändert sich durch den Erbfall nicht.[25])

Noch weniger als die Ausschlagung einer bereits angefallenen Erbschaft kann der Erbverzicht (§§ 2346 ff.) der Anfechtung unterliegen, da ein solcher nicht einmal vorläufigen Erwerb zum Gegenstand hat.[26])

In diesen Ergebnissen stimmt die neueste Gesetzgebung mit dem römischen Recht und dem gemeinen Konkursprozeß überein. Nicht bloß der „Nichterwerb" der heredes extranei, sondern auch die Entsagung eines Hauskindes oder Vermächtnisnehmers war der Anfechtung wegen Gläubigerbenachteiligung entzogen, da — wie sich Dabelow[27]) sehr bezeichnend ausdrückt — auch der ipso iure eingetretene Erwerb der sui heredes und Legatare bis zur endgiltigen Entscheidung als „unvollkommen" galt und darum die Ausschlagung nicht als eine alienatio in fraudem creditorum betrachtet wurde. Die Reichsgesetzgebung hat die Grenzen des Anfechtungsrechts gegenüber den Grundsätzen der actio Pau-

---

[22]) Vgl. ferner § 1978 und KO. § 224 Ziff. 1 [S. 76].

[23]) Darüber oben [IId S. 95].

[24]) L. Seuffert S. 482.

[25]) P. S. 7931.

[26]) Vgl. M IV S. 243.

[27]) „Ausführliche Entwicklung der Lehre vom Konkurse der Gläubiger", Halle 1801, S. 470 f. Siehe daselbst die Quellenstellen.

liana wesentlich erweitert,[28]) nun aber im Bürgerlichen Gesetzbuch die Unvollkommenheit des vorläufigen Erwerbs so scharf ausgeprägt, daß auch die erweiterte Anfechtung eine Zurückweisung dieses Erwerbes nicht mehr treffen kann.[29])

§ 9 Satz 2 KO. IV. „Das Gleiche gilt von der Ablehnung der fortgesetzten Gütergemeinschaft“ d. h. der Gemeinschuldner kann, wie über Annahme und Ausschlagung einer vor Konkurseröffnung angefallenen Erbschaft, so auch über Fortsetzung und Ablehnung einer vor Konkurseröffnung durch Ableben seines Ehegatten der Auflösung anheimgegebenen Gütergemeinschaft nach freiem Belieben entscheiden. (§ 9 Satz 2 KO.) Wird also während der Schwebezeit d. h. innerhalb der Frist, die nach §§ 1484 II m. 1944 für Ablehnung der Gütergemeinschaft gewährt ist, über das Vermögen des überlebenden Ehegatten — des Mannes oder der Frau — das Konkursverfahren eröffnet, so ist der Gemeinschuldner berechtigt, zum Nachteil der Masse auf Fortsetzung der Gütergemeinschaft zu verzichten. Warum die Vorschrift nur für den Fall gelten soll, daß die Frau den Mann überlebt und dann in Gant verfällt, wie L. Seuffert S. 482 f. behauptet, ist bei der allgemeinen Fassung des Gesetzes nicht einzusehen.[30]) Die Bestimmung des § 2 KO., wonach bei Konkurs des Mannes das

---

[28]) Siehe oben [S. 93 und Note 7].

[29]) Die **ausländischen** Gesetzgebungen, auch der neuesten Zeit, nehmen vielfach einen entgegengesetzten Standpunkt ein. Nach französischem Recht (c. civ. a. 788) können sich die durch eine vor Konkurseröffnung erklärte Erbschaftsentsagung benachteiligten Gläubiger zu einem Erwerb in dem Sinne ermächtigen lassen, daß sie aus dem Nachlaß ihre Befriedigung suchen dürfen; aber sie machen damit weder sich selbst noch ihren Schuldner zum Erben: ein etwaiger Überschuß verbleibt vielmehr dem infolge der Ausschlagung zur Succession gelangten Erben (Zachariä-Crome IV S. 94—96 mit Litteratur). Nach Konkurseröffnung hingegen ist eine Ausschlagung der Masse gegenüber schlechthin wirkungslos, die entsprechende Anwendung des a. 788 also ausgeschlossen (Lyon-Caen et Renault, Traité de droit commercial, 2e éd., VII S. 106 und Note 3). Das österreichische Anfechtungsgesetz v. 16. III. 84 rechnet im § 13 die unterbliebene Antretung einer dem Gemeinschuldner angefallenen Erbschaft sowie die unterbliebene Annahme eines ihm zugedachten Vermächtnisses zu den anfechtbaren „Rechtshandlungen“, und die österreichische KO. bestimmt im § 4: „Die Gläubigerschaft ist berechtigt, im Namen des Gemeinschuldners Erbschaften mit dem Vorbehalte der Rechtswohlthat des Inventars anzutreten und Vermächtnisse anzunehmen.“ S. Pollak Konkursrecht S. 351, Litteratur in N. 2. Nach § 28 Ziff. 1 der ungarischen KO. sind Erbschafts- und Vermächtnis-Ausschlagungen mit den Schenkungen auf eine Stufe gestellt (Zsögöd, Ungar. KO. S. 16). Eine ausdrückliche Vorschrift enthält ferner z. B. die dänische KO. im § 3, demzufolge eine während des Konkurses angefallene Erbschaft von der Masse angetreten werden kann, „jedoch mit der Maßgabe, daß Schuldenverantwortung nicht übernommen wird“; Vermächtnisse, die nach Konkurseröffnung anfallen, gehören — vorbehaltlich einer entgegengesetzten Verfügung des Erblassers — zur Masse. Desgleichen unterwirft das brasilianische Fallimentsdekret vom 24. X. 90 im a. 29c die in den beiden letzten Jahren vor dem nach a. 6b im Fallimentsurteil fixierten „Zeitpunkte des Falliments“ — d. h. der Gantmäßigkeit — erklärte Ausschlagung von Erbschaften und Vermächtnissen der Anfechtung (Borchardt Nachtrag IV S. 9 und 20.) Vgl. auch japanisches Fallimentsgesetz a. 1019 Ziff. 5, entsprechend dem bisherigen § 122 Ziff. 2 KO. (Borchardt Nachtr. III S. 16). — Die Frage des **internationalen** Privatrechts, ob für den verganteten Erben der Konkursverwalter die Erbschaft annehmen kann, ist nach dem Personalstatut des Erben zu beantworten, da es sich um dessen Verfügungsbefugnis handelt. Nach deutschem Reichsrecht ist also das Gesetz des Staates maßgebend, dem der Erbe angehört. EG. z. BGB. a. 7. Siehe ROHG. v. 23. X. 74 Bd. XIV S. 346 f., Stobbe Handbuch des deutschen Privatrechts 3. Aufl. Bd. I S. 286, Gierke deutsches Privatrecht I § 26 Note 146; anders namentlich OLG. Stuttgart v. 29. XI. 79 in Seufferts Archiv Bd. 35 S. 133 ff. Vgl. auch v. Bar Lehrbuch S. 165.

[30]) Begründung S. 12.

Gesamtgut zur Masse gehört, gilt eben nur, wenn während des Bestehens der Gemeinschaft Konkurs über das Vermögen des Mannes eröffnet wird.[31])

1. Bei Ablehnung der Gütergemeinschaft durch den überlebenden Ehegatten fällt nicht das ganze Gesamtgut, sondern bloß der Anteil des Gemeinschuldners in die Konkursmasse (§§ 1484 III, 1482). Dieser Anteil ist im Weg einer außerhalb des Konkurses zwischen dem Verwalter und den Abkömmlingen erfolgenden Auseinandersetzung zu ermitteln: nur der Netto-Anteil — die Hälfte des nach Berichtigung der Gesamtgutsverbindlichkeiten verbliebenen Überschusses — fließt zur Gantmasse (KO. §§ 1, 16, 51; BGB. §§ 1474 ff.). Der Anteil des verstorbenen Ehegatten bildet mit dem sonstigen Vermögen des letzteren den Nachlaß, der nun kraft gesetzlicher Erbfolge (§§ 1931 f.) oder kraft Verfügung von Todeswegen[32]) dem Gemeinschuldner neben den andern Erben anfällt. Ob diese Erbschaft den Konkursgläubigern zu gute kommt, das hängt abermals vom freien Willen des Gemeinschuldners ab: nur der nicht von ihm ausgeschlagene Erbteil gehört zur Masse.

2. Bei Fortsetzung der Gütergemeinschaft durch den überlebenden Ehegatten fällt das ganze Gesamtgut in dessen Konkursmasse. Die Abkömmlinge gehen ihres Anteils daran verlustig. Dies ergiebt sich aus KO. § 2 III. Etwa vorhandenes sonstiges Vermögen des verstorbenen Ehegatten wird wiederum nach allgemeinen Vorschriften vererbt.

V. Der Anspruch auf den **Pflichtteil** im Konkurse des Pflichtteilsberechtigten. Die Anlage II der Denkschrift zum Entwurf eines Bürgerlichen Gesetzbuchs hatte als § 1b KO. eine dem § 9 entsprechende Bestimmung vorgesehen, wonach der einem Gemeinschuldner zustehende Pflichtteilsanspruch zur Konkursmasse gehören sollte, wenn er zur Zeit des Konkursverfahrens — d. h. also noch vor dessen Beendigung, wenn auch erst nach dessen Eröffnung — anerkannt oder rechtshängig geworden wäre.[33]) In das Gesetz ist dieser Satz des Entwurfes nicht übergegangen. Die Rechtslage ergibt sich nun aus CPO. § 852 I vb. m. KO. § 1:

Der Pflichtteilsanspruch (BGB. §§ 2303 ff.) — eine persönliche, auf eine Geldsumme gerichtete, vererbliche und übertragbare Forderung (§§ 1967 II, 2303 I, 2317 II) — fällt nur dann in die Konkursmasse des Pflichtteilsberechtigten, wenn der Anspruch zur Zeit der Eröffnung des Verfahrens bereits durch Vertrag zwischen dem Erben und dem nunmehrigen Gemeinschuldner anerkannt oder aber rechtshängig und somit der Pfändung unterworfen worden ist. In der gerichtlichen oder außergerichtlichen Geltendmachung des Anspruchs, die dem freien Belieben des Berechtigten anheimgestellt ist, erblickt das Gesetz eine den Anspruch seiner individuellen Natur entkleidende Kundgabe des Ausübungswillens.[34]) Bei der gerichtlichen Geltendmachung braucht der Pflichtteilsberechtigte nicht gerade in der Klägerrolle aufzutreten; es genügt, wie

---

[31]) arg. verb. „bei" dem Güterstande. Abs. I und II des § 2 beziehen sich nur auf die bestehende Ehe, Abs. III auf die endgiltig fortgesetzte Gütergemeinschaft, während für den Schwebezustand zwischen Auflösung der Ehe und Entscheidung über die Gemeinschaftsfortsetzung § 9 Satz 2 maßgebend ist.

[32]) Namentlich kraft einer für den Fall der Gemeinschaftsablehnung getroffenen Anordnung M IV S. 440.

[33]) Vgl. E I § 1992 II Satz 2, M V S 418; P. n. 374 X S. 7508—7511, n. 454 XIII S. 9393, n. 455 IV 4 S. 9438—9440, n. 457, 31 S. 9519 f. Siehe auch L. Seuffert S. 478 ff.

[34]) Begründung zu § 749 b CP.-Novelle S. 141. Vgl. BGB. §§ 847 I Satz 2, 1300 II.

die allgemeine Fassung des § 852 I CPO. ergibt, die Bestreitung einer gegen ihn erhobenen negativen Feststellungsklage.

Da nur die im Augenblick der Konkurseröffnung pfändbaren Vermögensrechte zur Konkursmasse gehören (KO. § 1 I), bleibt der Pflichtteilsanspruch von der Masse ausgeschlossen nicht nur, wenn seine Entstehung — der Erbfall (§ 2317 I) —, sondern auch wenn seine Anerkennung oder Rechtshängigkeit in die Zeit nach Konkurseröffnung fällt. Der erst während des Verfahrens pfändbar gewordene Pflichtteilsanspruch ist gantfreies Gut. Vgl. KO. § 14.

§ 19.

c. Die Nachlaßgläubiger beim Zusammentreffen von Nachlaßkonkurs und Erbenkonkurs.

I. Nach bisherigem Rechte konnten sich die Nachlaßgläubiger im Konkurse des vorbehaltlosen Erben gegen die Konkurrenz der Erbengläubiger dadurch schützen, daß sie das ihnen nach Landesrecht zukommende beneficium separationis durch Absonderung der bei Konkurseröffnung vorhandenen Nachlaßgegenstände ausübten (KO. § 43 früherer Fassung) und hierauf nötigenfalls einen Sonderkonkurs über den Nachlaß herbeiführten.[1]) Büßten die Nachlaßgläubiger infolge dieser Gütertrennung das Recht persönlicher Inanspruchnahme des Erben ein,[2]) so konnten sie im Erbenkonkurs ihre Ansprüche nicht verfolgen. Bei Fortdauer der persönlichen Haftung des Erben hingegen waren die Absonderungsgläubiger zur Liquidation im Erbenkonkurs soweit berechtigt, als sie auf abgesonderte Befriedigung verzichteten oder bei letzterer einen Ausfall erlitten (§ 57 früh. Fass.). Die Anwendbarkeit der §§ 88, 141, 143, 144, 155 Ziff. 3 und 156 (früh. Fass.) ergab sich ohne weiteres aus § 43.

§ 234 KO. II. Diesem Rechtszustand entspricht im allgemeinen die neue Bestimmung des § 234 I KO.:

> „In dem Konkursverfahren über das Vermögen des Erben finden, wenn auch über den Nachlaß das Konkursverfahren eröffnet, oder wenn eine Nachlaßverwaltung angeordnet ist, auf Nachlaßgläubiger, denen gegenüber der Erbe unbeschränkt haftet, die Vorschriften der §§ 64, 96, 153, 155, des § 168 Nr. 3 und des § 169 entsprechende Anwendung."[3])

1. **Zweck der Vorschrift.** An sich wären beim Zusammentreffen von Nachlaßkonkurs und Erbenkonkurs diejenigen Nachlaßgläubiger, denen gegenüber der Erbe die Möglichkeit der Haftungsbeschränkung bereits verwirkt hat,[4]) befugt, unter entsprechender Anwendung des § 68 KO. bis zur Vollbefriedigung in jedem Konkurse die zur Zeit der Eröffnung noch ausstehende Schuldsumme ihrem ganzen Betrage nach geltend zu machen. Das wäre eine ungerechtfertigte

---

[1]) Jaeger Voraussetzungen § 7.

[2]) So nach gemeinem, nicht aber nach preußischem und französischem Recht [oben § 17 Note 5].

[3]) Materialien des § 234 KO.: E I § 2150 Abs. II u. IV S. 1, M V S. 682—687; P. n. 395 III B S. 8036 f. (KO. „§ 205 l"), n. 456 XVIII S. 9476 („§ 206 d"); RB. § 206 d, Begründung S. 52.

[4]) Mag die Verwirkung eine allgemeine oder eine partielle sein. Besteht bei Eröffnung des Nachlaßkonkurses das Recht der Haftungsbeschränkung noch, so sind die Erbengläubiger durch BGB. § 1975 geschützt. Unter Umständen muß der Konkursverwalter des Erben selbst die Eröffnung des Nachlaßkonkurses veranlassen [oben S. 45]. Vgl. auch Dernburg Preuß. Privatrecht III § 233 Schlußsatz.

Benachteiligung der Erbengläubiger, die gegenüber der Konkurrenz der Nachlaßgläubiger — wie schon nach bisherigem Reichsrecht[5]) — schutzlos sind. Zur Verhütung einer solchen Doppelt-Liquidation beschränkt das Gesetz die Nachlaßgläubiger gegenüber der Erbengantmasse auf diejenigen Rechte, die ihnen zukommen würden, wenn sie Absonderungsgläubiger im Erbenkonkurse wären.[6]) Entsprechend dieser ratio legis gilt die Vorschrift des § 234 I

a) ohne Rücksicht darauf, ob der Nachlaßkonkurs vor oder nach dem Erbenkonkurs eröffnet wurde;

b) auch für den Fall, daß neben dem Erbenkonkurs eine Nachlaß-Verwaltung (BGB. §§ 1975 ff.) einherläuft.

Denn in allen diesen Fällen ist das Schutzbedürfnis der Erbengläubiger das gleiche.[7])

2. Die Nachlaßgläubiger werden im Erbenkonkurse behandelt **wie Absonderungsberechtigte.** Im einzelnen ergibt sich hieraus folgende Rechtslage:

a) Ein Nachlaßgläubiger, dem der Erbe unbeschränkt haftet, kann aus der Erbengantmasse Befriedigung[8]) nur insoweit verlangen, als er auf Inanspruchnahme des Nachlasses verzichtet oder bei dieser Inanspruchnahme einen Ausfall erlitten hat (KO. § 64). Die Haftung des Erben für Nachlaßschulden wird also im Interesse seiner sonstigen Gläubiger abgeschwächt zur Haftung auf den Betrag des Verzichts oder Ausfalls. Bei **Verzicht** auf Befriedigung aus Nachlaßmitteln stellt sich der Gläubiger rechnerisch immer schlechter wie bei Inanspruchnahme beider Massen.[9]) Darum wird der Gläubiger regelmäßig in beiden Konkursen anmelden. Allein da er bei der Schlußverteilung im Erbenkonkurse nur berücksichtigt wird, wenn er bis dahin den effektiven Ausfallbetrag nachweisen kann,[10]) wird der Gläubiger den Verzicht vorziehen, wenn sich der Erbenkonkurs rascher abwickelt und eine wesentlich höhere Dividende ergibt als der Nachlaßkonkurs. Die ausdrückliche[11]) Verzichterklärung ist an den Verwalter des Nachlaßkonkurses zu richten, damit dieser einer gleichwohl unternommenen Geltendmachung den Verzicht entgegen halten kann. Dem Verwalter des Erbenkonkurses muß der Verzichtbetrag gemäß § 153 I nachgewiesen werden [s. unter c]. Hat der

---

[5]) Anders nach früherem preuß. Recht. S. Dernburg III § 233 III S. 691 f., Motive der KO. S. 221 ff., M V S. 684. [Vgl. übrigens auch die vorige Note.]

[6]) Eine entsprechende Vorschrift enthält KO. § 212 für den Fall des Zusammentreffens von Gesellschaftskonkurs und Einzelkonkursen. Darüber Jaeger Konkurs der offenen Handelsgesellschaft S. 145—155.

[7]) S. P. S. 8036, Begründung S. 52.

[8]) Anmelden kann der Gläubiger auch im Erbenkonkurse seine ganze Forderung (§ 64) und wird stets von dieser Befugnis Gebrauch machen, wenn der Ausfall im Nachlaßkonkurse noch nicht feststeht (RG. v. 7. III. 96 Bd. XXXVII S. 16). Dann erstrecken sich Prüfung und Feststellung auf die Forderung als Ganzes, nicht bloß auf den durch den Absonderungsgegenstand nicht gedeckten Forderungsbetrag (RG. v. 20. X. 88 Bd. XXII S. 154).

[9]) Zahlenbeispiel s. bei Jaeger aaO. S. 149 f.

[10]) [S. unter c]. Anders als beim Konkurse der offenen Handelsgesellschaft (§ 212 II) werden hier die Anteile nicht zurückbehalten, bis der Ausfall feststeht.

[11]) Verzichterklärung durch konkludente Handlung ist nicht ausgeschlossen, vgl. RG. v. 18. IX. 86 Bd. XVI S. 70 ff., v. 19. XI. 90 bei Bolze XI n. 933, v. 3. X. 93 bei Bolze XVII n. 852 (Verzicht durch vorbehaltlose Annahme der Vergleichsrate), sowie v. 7. III. 96 Bd. XXXVII S 13 ff. (Verzicht durch Abstimmung für den vollen Forderungsbetrag beim Vergleichsschlusse — möglich, aber Frage des Einzelfalls.) Auch Teilverzicht ist statthaft.

Erbe das Recht der Haftungsbeschränkung nur teilweise verwirkt, so kann der Verwalter des Erbenkonkurses die Forderung des verzichtenden Gläubigers im Nachlaßkonkurse geltend machen (§ 225 III) und so den Erbengläubigern den Betrag retten, den der verzichtende Gläubiger im Nachlaßkonkurs erhalten haben würde.

b) Das Stimmrecht in den Gläubigerversammlungen des Erbenkonkurses ist den Nachlaßgläubigern, wenn sie auf Befriedigung aus dem Nachlasse nicht verzichten, keineswegs schlechthin entzogen. Vielmehr wird durch Feststellung der angemeldeten ganzen Forderung[12]) an sich ein Stimmrecht auch in Höhe des ganzen angemeldeten Betrags begründet (§ 95). Zu diesem Betrage bleibt der Absonderungsgläubiger und zwar auch für das Vergleichsverfahren so lange stimmberechtigt, bis das Gericht auf den Widerspruch eines Konkursgläubigers oder des Verwalters das Stimmrecht ganz ausschließt oder auf einen niedrigeren Betrag beschränkt (§ 96).[13])

c) Bei den Abschlagsverteilungen im Erbenkonkurse wird der Nachlaßgläubiger — während der Schwebe des Nachlaßkonkurses — zum Betrage des von ihm glaubhaft zu machenden mutmaßlichen Ausfalls berücksichtigt (§ 153 II). Die hienach zu berechnende Dividende wird aber dem Gläubiger nicht ausbezahlt, sondern für ihn zurückbehalten (§ 168 Ziff. 3), bis er entweder den effektiven Ausfall oder seinen endgiltigen Verzicht nachweist (§§ 153 I, 155). Erbringt der Gläubiger diesen Beweis bis zur Schlußverteilung nicht, so werden die bis dahin reservierten Beträge zu Gunsten der übrigen Konkursgläubiger frei (§ 156)[14]) — die Zurückbehaltung dauert also nicht etwa bis zur Feststellung des Ausfalls.[15])

Steht infolge früherer Beendigung des Nachlaßkonkurses[16]) der Ausfall fest, oder entschließt sich der Gläubiger zum Verzicht, so werden die im Erbenkonkurse zur Verteilung kommenden Dividenden — berechnet nach Höhe des erwiesenen Ausfalls oder Verzichts — an den Nachlaßgläubiger ausbezahlt (§§ 153 I, 155). Die bis zum Vollzuge der Schlußverteilung nicht erhobenen, aber bereits zahlbar gewordenen Anteile werden vom Erbenkonkurs-Verwalter nach Anordnung des Gerichts für Rechnung der Beteiligten hinterlegt (§ 169). Desgleichen werden auch nach Verzicht oder Ausfall die Anteile auf solche Forderungen hinterlegt, welche nach § 168 Ziff. 1, 2 (mit § 154) und Ziff. 4 bei der Schlußverteilung zurückzubehalten sind (§ 169). Zu beachten ist dabei, daß der Verwalter des Erbenkonkurses das Bestehen einer Nachlaßverbindlichkeit im Prüfungstermine des Erbenkonkurses nicht mehr bestreiten kann, wenn der Gantschuldner-Widerspruch im

---

[12]) Siehe oben [Note 8].

[13]) RG. v. 7. III. 96 Bd. XXXVII S. 16 und 17.

[14]) Damit ist natürlich nicht gesagt, daß die in concreto bestehende persönliche Haftung des Erben erlischt. Der Nachlaßgläubiger erhält nichts aus der Erbengantmasse, aber für seinen ganzen im Nachlaßkonkurs erlittenen Ausfall kann er den später wieder zu Vermögen gelangten Erben in Anspruch nehmen. KO. § 164.

[15]) KO. § 168 Ziff. 3 ist sonach — arg. § 156 — nur auf Abschlagsverteilungen anwendbar. S. v. Wilmowski § 141, 6 und § 155, 3; Petersen-Kleinfeller S. 483, 4. Vgl. oben [Note 10.]

[16]) Jede Abschlagszahlung im Nachlaßkonkurse mindert die Höhe des im Erbenkonkurse zu berücksichtigenden Betrags.

Nachlaßkonkurs unterblieb.[17]) Auch dann aber kann der Erbenkonkurs-Verwalter die persönliche Haftung des Erben für die rechtskräftig feststehende Nachlaßverbindlichkeit bestreiten, und es ist solchenfalls Sache des Liquidanten, nachzuweisen, daß ihm gegenüber unbeschränkte Haftung eingetreten, also eine Ausnahme von der Regel des § 1975 (§ 2013) BGB. gegeben ist.

III. Ist eine **Ehefrau** die Erbin, so werden diejenigen Nachlaßgläubiger, denen die Erbin unbeschränkt haftet, nach Eröffnung des Nachlaßkonkurses oder Anordnung der Nachlaßverwaltung im Konkurse der Ehefrau wie Absonderungsberechtigte behandelt, mag nun Gütertrennung, Verwaltungsgemeinschaft oder Gütergemeinschaft bestehen, mag der Nachlaß Gesamtgut, eingebrachtes Gut oder Vorbehaltsgut sein. Das ergiebt sich unmittelbar aus § 234 I KO.

Ist die Erbschaft von der Frau als Gesamtgut erworben worden (BGB. §§ 1438, 1440 mit 1369), so haftet der Ehemann für die infolge des Erbschaftserwerbes entstandenen Verbindlichkeiten als Gesamtschuldner neben der Erbin (§§ 1459, 1461, 2008).[18]) Gerät nun der Ehemann in Konkurs, so gehört auch der Nachlaß als Gesamtgut zur Konkursmasse des Ehemannes (KO. § 2), es sei denn, daß durch Eröffnung des Nachlaßkonkurses oder Anordnung der Nachlaßverwaltung beide Vermögensmassen bereits wieder gesondert sind oder noch gesondert werden. Ungeachtet einer solchen separatio bonorum können diejenigen Nachlaßgläubiger, denen der Ehemann unbeschränkt haftet, ihre Forderungen auch im Konkurse des Ehemannes verfolgen. Zum Schutze der sonstigen Gläubiger des Ehemannes verordnet aber § 234 II KO., daß solchenfalls die Nachlaßgläubiger im Konkurse des Ehemannes — wie im Konkurse der Ehefrau (Abs. I ib.) — als Absonderungsberechtigte behandelt und somit auf die Geltendmachung des Ausfall- oder Verzichtbetrags beschränkt werden sollen. § 234 II KO.

Im Falle gleichzeitiger Vergantung beider Ehegatten kann der Nachlaßgläubiger in jedem Einzelkonkurs Ausfall und Verzicht nach der vollen, zur Zeit der Konkurseröffnung noch ungetilgten Höhe geltend machen (KO. § 68).

Der Zwangsvergleich im Nachlaßkonkurse begrenzt, vorbehaltlich anderweiter Vereinbarung, zugleich die (im Einzelfalle bestehende) unbeschränkte Haftung der Ehefrau als der Gemeinschuldnerin des Nachlaßkonkurses,[19]) beeinflußt aber die Rechte gegen den Ehemann als Mitschuldner im Sinne des § 193 nicht. Desgleichen läßt der Zwangsvergleich im Konkurse des einen Ehegatten die Haftung des andern unberührt (§ 193).

7. Besondere Fälle.

§ 20.

a. Nacherbfolge.

I. **Bis** zum Eintritte des Falles der Nacherbfolge (BGB. §§ 2100 ff.) ist der Vorerbe „der Erbe" und mithin der Gemeinschuldner in einem vor diesem Zeitpunkt eröffneten Nachlaßkonkurse. Die für den Erben und für den Gemeinschuldner geltenden Gesetzesvorschriften finden insolange auf den Vorerben unmittelbare Anwendung. § 231 KO.

---

[17]) S. oben [S. 48 f.].

[18]) So bei allgemeiner Gütergemeinschaft. Entsprechendes gilt bei Fahrnisgemeinschaft nach §§ 1549—1551, 1553 Ziff. 2, 1556.

[19]) Siehe oben [S. 90].

II. **Mit** dem Eintritte des Falles der Nacherbfolge hört der Vorerbe auf, Erbe und Gemeinschuldner in einem bereits eröffneten Nachlaßkonkurse zu sein. BGB. § 2139. Gemeinschuldner für die Folgezeit wird der die Erbschaft annehmende Nacherbe; aber es versteht sich von selbst, daß der Vorerbe die ihm zustehenden Gläubigerrechte so, wie er sie bereits erworben hat, verfolgen kann. KO. §§ 223, 224 Ziff. 1, 225.

III. Wird erst **nach** dem Eintritte des Falles der Nacherbfolge das Konkursverfahren über den Nachlaß eröffnet, so können zwar die in der Vergangenheit liegenden Handlungen des Vorerben als Handlungen des „Schuldners" oder „Gemeinschuldners" in Betracht kommen und insbesondere der konkursmäßigen Anfechtung ausgesetzt sein, für die Gegenwart aber ist ausschließlich der Nacherbe Gemeinschuldner. Die mit dem Erbfall in der Person des Vorerben eingetretene confusio und consolidatio gilt als nicht erfolgt (§ 2143). Er kann also ohne weiteres wie sonst ein Dritter, nicht erst kraft des § 225 I KO., die ihm gegen den Erblasser erwachsenen Ansprüche im Nachlaßkonkurse geltend machen. Dagegen könnte es vielleicht fraglich sein, ob dem Vorerben auch die in § 224 Ziff. 1 und 225 II, III bezeichneten Ansprüche in eben der Rechtsstellung zukommen, die er als Erbe im Nachlaßkonkurs einnehmen würde. Um allem Zweifel vorzubeugen, bejaht das Gesetz im § 231 KO.[1]) diese Frage ausdrücklich und erklärt zugleich die Vorschrift des § 223 KO. für anwendbar. Vgl. § 232 II Satz 3.

§ 128 KO., § 2115 BGB. IV. Im Falle des § 231 KO. handelt es sich nur um den Nachlaßkonkurs. Eine andere, in diesem Zusammenhange nicht zu umgehende Frage ist die, inwieweit der Konkurs über das Gesamtvermögen des Vorerben auch den Nachlaß ergreift.[2])

Der Vorerbe ist „Herr der Erbschaft", Subjekt der zu ihr gehörigen Vermögensrechte, also insbesondere Eigentümer der Erbschaftssachen, Gläubiger der Erbschaftsforderungen — jedoch alles nur fiduciae causa. Fiduciarischer Erwerb fällt nun aber grundsätzlich nicht in die Konkursmasse des Fiduciars.[3]) So gehört der auf ein fiduciarisches Indossament gestützte Wechselanspruch nicht in die Gantmasse des Indossatars,[4]) das auf fiduciarische Cession gegründete Gläubigerrecht nicht in die Gantmasse des Cessionars,[5]) die nur fiduciae causa aufgelassene Liegenschaft nicht in die Gantmasse des Bucheigentümers.[6]) Auch das Recht des Vorerben an den Erbschaftsgegenständen ist, wie die geschichtliche Entwicklung und der Zweck des Instituts der Nacherbfolge beweisen, ein bloß fiduciarisches Herrschaftsrecht, das dem Vorerben in dieser Form nur eingeräumt wird, um ihm Genuß und Verwaltung zu erleichtern.[7]) Darum gehören die Erbschaftsgegenstände ihrem Bestande nach nicht

---

[1]) Materialien des § 231 KO.: P. n. 395 VI S. 8038 f. („§ 205 n"), n. 456 XVII S. 9475 f. („§ 206 a".) RV. § 206 a, Begründung S. 50.

[2]) Vorbehaltlich einer Sonderung durch Nachlaßverwaltung oder Nachlaßkonkurs, falls zur Zeit überhaupt noch Nachlaßschulden vorhanden sind. Wegen der Haftung des Vorerben siehe oben [§ 5].

[3]) Siehe namentlich Kohler Lehrbuch § 35, Leitfaden § 12. Vgl. auch HGB. § 392 II.

[4]) Aussonderung nach KO. § 43. Siehe Kohler Lehrbuch S. 179, Dernburg Preuß. Privatrecht Bd. II § 117 N. 8 (5. Aufl.) S. 298, Bernstein Wechselordnung a. 17 S. 113 nebst Rechtsprechung. Dagegen namentlich Regelsberger im Archiv für civil. Praxis Bd. 63 S. 185 und Grünhut Wechselrecht Bd. II S. 144 N. 5.

[5]) RG. v. 18. VI. 90 bei Bolze X n. 884.

[6]) Vgl. v. Jacubezky Bemerkungen S. 210 und 211.

[7]) P. S. 6792.

zur Masse des verganteten Vorerben, und es ist lediglich eine Folgerung aus diesem Grundsatze, wenn die Konkursordnung im § 128 bestimmt: „Ist der Gemeinschuldner Vorerbe, so darf der Verwalter die zur Erbschaft gehörigen Gegenstände nicht veräußern, wenn die Veräußerung im Falle des Eintritts der Nacherbfolge nach § 2115 des Bürgerlichen Gesetzbuchs dem Nacherben gegenüber unwirksam ist."[8])

1. Ins Positive übersetzt besagt diese Vorschrift: der Konkursverwalter darf Erbschaftsgegenstände veräußern und den Erlös zur Masse ziehen, wenn die Veräußerung im Falle des Eintrittes der Nacherbfolge nach § 2115[9]) dem Nacherben gegenüber wirksam ist. Eine Zwangsveräußerung von Erbschaftsgegenständen ist nun zufolge § 2115 in drei Fällen wirksam:
   a) soweit sie das Recht des Nacherben nicht vereitelt oder beeinträchtigt;
   b) wenn Nachlaßverbindlichkeiten im Vollstreckungswege durchgeführt werden;
   c) wenn aus einem sonstigen Grunde der Nacherbe selbst sich die Vollstreckung gefallen lassen müßte, weil es sich z. B. um die Geltendmachung einer Hypothek handelt, die der Vorerbe mit Zustimmung des Nacherben an einem Erbschaftsgrundstücke bestellt hat.[10])

   Was den ersten Fall betrifft, so ist klar, daß der Konkursverwalter über das erbschaftliche Stammvermögen nur mit Vorbehalt der Rechte des Nacherben verfügen könnte.[11]) Eine solche bedingte Veräußerung ist nicht gerade undenkbar — namentlich, wenn zu erwarten steht, daß der Nacherbe die Erbschaft ausschlägt (BGB. § 2142) —, jedoch von verschwindender praktischer Bedeutung. Dagegen kann der Verwalter über die Nutzungen der Erbschaftsgegenstände für Rechnung der Konkursmasse verfügen z. B. eine Verwertung im Wege der Verpachtung oder Zwangsverwaltung herbeiführen. Vgl. CPO. § 857 III, IV. Denn die Erbschaft fällt, wenn auch nicht dem Bestande, so doch dem Ertrage nach in die Gantmasse des Vorerben. Indessen greift auch hier eine Beschränkung ein. Die Erträgnisse der Erbschaft sind nämlich nur soweit pfändbar und darum auch nur soweit dem Konkursbeschlag unterworfen (KO. § 1), als der Vorerbe zur Bestreitung des notdürftigen Unterhalts für sich, seinen Ehegatten und seine noch unversorgten Kinder dieser Einkünfte nicht bedarf. CPO. § 850 I Ziff. 3.[12]) Soweit der Konkursverwalter unpfändbare Erträgnisse zur Masse gezogen hätte, kann der Vorerbe gegen ihn im ordentlichen Rechtsweg auf Erstattung klagen.[13])

---

[8]) Vgl. auch GBO. § 52, CPO. §§ 326, 773, 863. Materialien des § 128 KO.: E I § 1829 I Satz 2 und Abs. II, M V S. 116 und 117; P. n. 343 III S. 6790—94, n. 455 IV 7 b S. 9442 (KO. „§ 5 b"); RB. § 117 a, Begründung S. 32.

[9]) S. Strohal § 12 Note 18 und gegen das hier geäußerte Bedenken die durchaus zutreffenden Bemerkungen von Küntzel S. 591 ff. nebst P. S. 6793.

[10]) P. S. 6791; vgl. auch CPO. § 863 II.

[11]) M V S. 117, L. Seuffert S. 484.

[12]) Denn unpfändbare Einkünfte im Sinne dieser Vorschrift sind nicht bloß Erträgnisse, auf deren Leistung der Bezugsberechtigte einen Anspruch gegen Dritte hat, sondern auch Zuwendungen dem Rechte nach, wenn dem Bedachten sachlich nur die Einkünfte des Rechts zukommen. Siehe RG. v. 16. I. 89 bei Bolze VII n. 1213, v. 16. IV. 96 bei Bolze XXII n. 822 und in der besond. Beil. z. Reichsanzeiger 1896 S. 231—233. Da der Vorerbe die Einkünfte auf Grund der Fürsorge und Freigebigkeit des Erblassers bezieht, ist CPO. § 850 Ziff. 3 anwendbar. Für den Fall des § 2338 BGB. enthält CPO. § 863 I eine besondere Vorschrift.

[13]) RG. v. 16. IV. 96 aaO. und v. 19. V. 96 Bd. XXXVII S. 398 ff.

Der zweite und dritte Fall sind nur für die Einzelvollstreckung gegen den Vorerben, nicht für dessen Konkurs von Bedeutung. Denn am Konkursverfahren nehmen außer den Nachlaßgläubigern auch die übrigen Gläubiger des Vorerben teil, eine Verwertung für Rechnung der Masse gereichte also notwendig auch letzteren zum Vorteil. Ferner aber kommt auch das dem Nacherben gegenüber wirksame dingliche Recht, wie es im § 2115 Satz 2 [14]) vorausgesetzt wird, einem einzelnen Gläubiger, nicht der Gesamtheit zu und darf darum nicht zu Gunsten der Gesamtheit durchgeführt werden.[15])

2. Der Konkurs über das Vermögen des Vorerben ergreift den Stamm der Erbschaft auch dann nicht, wenn der Erblasser den Vorerben mit einer den regelmäßigen Machtbereich übersteigenden Verfügungsfreiheit ausgestattet oder den Nacherben schlechthin auf den Überrest beschränkt hat (BGB. § 2137). Denn § 2115 will keineswegs die Rechte des Vorerben und diejenigen seiner Gläubiger auf ein und dasselbe Maß begrenzen, sondern verhindern, daß die Gläubiger des Vorerben dessen Verfügungsmacht zu ihren Zwecken ausbeuten. Deshalb werden die Vollstreckungen dieser Gläubiger in den Nachlaß für unwirksam erklärt ohne Rücksicht darauf, ob der Vorerbe selbst mit Wirksamkeit gegenüber dem Nacherben den von der Vollstreckung betroffenen Gegenstand hätte veräußern können oder nicht. Die Schranken der Verfügungsmacht des Vorerben sind demnach für die Bestimmung des § 2115 nicht maßgebend und darum wird diese auch im § 2136 nicht erwähnt.[16]) Auch bei der Nacherbfolge auf den Überrest fallen somit nur die pfändbaren Erträgnisse der Erbschaft in die Konkursmasse des Vorerben und auch diese nur bis zum Eintritte des Falles der Nacherbfolge.[17])

§ 21.

b. Der Erbschaftskauf.

§§ 232, 233 KO. „Hat der Erbe die Erbschaft verkauft, so tritt der Käufer in Ansehung des Verfahrens an seine Stelle.

---

[14]) Ebenso in CPO. § 863 II.

[15]) Anders L. Seuffert S. 485. Als Beispiel wird die Geltendmachung einer dem Gemeinschuldner, also dem Vorerben, zustehenden Hypothek an einem Erbschaftsgrundstück genannt. Wie ist das aber zu verstehen? Wohl kann der Verwalter ein dem Gemeinschuldner zukommendes Hypothekenrecht ausüben, aber doch nicht zufolge § 128 und nicht ohne weiteres im Weg einer Veräußerung des belasteten Grundstückes. Man sollte annehmen, daß es sich in § 2115 Satz 2 BGB. und § 863 II CPO. nur um Rechte dritter Personen, nicht um Rechte des Vorerben handelt.

[16]) P. S. 6791 und 6792, vgl. Fischer-Henle BGB. § 2137 Note 1.

[17]) Vgl. für das bisherige preußische Recht Dernburg Preuß. Privatrecht III § 160, 3a (4. Aufl.) S. 472. Die Lehre Dernburgs, daß beim Ableben des Vorerben während des Konkurses der Nacherbe die noch vorhandenen Erbschaftsgegenstände aussondern dürfe, ist neuerdings vom Reichsgericht (Urteil v. 28. I. 96 Bd. XXXVI S. 123 ff.) angefochten worden. Mit Unrecht! Vom Standpunkte der Pfand- oder Beschlagrechtstheorie aus mußte man die Aussonderung verneinen (Kohler Lehrbuch S. 98 ff. und in der Zeitschrift für vergleichende Rechtswissenschaft Bd. IV S. 302), vom Standpunkte der herrschenden, auch durch Dernburg vertretenen Lehre aus hingegen bejahen. Das Reichsgericht hat die entscheidende Frage bedauerlicher Weise umgangen und zwar nicht zum ersten Mal, obschon gerade in diesem Punkt eine bestimmte Stellungnahme des höchsten Gerichtshofes dringend zu wünschen wäre. Nebenbei bemerkt ist in diesem Urteil auf S. 124 ein sinnstörender Druckfehler zu berichtigen: in Zeile 7 von unten ist das Wörtchen „nicht" vor „gestatten" zu streichen; in der folgenden Zeile muß es statt „erst" während des Konkursverfahrens „noch" während des Konkursverfahrens heißen.

Der Erbe ist wegen einer Nachlaßverbindlichkeit, die im Verhältnisse zwischen ihm und dem Käufer diesem zur Last fällt, in derselben Weise wie ein Nachlaßgläubiger zu dem Antrag auf Eröffnung des Verfahrens berechtigt. Das gleiche Recht steht ihm auch wegen einer anderen Nachlaßverbindlichkeit zu, es sei denn, daß er unbeschränkt haftet oder daß eine Nachlaßverwaltung angeordnet ist. Die Vorschriften des § 223, des § 224 Nr. 1 und des § 225 gelten für den Erben auch nach dem Verkaufe der Erbschaft." § 232 KO.

„Die Vorschriften des § 232 finden entsprechende Anwendung, wenn Jemand eine durch Vertrag erworbene Erbschaft verkauft oder sich zur Veräußerung einer ihm angefallenen oder anderweit von ihm erworbenen Erbschaft in sonstiger Weise verpflichtet hat." § 233 KO.[1])

I. **Geltungsbereich** der §§ 232, 233. Nach dem Bürgerlichen Gesetzbuch ist der Alleinerbe nicht im Stande, durch Verkauf der ihm angefallenen[2]) Erbschaft im Ganzen oder durch Verkauf eines Bruchteils derselben (§§ 2371—2384), sowie durch die dem Erbschaftskaufe gleichgestellten Verträge (§ 2385) über sein Erbrecht zu verfügen.[3]) Der Erwerber wird nicht Erbe. Vielmehr erwächst aus dem Vertrage lediglich eine Verbindlichkeit des Veräußerers, dem Vertragsgegner die einzelnen Erbschaftsgegenstände durch Auflassung, Übergabe, Abtretung, Anweisung zu verschaffen (§ 2374).[4]) Bleibt aber der Veräußerer Erbe, so bleibt er für den Fall des Nachlaßkonkurses an sich auch Gemeinschuldner. Allein aus Gründen der Zweckmäßigkeit [s. unter II] überträgt das Gesetz die Gemeinschuldner-Rolle dem Erwerber, der neben dem Erben als Gesamtschuldner für die Nachlaßverbindlichkeiten haftbar wird (§§ 2382, 2383, 2385).

Nicht hieher gehört der Fall, daß

1. ein Miterbe nach § 2033 I über seinen Anteil an dem noch nicht auseinandergesetzten Nachlasse verfügt. Solchenfalls überträgt der Miterbe die ihm in der Erbengemeinschaft zustehenden Mitgliedsrechte — über einzelne Nachlaßgegenstände oder Anteile an solchen kann er nach § 2033 II überhaupt nicht verfügen — durch einen einheitlichen, dinglich wirkenden Akt auf den Erwerber.[5]) Letzterer wird Miterbe an Stelle des Veräußerers und übernimmt sonach ohne weiteres die Gemeinschuldner-Rolle im Nachlaßkonkurse z. B. nach KO. §§ 217 II, 230 I. Nach der Teilung kann auch der Miterbe nur noch über die nun mit seinem übrigen Vermögen vereinigten Nachlaßgegenstände verfügen — eine Mitgliedschaft, die er veräußern könnte, besteht nicht mehr. Nach der Auseinandersetzung entspricht also die Rechtsstellung des Miterben derjenigen,

---

[1]) Materialien: a. zu § 232 KO.: E I §§ 498 III, 2150 IV Satz 2, M II S. 363 ff., V S. 685; P. n. 107 VI S. 1854—1856, n. 393 I S. 7933—7937 (KO. „§ 205 b"), n. 395 III c S. 8037 f., VI S. 8038 f., VII S. 8040; n. 456 XVII S. 9475 f. (KO. „§ 206 b"). RV. § 206 b, Begründung S. 50 f. Reichstagskommissionsbericht zu § 206 b der Konkursnovelle S. 1969 u. 1970. Der noch in Anlage II der Denkschrift zum EBGB. enthaltene dritte Absatz des § 206 b kam infolge Änderung des dort vorgesehenen § 205 c in Fortfall. — b. zu § 233 KO.: E I §§ 498 III mit 500 I, 2150 IV Satz 2; P. n. 107 VII S. 1857, n. 456 XXIII S. 9476 (KO. „§ 205 c"); RV. § 206 c, Begründung S. 51 f.

[2]) BGB. § 312.

[3]) P. n. 107 VIII S. 1858.

[4]) M II S. 353.

[5]) P. n. 396 VI A S. 8061 ff.

die der Alleinerbe vom Erbfall an einnimmt.[6]) Für den Nachlaßkonkurs wird der Erbschaftsverkauf durch einen Miterben nach der Auseinandersetzung (vgl. § 2373) kaum in Betracht kommen, da vor der Teilung die Nachlaßverbindlichkeiten zu berichtigen sind (§ 2046), und die Erfüllung dieser Pflicht durch strenge Haftungsvorschriften erzwungen wird.[7])

2. Daß der Erbe einzelne Nachlaßgegenstände veräußert. Der Erwerber übernimmt damit keine Haftung für die Nachlaßschulden.[8])

Ob die Veräußerung der Erbschaft vor oder — was begrifflich nicht ausgeschlossen — nach Konkurseröffnung erfolgt, ist für die Anwendung der §§ 232, 233 belanglos. Mit Abschluß des Vertrages tritt der Erwerber als Gemeinschuldner an die Stelle des Veräußerers (arg. § 2382 I). Die Veräußerung während des Konkurses bleibt der Einfachheit halber im Folgenden aus Betracht.

II. **Zweck** des § 232 I. Daß der Käufer in Ansehung des Konkursverfahrens an die Stelle des Erben tritt, wird „zur Vereinfachung[9]) des Verhältnisses" (Begründung S. 50) in § 232 I positiv vorgeschrieben. Worin diese Vereinfachung besteht, darüber geben die Motive (M II S. 363 f.) folgenden Aufschluß: „Es kommt wesentlich darauf an, ob der Nachlaßkonkurs noch von dem Erben oder von dem Käufer bezw. gegen den Erben oder den Käufer eröffnet werden kann. Selbstverständlich kann keine Rede davon sein, den Nachlaßkonkurs sowohl gegen den Erben als gegen den Käufer zuzulassen. Vorzugsweise kommen diesfalls in Betracht die Fälle, in welchen zur Zeit der Konkurseröffnung die Aktivbestandteile der Erbschaft von dem Verkäufer dem Käufer sämtlich oder zumeist schon übertragen waren. Würde der Nachlaßkonkurs gegen den Verkäufer eröffnet, so bestände solchenfalls die Konkursmasse ausschließlich oder größtenteils aus den Ansprüchen des Verkäufers gegen den Käufer auf die Gegenleistung, bezw. soweit diese schon erfolgt wäre, aus dem Betrage derselben, ev. aus den der Konkursmasse gegen den Verkäufer nach Maßgabe des § 1978 zustehenden Ansprüchen. Dies widerspräche aber der Grundauffassung des Nachlaßkonkurses, daß derselbe nämlich über die im Nachlaß selbst befindlichen Aktiven zu eröffnen ist, seinen Gegenstand wirklich der Nachlaß bildet. Daneben drohten, falls der Nachlaßkonkurs gegen den Verkäufer eröffnet werden müßte, für die nicht seltenen Fälle schwere Verwickelungen, wenn bei dem Abschlusse des Erbschaftskaufes mit Rücksicht auf die vorhandenen Nachlaßverbindlichkeiten der reelle Kaufpreis nur niedrig bemessen wird und im Übrigen die Gegenleistung des Käufers in der Verpflichtung, die Nachlaßverbindlichkeiten zu tilgen, besteht, so daß der Nachlaß aus dem Kaufpreise und dem Anspruche des Verkäufers auf Erfüllung jener Verpflichtung bestände. Viel einfacher und naturgemäß gestaltet sich das Verhältnis, wenn der Nachlaßkonkurs gegen den Erbschafts-Käufer eröffnet wird." Die Eröffnung gegen diesen „ergibt sich auch als Konsequenz aus der demselben durch das Gesetz gegenüber den Nachlaßgläubigern angewiesenen Rechtsstellung, wonach er persönlicher Schuldner derselben wird" (§ 2382). „Es liegt nur eine notwendige Weiterentwickelung dieser dem Schutze der Gläubiger dienenden Vorschrift darin, wenn man den Gläubigern auch das Recht beilegt, sich im Wege des Nachlaßkonkurses an den in den Händen des Käufers befindlichen Nachlaß zu halten."

---

[6]) Siehe hierüber die vortrefflichen Bemerkungen von Küntzel S. 825 ff. und 912 c.

[7]) Siehe oben [S. 24 ff.].

[8]) Vgl. M II S. 364.

[9]) Eine Gefahr für die Nachlaßgläubiger ist damit nicht verbunden, denn diese erhalten nach der zwingenden Vorschrift des § 2382 neben dem Erben einen zweiten Schuldner.

III. **Inhalt** des § 232 KO. § 232 KO.

1. Der Käufer tritt in Ansehung des Verfahrens d. h. der Eröffnung und Durchführung des Konkurses an die Stelle des Erben. Lediglich der Käufer spielt also im Nachlaßkonkurse die Rolle des Gemeinschuldners. Nur der Eröffnungsantrag des Käufers ist als Antrag des Gemeinschuldners ohne weiteres zulässig (KO. §§ 217 I, 103 II), nur die persönliche Vergantung des Käufers verleiht den in § 219 bezeichneten Personen das Antragsrecht, nur der Käufer hat den Zwangsvergleich vorzuschlagen (§§ 230 I, 173), nur im Konkurs über das Vermögen des Käufers findet § 234 Anwendung. Die persönlichen Beschränkungen, die im Nachlaßkonkurse den Erben treffen,[10] lasten auf dem Erbschaftskäufer. Der Verkäufer ist zwar Erbe geblieben, aber kraft positiver Vorschrift gilt er nicht (mehr) als Gemeinschuldner. Er haftet neben dem Gemeinschuldner als Gesamtschuldner.[11] Darauf folgt: hat der Erbe das Recht der Haftungsbeschränkung verwirkt, so können die Nachlaßgläubiger ungeachtet ihrer Teilnahme am Nachlaßkonkurs ihre vollen[12] Ansprüche bis zur gänzlichen Befriedigung auch im persönlichen Konkurse des Erben geltend machen (KO. § 68) und erleiden durch einen im Nachlaßkonkurse geschlossenen Zwangsvergleich keine Schmälerung der ihnen gegen den Erben zustehenden Rechte (KO. § 193 Satz 2).

2. In seiner Eigenschaft als Schuldner kann der Erbe die Eröffnung des Nachlaßkonkurses nicht beantragen. Möglicherweise aber verleiht ihm die Eigenschaft eines Nachlaßgläubigers diese Befugnis[13] und damit ein Mittel, seine eigene Haftung für die Nachlaßschulden nach §§ 1975, 2013 auf den Nachlaß zu beschränken.[14] Doch ist der Antrag des Erben ganz wie der Antrag eines sonstigen Nachlaßgläubigers nur zuzulassen, wenn der Erbe seine Konkursforderung und die Überschuldung des Nachlasses glaubhaft macht (KO. §§ 105, 217 II).[15]

   a) Nachlaßgläubiger **ist** der Erbe einmal mit den ihm bereits gegen den Erblasser erwachsenen Forderungen; sodann mit den in KO. §§ 224 Ziff. 1 u. 225 II, III bezeichneten Ansprüchen, die dem Erben als bereits erworbene Rechte auch nach Veräußerung der Erbschaft verbleiben § 232 II Satz 3.[16] Für die Ausübung dieses Gläubigerrechts ist es ganz gleichgiltig, ob die Möglichkeit der Haftungsbeschränkung noch besteht oder nicht.

   b) Außerdem aber wird der Erbe, weil er zur Beschränkung seiner Haftung der Antragsbefugnis bedarf, durch positive Gesetzesvorschrift (ib. Abs. II Satz 1 u. 2) in Ansehung des Eröffnungsantrags einem Nachlaßgläubiger **gleichgestellt** und zwar schlechthin wegen derjenigen Nachlaßverbindlichkeiten, die im Verhältnisse zwischen ihm und dem Käufer letzterem zur Last fallen; im übrigen aber nur bedingt.

   Im Verhältnisse zwischen dem Erben und dem Käufer fallen nach §§ 2378 mit 2376, 439 im Zweifel dem Käufer alle „Nachlaßverbindlich-

---

[10]) Siehe oben [S. 49].
[11]) BGB. §§ 2382 f. mit 421; s. Planck BGB. § 419, 1 u. § 421, 1.
[12]) KO. § 234 ist, wie bemerkt, in diesem Falle unanwendbar.
[13]) M II S. 364.
[14]) Vgl. BGB. § 2383.
[15]) P. S. 1855, Begründung S. 51.
[16]) P. S. 8038 f., Begründung S. 51.

keiten" zur Last mit Ausnahme der dem Käufer beim Vertragsabschlusse nicht bekannt gewesenen Verbindlichkeiten aus Pflichtteilsrechten, Vermächtnissen und Auflagen. Vgl. § 443. Wegen solcher vom Käufer zu tragenden Verbindlichkeiten soll der Erbe sogar nach Verwirkung der Haftungsbeschränkungsmacht zum Gläubiger-Antrag (KO. § 217 II) befugt sein. Dagegen wird ihm wegen anderer Nachlaßschulden die Befugnis zur Beantragung des Nachlaßkonkurses nur insoweit gewährt (§ 232 II Satz 2), als er dieses Mittels zur Beschränkung seiner Haftung bedarf: also nicht, sofern er das Beschränkungsrecht im allgemeinen eingebüßt hat, und nicht, wenn bereits infolge Anordnung einer Nachlaßverwaltung eine auch dem Verkäufer zu statten kommende Gütersonderung durchgeführt ist.[17])

Soweit hienach [b] der Erbe zur Beantragung des Nachlaßkonkurses befugt ist, hat er außer der Nachlaßüberschuldung das Bestehen irgend einer Nachlaßverbindlichkeit glaubhaft zu machen, für die er selber, aber unter Vorbehalt des Rückgriffes gegen den Erbschaftskäufer (§ 2378), noch haftbar ist. Daraus folgt:

α) Der Antrag kann nicht gestützt werden auf die Forderung eines Nachlaßgläubigers, der durch Vertrag mit dem Erben diesen freigegeben hat.[18])

β) Beruft sich der Erbe auf die Forderung eines Nachlaßgläubigers, dem nach KO. § 219 ein Antragsrecht nur zusteht, wenn zugleich über das persönliche Vermögen des Erbschaftskäufers der Konkurs eröffnet ist, so unterliegt auch der Antrag des Erben der nämlichen Beschränkung. Praktisch wird diese Frage, wenn der Erbe lediglich noch für derartige Nachlaßverbindlichkeiten einzustehen hat. Solchenfalls darf dem Käufer das ihm nach §§ 1973 II, 1974 I, 1992 BGB. (vgl. § 1000 CPO.) zustehende Recht, den Nachlaßkonkurs durch Geltendmachung der Abzugseinrede zu vermeiden, durch den Verkäufer, der ja der Konkurseröffnung zur Beschränkung seiner eigenen Haftung gleichfalls nicht bedarf, ebensowenig verkümmert werden als durch den Gläubiger selbst, auf dessen Forderung der Verkäufer sein Antragsrecht stützt. Die ursprünglich vorgesehene Gesetzesfassung[19]) brachte diesen Gedanken insofern klarer zum Ausdruck, als im Abs. II Satz 1 „wie der Nachlaßgläubiger" — nicht „wie ein Nachlaßgläubiger" — gesagt wurde. Allein die innere Beziehung zwischen der Nachlaßschuld und dem Antragsrecht — „wegen" einer Nachlaßverbindlichkeit — ergibt sich deutlich genug auch aus der nunmehrigen Fassung und diese Beziehung ist für die Auslegung entscheidend.[20])

---

[17]) BGB. § 1975; P. S. 8040; Begründung S. 51.

[18]) P. S. 7936.

[19]) P. S. 7934, 9475; Anlage II der Denkschr. z. EBGB. § 206 b. Vgl. P. S. 8040, sowie v. Jacubezky Bemerkungen S. 118, L. Seuffert S. 519 f.

[20]) Bei Beratung des § 206 d der Novelle in der Reichstagskommission (Bericht S. 1969 f.) ist dieser Gesichtspunkt nicht gewürdigt worden. Ebensowenig hat man beachtet, daß sich arg. § 105 KO. der Erbe auf eine bestimmte Nachlaßverbindlichkeit berufen muß. Die von der Minderheit vertretene Ansicht ist sonach auch beim gegenwärtigen Wortlaute des Gesetzes für die richtige zu erachten.

Übrigens reicht die Gleichstellung des Erben mit dem Nachlaßgläubiger [b] nicht über die Frage der Antragsbefugnis hinaus. Es ist insbesondere keine Rede davon, daß der Erbe als rückgriffsberechtigter Mitschuldner seine Forderung im Nachlaßkonkurse neben dem Nachlaßgläubiger anmelden könnte.[21])

3. Nach Abschluß des Erbschaftskaufes dürfen die Nachlaßgläubiger die Eröffnung des Nachlaßkonkurses nicht mehr gegen den Erben, sondern nur gegen den Käufer beantragen. Das Interesse der Nachlaßgläubiger erheischt deshalb eine rechtzeitige Bekanntgabe des Kaufabschlusses und der Person des Käufers. Zu diesem Behuf legt § 2384 dem Verkäufer bei Vermeidung der Schadensersatz-Verbindlichkeit die Pflicht auf, den Vertragsschluß unverzüglich (§ 121 BGB.) dem Nachlaßgericht anzuzeigen, und gestattet jedem Interessenten die Einsicht dieser Anzeige.[22])

4. Die dem Erben in §§ 1980, 2013 auferlegte Verpflichtung, unverzüglich nach erkannter Überschuldung die Eröffnung des Nachlaßkonkurses zu beantragen, trifft arg. § 232 I KO. den Käufer, nicht den Verkäufer.

5. Zur Konkursmasse gehören außer den Nachlaßgegenständen, die der Erbe dem Käufer bei Konkurseröffnung bereits herausgegeben hat, auch die noch ausstehenden Ansprüche des letzteren aus dem Kaufe (vgl. § 2383 I Satz 3), sowie die Ansprüche der Nachlaßgläubiger gegen den Erben und gegen den Käufer aus der Geschäftsführung dieser Personen (§§ 1978—1980, 2013).[23])

IV. Nach § 2385 sind den Vorschriften über den Erbschaftskauf (§§ 2371 bis 2384) zwei **verwandte Fälle** unterworfen, nämlich § 233 KO., § 2383 BGB.

1. der Verkauf einer dem Veräußerer nicht vom Erblasser angefallenen, sondern erst vom Erben oder einem Rechtsnachfolger des Erben durch Rechtsgeschäft unter Lebenden erworbenen Erbschaft (Hauptfall: der Käufer einer Erbschaft verkauft diese weiter an einen Dritten);
2. eine Veräußerung der angefallenen oder anderweit erworbenen Erbschaft durch einen Vertrag, der nicht Kauf ist (Hauptfälle: der Erbe verschenkt oder vertauscht die Erbschaft).

In Übereinstimmung mit dieser Vorschrift des Bürgerlichen Gesetzbuchs erklärt KO. § 233 auch die Bestimmungen des § 232 auf die genannten zwei Fälle für entsprechend anwendbar. Demnach sind insbesondere der dritte Erwerber und der mit der Erbschaft Beschenkte „Gemeinschuldner" des Nachlaßkonkurses. Der Erbschaftskäufer, der seinerseits in dritte Hand weiterveräußert hat, nimmt die Stellung ein, die nach § 232 II dem Erben zukommt. Zu beachten bleibt hiebei namentlich die Vorschrift des § 2385 II Satz 2, aus der sich im Zusammenhalte mit § 2378 ergibt, daß der mit der Erbschaft Beschenkte im Verhältnisse zum Schenker grundsätzlich alle Nachlaßverbindlichkeiten zu tragen hat, was für die Anwendung des § 232 II KO. von Bedeutung ist.

---

[21]) Vgl. RG. XIV S. 175 ff., XXXII S. 87 ff., XXXVII S. 3. — Wegen KO. § 225 III s. oben [III 2 a].

[22]) P. S. 1856, v. Jacubezky Bemerkungen S. 118 u. 119.

[23]) Vgl. E I § 498 III Satz 2, M II S. 364, V S. 685.

§ 22.

(Anhang).

8. Der Konkurs über das Gesamtgut der fortgesetzten Gütergemeinschaft.

§ 236 KO. „Die Vorschriften der §§ 214—234 finden im Falle der fortgesetzten Gütergemeinschaft auf das Konkursverfahren über das Gesamtgut entsprechende Anwendung. Konkursgläubiger sind nur die Gesamtgutsgläubiger, deren Forderungen schon zur Zeit des Eintritts der fortgesetzten Gütergemeinschaft bestanden. Zu dem Antrag auf Eröffnung des Verfahrens ist ein Gläubiger nicht berechtigt, dem gegenüber der überlebende Ehegatte zu dieser Zeit persönlich haftete. Die anteilsberechtigten Abkömmlinge sind zu dem Antrage nicht berechtigt; das Gericht hat sie, soweit thunlich, zu hören." KO. § 236.[1])

I. Begriff und Bedeutung des Gesamtgutskonkurses.

1. Sind beim Tod eines Ehegatten gemeinschaftliche Abkömmlinge vorhanden, so tritt zwischen dem überlebenden Ehegatten und den gesetzlich zur Beerbung des verstorbenen Ehegatten berufenen Abkömmlingen die fortgesetzte Gütergemeinschaft ein (BGB. §§ 1483—1518). Haben die Ehegatten in allgemeiner Gütergemeinschaft gelebt, so erfolgt die Fortsetzung der Gemeinschaft von Rechtswegen (§ 1483), aber vorbehaltlich der Befugnis des überlebenden Ehegatten, die Fortsetzung nach den für die Ausschlagung einer Erbschaft geltenden Vorschriften abzulehnen (§ 1484).[2]) Haben dagegen die Ehegatten in Fahrnisgemeinschaft gelebt, so tritt die fortgesetzte Gütergemeinschaft nur auf Grund einer besonderen Ehevertragsbestimmung ein (§ 1557).[3])

Zu den Gesamtgutsverbindlichkeiten der fortgesetzten Gütergemeinschaft zählen nach § 1488 die sämtlichen Verbindlichkeiten des überlebenden Ehegatten und diejenigen Verbindlichkeiten des verstorbenen Ehegatten, welche Gesamtgutsverbindlichkeiten der ehelichen Gütergemeinschaft waren. Für die Gesamtgutsverbindlichkeiten der ehelichen Gütergemeinschaft haftet der Mann nach § 1459 II Satz 1 persönlich. Dementsprechend bestimmt der § 1489 in Konsequenz des § 1487 I, daß für die Gesamtgutsverbindlichkeiten der fortgesetzten Gütergemeinschaft der überlebende Ehegatte persönlich haftet. Da nun die Frau für die nicht in ihrer Person entstandenen Gesamtgutsverbindlichkeiten der ehelichen Gütergemeinschaft überhaupt nicht persönlich haftet, und die persönliche Haftung des Mannes für diejenigen Gesamtgutsverbindlichkeiten der ehelichen Gemeinschaft, welche im Verhältnisse der Ehegatten zu einander ausschließlich der Frau zur Last fallen, mit Beendigung der ehelichen Gemeinschaft nach § 1459 II Satz 2 erlischt, bürdet der Eintritt der fortgesetzten Gütergemeinschaft dem überlebenden Ehegatten — ähnlich wie der Erbfall dem Erben —

[1]) Materialien des § 236 KO.: P. n. 424 XXI f. S. 8659 f., n. 456 XVIII S. 9476 f.; RV, § 206 f, Begründung S. 53 f.

[2]) Vgl. KO. § 9 Satz 2 [oben S. 98].

[3]) Und nur hinsichtlich des Gesamtgutes, nicht hinsichtlich des eingebrachten Gutes oder des Vorbehaltsgutes. P. n. 290 XV (Guttentag'sche Ausgabe Bd. IV S. 377 f.).

eine neue Haftung auf.[4]) So wird beispielsweise die überlebende Ehefrau persönlich verantwortlich für die aus Verwaltungshandlungen des verstorbenen Mannes erwachsenen Gesamtgutsschulden, obgleich sie hieraus während der Ehe nicht mit ihrem eigenen Vermögen verpflichtet war (§ 1443 II); so trifft den überlebenden Ehemann, dessen persönliche Haftung für eine Deliktsschuld der Frau nach § 1459 II Satz 2 vb. m. § 1463 Ziff. 1 beim Tode der Frau erloschen war, neuerdings die persönliche Verantwortlichkeit für diese Schuld, wenn er die fortgesetzte Gemeinschaft nicht ablehnt. Den Nachlaßverbindlichkeiten, welche den die Erbschaft nicht ausschlagenden (§ 1943) Erben treffen, entsprechen bei Nichtablehnung der fortgesetzten Gütergemeinschaft (§ 1484) diejenigen Schulden, die nur infolge des Eintrittes der fortgesetzten Gütergemeinschaft dem überlebenden Ehegatten persönlich zur Last fallen. Demgemäß beschränkt sich auch die Haftung des letzteren für diese Verbindlichkeiten unter denselben Voraussetzungen auf das Gesamtgut, unter denen sich die Erbenhaftung auf den Nachlaß beschränkt (§ 1489 II), also normaler Weise mit Anordnung einer Gesamtgutsverwaltung oder Eröffnung eines Gesamtgutskonkurses (§§ 1975 ff., 2013). Auch ist ein Aufgebot der Gesamtgutsgläubiger (CPO. § 1001), sowie die Versteigerung von Gesamtgutsgrundstücken in den Formen eines Vollstreckungsverfahrens statthaft (ZVG. §§ 175 ff.), beides zum Zwecke der Ermittelung des Schuldenbestandes. Im Falle des Ausschlusses von Gesamtgutsgläubigern (§§ 1973, 1974) und im Falle der Unzulänglichkeit des Gesamtgutes zur Deckung der Kosten einer Verwaltung oder eines Konkurses (§ 1990) ist der überlebende Ehegatte durch die Abzugseinrede geschützt. Vgl. endlich CPO. §§ 305 II, 786 mit 780 I, 781—785; BGB. § 2014.

2. Ratio legis. Zum Verständnisse der in § 236 KO. gezogenen Parallele zwischen Nachlaßkonkurs und Gesamtgutskonkurs muß man sich Folgendes vergegenwärtigen: Der Nachlaßkonkurs des neuen Rechts hat eine zwiefache Funktion. Er schützt einerseits den Erben gegen die Nachlaßgläubiger (beneficium inventarii), andrerseits die letzteren gegen die Erbengläubiger (beneficium separationis). Den Nachlaßgläubigern entsprechen im Falle fortgesetzter Gütergemeinschaft diejenigen Gesamtgutsgläubiger, denen der überlebende Ehegatte beim Eintritte der fortgesetzten Gütergemeinschaft nicht bereits persönlich haftet. Ihnen gegenüber bedarf der überlebende Ehegatte eines Schutzes, wenn die Zulänglichkeit des Gesamtgutes nicht zweifellos ist; sie selbst aber müssen gegen die Konkurrenz der übrigen Gläubiger des Ehegatten sichergestellt werden, wenn dessen Vermögenslage gefahrdrohend erscheint. Bei Überschuldung des Gesamtgutes ist das geeignete Schutzmittel für beide Interessenkreise der Gesamtgutskonkurs.

Demnach will der § 236 den überlebenden Ehegatten und die nicht schon bisher der Konkurrenz der eigenen Gläubiger des letzteren preisgegebenen Gesamtgutsgläubiger gegen nachteilige Folgen der fortgesetzten Gütergemeinschaft schützen. Aus diesem Zwecke des Gesetzes leiten sich wichtige Folgesätze her:

a) Kein Schutzbedürfnis gegenüber den Wirkungen der fortgesetzten Gütergemeinschaft besteht für und wider solche Gesamtgutsgläubiger, denen der überlebende Ehegatte bereits beim Eintritte der fortgesetzten Gütergemeinschaft persönlich haftete. Denn schon bisher hatte der Ehegatte den Zugriff dieser Gläubiger auf sein übriges Vermögen zu dulden, schon bisher

[4]) P. v. 288 II (Guttentag'sche Ausgabe Bd. IV. S. 334 ff.).

mußten letztere mit den andern Gläubigern ihres Schuldners ins Teil gehen. Darum versagt das Gesetz diesen Gesamtgutsgläubigern das Recht der Beantragung eines eigenen Gesamtgutskonkurses (Satz 3): sie können, wie vor Auflösung der Ehe, nur einen einheitlichen, alles Vermögen ihres Schuldners umfassenden Konkurs herbeiführen (KO. § 2 III). Allein, wenn auf anderweiten Antrag der Sonderkonkurs des § 236 eröffnet worden ist, muß auch diesen Gläubigern die Teilnahme am Verfahren gestattet werden (KO. § 3), da sie auf das Gesamtgut das gleiche Anrecht haben wie Gesamtgutsgläubiger, denen der überlebende Gatte nicht bereits während der Ehe persönlich haftete. Sonst würden sich die letzteren auf Kosten der ersteren ungerechtfertigter Weise bereichern. Demnach begründen auch diejenigen Gesamtgutsverbindlichkeiten, für die der überlebende Ehegatte schon beim Eintritte der fortgesetzten Gütergemeinschaft persönlich haftete, Konkursforderungen im Gesamtgutskonkurs. Auch sie werden daher bei Bemessung der Überschuldung in Ansatz gebracht (§ 215), bei den Verteilungen berücksichtigt, von den Wirkungen der gantmäßigen Feststellung und des Zwangsvergleichs ergriffen.

Verfällt der überlebende Ehegatte auch mit seinem sonstigen Vermögen in Konkurs, so haben alle Gesamtgutsgläubiger, also auch diejenigen, denen der Ehegatte schon bisher persönlich haftete, in diesem zweiten Verfahren die Stellung von Absonderungsberechtigten. Sie kommen daher im zweiten Konkurse nur mit dem Betrage des im Gesamtgutskonkurs erlittenen Ausfalles oder mit dem Betrag ihres Verzichtes auf Befriedigung aus dem Gesamtgut zum Zuge. § 234.

b) Kein Schutzbedürfnis gegenüber den Wirkungen der fortgesetzten Gütergemeinschaft besteht ferner für und wider solche Gläubiger, deren Forderungen erst *nach* dem Eintritte der fortgesetzten Gütergemeinschaft *entstanden* sind. Der Gesamtgutskonkurs, dessen ganzer Zweck eine Sicherstellung gegen die *infolge* Fortsetzung der Gemeinschaft eintretende Haftungsänderung ist, hat für solche Gläubiger offenbar keinen Sinn. Darum schließt sie das Gesetz unter Einschränkung des auch für den Nachlaßkonkurs maßgebenden Grundsatzes des § 3 KO. durch positive Vorschrift von der Beteiligung am Gesamtgutskonkurs aus (Satz 2). Diesen Gesamtgutsgläubigern ist also nicht nur das Antragsrecht versagt, sondern schlechthin die Eigenschaft von Konkursgläubigern entzogen. Ihre Ansprüche werden bei Bemessung der Überschuldung nicht angesetzt, bei Verteilungen nicht berücksichtigt, von den Wirkungen der Feststellung und des Zwangsvergleichs nicht berührt. Nur ein etwaiger Überschuß des Gesamtgutskonkurses würde ihnen zufließen. Das ist nicht unbillig, denn wer erst nach Eintritt der fortgesetzten Gütergemeinschaft Gesamtgutsgläubiger wird, muß mit der Möglichkeit eines ihn ausschließenden Sonderkonkurses rechnen.

c) Kein Schutzbedürfnis gegenüber den Wirkungen der fortgesetzten Gütergemeinschaft besteht endlich für den *anteilsberechtigten Abkömmling*, da diesem die fortgesetzte Gemeinschaft eine persönliche Haftung für die Gesamtgutsverbindlichkeiten nicht aufbürdet (§ 1489 III). Darum wird ihm, sofern er nicht etwa die Rechtsstellung eines Konkursgläubigers hat, die Antragsbefugnis versagt und nur — „soweit thunlich“ — behufs Wahrung seiner Gemeinschaftsrechte die Gelegenheit geboten, sich zum Konkursantrage zu äußern (Satz 3).

3. Vom Gesamtgutskonkurse scharf zu unterscheiden ist:
   a) Das Konkursverfahren über das Vermögen des überlebenden Ehegatten, das nach KO. § 2 III auch das Gesamtgut ergreift. Dieses Verfahren steht nicht unter den Vorschriften des Nachlaßkonkurses. Es entspricht dem Konkurs über das durch den Erbfall vereinigte Nachlaß- und Erben-Vermögen und steht einer Beantragung des Gesamtgutskonkurses durch den Konkursverwalter des verganteten Ehegatten oder durch die Gesamtgutsgläubiger nicht im Wege. Laufen beide Konkurse neben einander her, so werden die Gesamtguts-Konkursgläubiger — wie schon bemerkt — im Konkurse des überlebenden Ehegatten gleich Absonderungsberechtigten behandelt. § 234.
   b) Der Konkurs über den Nachlaß des verstorbenen Ehegatten. Im Falle fortgesetzter Gütergemeinschaft gehört der Anteil des letzteren am Gesamtgute nicht zur Nachlaßkonkursmasse (BGB. § 1483 I Satz 2), eine Auseinandersetzung wegen des Gesamtgutes nach KO. §§ 16, 51 findet also nicht statt.
   c) Der Konkurs über das Vermögen eines gemeinschaftlichen Abkömmlings. Auch dieses Verfahren läßt im Falle fortgesetzter Gütergemeinschaft das Gesamtgut unberührt. KO. § 2 III.

Während der Ehe kann ein besonderer Gesamtgutskonkurs nicht eröffnet werden, sondern nur ein zugleich das Gesamtgut umfassendes Verfahren über das Vermögen des Ehemannes. KO. § 2 I. Der Konkurs der in Gütergemeinschaft lebenden Ehefrau läßt das Gesamtgut unberührt. § 2 II. Nach Beendigung der Gütergemeinschaft ist ein selbständiger Gesamtgutskonkurs gleichfalls ausgeschlossen, auch solange die Auseinandersetzung noch nicht erfolgt ist.[5])

II. **Die Eröffnung** des Gesamtsgutkonkurses.

1. Als Konkursgericht ist ausschließlich dasjenige Amtsgericht zuständig, bei dem der verstorbene Ehegatte zur Zeit seines Todes den allgemeinen Gerichtsstand gehabt hat. KO. § 214.
2. Konkursgrund ist die Überschuldung — nicht die Zahlungsunfähigkeit — des Gesamtgutes, also das Überwiegen der in diesem Sonderkonkurse verfolgbaren Ansprüche über den Wert der Teilungsmasse. KO. § 215. Bei Bemessung der Überschuldung kommen nur solche Gesamtgutsverbindlichkeiten in Anrechnung, die im Verfahren berücksichtigt werden. Überschuldung in diesem Sinne muß vorliegen im Augenblicke der Konkurseröffnung, nicht schon zur Zeit des Eintrittes der fortgesetzten Gütergemeinschaft. Für die konkursmäßige Anfechtung und das Konkursstrafrecht behält die „Zahlungseinstellung“ ihre ausschlaggebende Bedeutung [oben § 8].
3. Zum Konkursantrag ist der überlebende Ehegatte als Gemeinschuldner, von den Konkursgläubigern dagegen nur derjenige Gesamtgutsgläubiger berechtigt, dem gegenüber der überlebende Ehegatte nicht schon zur Zeit des Eintrittes der fortgesetzten Gütergemeinschaft persönlich verpflichtet war [S. 113 f.]. Wie im Regelkonkurs ist der Gantschuldner-Antrag ohne weiteres zu berücksichtigen. der Gläubiger-Antrag jedoch nur auf Grund einer doppelten Glaubhaftmachung — erstens der Konkursgläubiger-Eigenschaft und zwar der qualifizierten (§ 236 Satz 3), zweitens der Überschuldung — zuzulassen. KO. §§ 105 I, 217 II,

[5]) Siehe Kannengießer i. d. Deutschen Juristenzeitung 1898 S. 140 f., sowie E I § 1375, M IV S. 408—410, bes. S. 409; P. n. 283 IV (bei Guttentag Bd. IV S. 281).

Zum Gantschuldner-Antrage sind die anteilsberechtigten Abkömmlinge, zum Gläubiger-Antrage diese und der überlebende Ehegatte zu hören, aber nur „soweit thunlich". KO. §§ 217 II, 236 Satz 3. Der Gläubiger-Antrag ist zeitlich begrenzt. § 220. „Ausgeschlossene" Gläubiger sind nur bei schwebendem Konkurs über das Vermögen des überlebenden Ehegatten antragsberechtigt. § 219.

Beantragt der überlebende Ehegatte nicht unverzüglich (BGB. § 121) nach erkannter Überschuldung des Gesamtgutes die Konkurseröffnung, so ist er den Gläubigern für den daraus entstehenden Schaden verantwortlich. BGB. § 1980, vgl. 1985 II.

4. Die Konkurseröffnung wird dadurch nicht gehindert, daß der überlebende Ehegatte die Fortsetzung der Gütergemeinschaft noch ablehnen kann (§§ 1484, 1943 ff.) oder daß er die Möglichkeit der Haftungsbeschränkung verwirkt hat (§§ 1489, 2013). KO. § 216 I.[6])

5. Die bedeutsamste Wirkung der Eröffnung des Konkurses über das Gesamtgut ist dessen Trennung [7]) vom übrigen Vermögen des überlebenden Ehegatten (§§ 1489 mit 1975 ff., 2013). Eine unmittelbare Beendigung der fortgesetzten Gütergemeinschaft hat die Konkurseröffnung nicht im Gefolge; vielmehr kann die Gemeinschaft insbesondere nach Einstellung des Verfahrens (KO. §§ 202, 204) oder nach Zwangsvergleichsschluß [VI] auch künftig fortdauern.

III. **Gemeinschuldner** des Gesamtgutskonkurses ist der überlebende Ehegatte, nicht auch der anteilsberechtigte Abkömmling. Zwar ist im Gesamtgut auch Vermögen des Abkömmlings vergantet, aber die Konkursordnung ignoriert diese Mitherrschaft, indem sie dem Abkömmling das nächstliegende Gantschuldnerrecht, die Antragsbefugnis (§ 103 II KO.), versagt (Satz 3).

Ist ausschließlich der überlebende Ehegatte Gemeinschuldner, so steht insbesondere nur diesem das Recht zur sofortigen Beschwerde gegen den Eröffnungsbeschluß (KO. § 109), zur Bestreitung der angemeldeten Forderungen im Prüfungstermine (§ 141 II) und zum Vorschlag eines Zwangsvergleichs (§ 173) zu.[8]) Auf der andern Seite unterliegt den Pflichten und konkursmäßigen Beschränkungen eines Gemeinschuldners z. B. nach KO. §§ 100, 101, 125 auch nur der überlebende Ehegatte. Nur dieser ist wegen seiner in Ansehung des Gesamtgutes verübten Handlungen auf Grund der Eröffnung des Gesamtgutskonkurses nach §§ 239—241 als Thäter strafbar.

Für die Zeit vor dem Tode des verstorbenen Ehegatten, also namentlich bezüglich der Anfechtung, sind als Rechtshandlungen des „Gemeinschuldners" die Rechtshandlungen des zur Verpflichtung des Gesamtgutes im Einzelfall ermächtigten Ehegatten anzusehen.

IV. **Konkursgläubiger** sind nur diejenigen persönlichen Gesamtgutsgläubiger, die einen schon zur Zeit des Eintrittes der fortgesetzten Gütergemeinschaft begründeten Vermögensanspruch an das Gesamtgut haben (KO. §§ 3, 236 Satz 2). Konkursgläubiger kann auch der überlebende Ehegatte sein: so mit Forderungen, die ihm gleich einem dritten Gläubiger gegen das Gesamtgut zustehen (z. B. die Frau hat dem Gesamtgut aus Mitteln ihres Vorbehaltsguts ein Darlehen gewährt) KO. § 225 I;

---

[6]) Die §§ 216 II u. 235 sind auf den Gesamtgutskonkurs deshalb unanwendbar, weil es den Erbteilen entsprechende Anteile am Gesamtgute der fortgesetzten Gütergemeinschaft nicht gibt. Vgl. auch die Fassung der §§ 1001 mit 997 CPO. Anders noch der in Anlage II der Denkschrift zum EBGB. enthaltene Wortlaut des § 206f KO.

[7]) Näheres oben [S. 6].

[8]) KO. § 230 I ist also unanwendbar.

so auf Grund der Berichtigung einer Gesamtgutsverbindlichkeit, wenn der berichtigende Ehegatte den Umständen nach eine vollkommene Zulänglichkeit des Gesamtgutes nicht annehmen durfte § 225 II; so endlich hinsichtlich der den überlebenden Ehegatten auch persönlich treffenden Gesamtgutsschulden, falls die Gläubiger hieraus ihre Ansprüche im Gesamtgutskonkurse nicht verfolgen § 225 III. Wegen Verwendungsansprüchen aus §§ 1978, 1979 BGB. ist der überlebende Ehegatte nach KO. § 224 Ziff. 1 Massegläubiger.

Selbstverständlich kann auch der anteilsberechtigte Abkömmling Konkursgläubiger sein und ist dann insbesondere auch zur Beantragung des Gesamtgutskonkurses befugt (KO. § 103 II).

Im Gesamtgutskonkurse können auch die seit der Eröffnung des Verfahrens laufenden Zinsen der Konkursforderungen, sowie Geldstrafen und Verbindlichkeiten aus einer Freigebigkeit unter Lebenden geltend gemacht werden, wenn diese Schulden Gesamtgutsverbindlichkeiten sind. § 226 II Ziff. 1—3. Doch bilden diese Ansprüche mit den ausgeschlossenen (ib. Abs. IV) minderberechtigte Konkursforderungen in dem oben [S. 69 ff.] erörterten Sinne. Vgl. auch §§ 227—229, 230 II.

V. **Konkursmasse** ist das pfändbare Gesamtgut in dem Bestande, den es zur Zeit des Eintrittes der fortgesetzten Gütergemeinschaft hat. BGB. § 1489 II. Hiezu kommen Vergrößerungen des Gesamtgutes aus sich heraus (Früchte, Zinsen, Lotteriegewinn), ferner aber auch die Ansprüche, die dem Gesamtgute nach BGB. § 1978 II gegen den überlebenden Ehegatten auf Grund seiner Geschäftsführung zustehen.

Ganz so, wie Gesamtgutsverbindlichkeiten, die erst nach Eintritt der fortgesetzten Gütergemeinschaft entstanden sind, nicht zur Schuldenmasse gehören (Satz 2), fallen auch Gesamtgutswerte, die nach diesem Zeitpunkte neu erworben wurden, nicht in die Teilungsmasse des Gesamtgutskonkurses (BGB. § 1489 II). Für die Begrenzung der Aktiv- und Passivmasse ist also abweichend vom sonstigen Verfahren und insbesondere auch vom Nachlaßkonkurse (KO. §§ 1, 3) nicht der Augenblick der Konkurseröffnung, sondern der Eintritt der fortgesetzten Gütergemeinschaft maßgebend. Das erklärt sich aus dem beschränkten Zwecke dieses Sonderkonkurses, der lediglich Schutz gegen die mit Fortsetzung der Gemeinschaft verknüpfte Haftungsänderung gewähren soll.

An Gegenständen der Konkursmasse kann abgesonderte Befriedigung auf Grund von Zwangsvollstreckungen, Arrestvollziehungen und Zwangsvormerkungen, die nach dem Eintritte der fortgesetzten Gütergemeinschaft — wenn auch vor Konkurseröffnung — erfolgt sind, nicht verlangt werden. KO. § 221. Vgl. CPO. § 745 I.

VI. **Konkursbeendigung.** Ein Zwangsvergleich ist auf Vorschlag des überlebenden Ehegatten möglich. KO. § 173. Minderberechtigte Konkursforderungen nehmen an der Vergleichsabstimmung nicht teil. KO. § 230 II. Der rechtskräftig bestätigte Zwangsvergleich wirkt nur für und wider solche Gesamtgutsgläubiger, welche die Rechtsstellung von Konkursgläubigern haben (KO. § 193): also für und wider die zur Zeit des Eintrittes der fortgesetzten Gütergemeinschaft bereits begründeten Forderungen, auch wenn für diese der überlebende Ehegatte von vornherein zugleich persönlich haftete; nicht aber für und wider solche Gesamtgutsverbindlichkeiten, die erst nach Eintritt der fortgesetzten Gütergemeinschaft entstanden sind.

Wegen der Haftung des überlebenden Ehegatten nach Konkursbeendigung vgl. noch BGB. §§ 1989 (2013) und 2000 Satz 3 vb. mit 1489 II.

Register.

(Die Ziffern verweisen auf die Seiten der Abhandlung.)

Anhalt. Buchdruckerei Gutenberg E. G. m. b. H. in Dessau

FSC
www.fsc.org
MIX
Papier | Fördert gute Waldnutzung
FSC® C083411

Kolibri 360 GmbH
Ferdinand-Jühlke-Straße 7
99095 Erfurt, Deutschland
produktsicherheit@kolibri360.de